◎ 张广志／著

张广志论学杂著选辑 续编

ZHANGGUANGZHI LUNXUE ZAZHU XUANJI XUBIAN

中国财经出版传媒集团

经济科学出版社
Economic Science Press

图书在版编目（CIP）数据

张广志论学杂著选辑续编/张广志著 . —北京：经济
科学出版社，2019.4
ISBN 978 - 7 - 5218 - 0491 - 1

Ⅰ. ①张… Ⅱ. ①张… Ⅲ. ①中国历史 – 古代史 –
文集 Ⅳ. ①K220. 7 – 53

中国版本图书馆 CIP 数据核字（2019）第 078809 号

责任编辑：边 江 庞丽佳
责任校对：郑淑艳
责任印制：邱 天

张广志论学杂著选辑续编

张广志 著

经济科学出版社出版、发行 新华书店经销
社址：北京市海淀区阜成路甲 28 号 邮编：100142
总编部电话：010 – 88191217 发行部电话：010 – 88191522
网址：www. esp. com. cn
电子邮件：esp@ esp. com. cn
天猫网店：经济科学出版社旗舰店
网址：http：//jjkxcbs. tmall. com
固安华明印业有限公司印装
710 × 1000 16 开 16.5 印张 250000 字
2019 年 4 月第 1 版 2019 年 4 月第 1 次印刷
ISBN 978 - 7 - 5218 - 0491 - 1 定价：59. 00 元

前　　言

2016 年，我虚龄八十时，曾将自己专著外所写已发表和尚未发表的散篇论文，筛选出自认为还多少有些保留价值者，编为《张广志论学杂著选辑》一书，由经济科学出版社刊行问世。当时的想法是，垂暮之年，来日无多，作为读书人，该给自己的学术生涯画个句号了。

孰料，近年来身体虽已非往昔之可比，却也路走得、眼看得、手写得、脑思得，并多次参加中国先秦史学会等组织的学术活动，续有所获。手头有了点新东西，再加上过去参编江苏省有关方面策划的《江苏通史》、《江苏吴文化志》所得，心中又不免敝帚自珍起来，于是，才又有了《张广志论学杂著选辑续编》的编选。

人有智愚之别，学有高下之分。呈献给读者的这本小书，不敢奢望大家的认可、好评，权作晚年的我又了却了一桩心愿吧。

张广志

2018 年 1 月 2 日于南京青海省南京干休所

嫘 祖 三 题

　　嫘祖，或曰傫祖、累祖、雷祖、嫘俎，其作为黄帝的正妃和蚕神，在中国几乎是个家喻户晓、妇孺皆知的人物。然终因年代久远，记载缺失、零散，故真要弄清她的事迹、本来面目，实远非易事。本文仅拟就嫘祖的正妃身份、嫘祖与蚕丝的关系以及嫘祖的故里三个问题谈点不成熟的看法，不当之处，请专家、同好共正之。

一、关于嫘祖的正妃身份

　　嫘祖之作为黄帝的配偶乃至所谓正妃，见诸多种史籍：

　　黄帝妻雷祖，生昌意。（《山海经·海内经》）

　　黄帝有熊氏，娶于西陵氏之子，谓之累祖。（《世本》王谟辑本）

　　黄帝居轩辕之丘，娶于西陵氏之子，谓之嫘祖氏。（《大戴礼记·帝系》）

　　黄帝居轩辕之丘，而娶于西陵之女，是为嫘祖。嫘祖为黄帝正妃。（《史记·五帝本纪》。《集解》引徐广曰："祖，一作俎。"）

　　（黄帝）元妃西陵氏女，曰累祖。……次妃方雷氏女，曰女节。……次妃彤鱼氏女。……次妃嫫母，班在三人之下。（《史记·五帝本纪》《索隐》引《帝王世纪》）

　　（黄帝）元妃西陵氏曰傫祖……以其始蚕，故又祀先蚕。次妃方累氏曰节……次妃彤鱼氏……次妃嫫母……（《路史·后纪五》）

方雷氏，黄帝妃。……累祖，黄帝妃。……肜鱼氏，黄帝妃。……嫫母，黄帝妃。（《汉书·古今人表》）

从较早的几种文献如《山海经》、《世本》、《大戴礼记》等的记载看，既言"妻"、"娶于"，实不过是仅谓嫘祖是黄帝的配偶罢了，且是唯一配偶；从《史记·五帝本纪》开始，始言嫘祖为黄帝正妃。既言"正妃"，必尚有数目不等的次妃在，但太史公未提及，唐司马贞《索隐》始言"黄帝立四妃"，并引述了皇甫谧《帝王世纪》所开列的累祖、方雷氏、肜鱼氏、嫫母四妃的名字。南宋罗泌《路史》一书沿袭了上述说法。《汉书·古今人表》所列黄帝四妃亦由上述四人组成，唯在顺序上把方雷氏置于首位而将累祖放在第二的位置上了，不知是有意的调整，还是无意间错置了。

笔者认为，在原始社会晚期男性已确立起自己统治地位的情况下，部落和部落联盟首领实行多妻制并不是什么稀罕事，不但不是什么稀罕事，反而是部落间维系、加强联盟的必不可少的手段，但把嫘祖等目为"妃"、"正妃"，并不恰当，也不是历史事实，正如把黄帝目为"帝"并不恰当，也不是历史事实一样。因为，黄帝所处的时代，尚在原始社会末期，文明虽在萌动，却并未真正确立起来。称黄帝和嫘祖为"帝"、为"妃"，乃是进入阶级社会后的后人们按照后来发生的事去比况古人、改铸古史的结果。退一步来说，即使黄帝时代确已有了"帝"、"妃"一类的称号，那也同进入阶级社会后的"帝"、"妃"远不是一回事。当然，加在黄帝、嫘祖头上的"帝"、"妃"一类的习惯用语，不必要也无法改变，但作为后人，自己心里必须搞明白了。

二、关于嫘祖与蚕丝的关系

人们常把"衣、食、住、行"挂在嘴边，足见衣着在人们生活中地位之重要。可在人类早年，却只知道用现成的自然物如树叶、兽皮一类的东西遮羞、御寒，进入新石器时代，特别是其中后期，才出现了纺织术，实现了由"未有麻丝，衣其羽皮"到"治其麻丝，以为布帛"（《礼记·礼运》）的转变。古代世界各国用于纺织的纤维均为天然纤维，一般是毛、麻、棉三种短纤维，如地中海地区主要是羊毛和亚麻，印度和阿拉伯地区则用棉花，中国除用毛、麻外，还在人类历史上最早使用优良天然长纤维蚕丝。养蚕治丝是中国人的发明，是我们祖先对人类文明的重大贡献。

那么，中国的养蚕治丝起源于何时呢？从后世的文献记载看，一些史籍多把养蚕治丝的发明权归在嫘祖头上，但较早的记载，如《山海经》、《世本》、《大戴礼记》、《史记》等，多仅言嫘祖作为黄帝妻子或元妃的身份，并未涉及她在养蚕治丝方面的作为、贡献，晚后些的史籍始将嫘祖与养蚕治丝联结在一起，如《隋书·礼仪志二》谓北周"奠先蚕西陵氏神"，《纲鉴易知录》谓"西陵氏之女嫘祖为帝元妃，始教民育蚕，治丝茧以供衣服，而天下无皴瘃之患，后世祀为先蚕。"《路史》则先谓伏羲"化蚕桑为繐帛"（《后纪一》引《皇图要览》），继而又云黄帝"元妃西陵氏曰儽祖……以其始蚕，故又祀先蚕"。（《后纪五》）前后似缺乏照应。"化蚕"何指？或谓伏羲化成了蚕，或谓伏羲把野蚕驯化为家蚕。谓伏羲幻化成了蚕固荒诞不经，但亦可以由此透露出先民们早在伏羲时代就已对蚕有了认识并懂得利用蚕（野生的或家养的）丝了的信息。若是指伏羲是最早把野蚕驯化成家蚕的人，那么，对嫘祖的"始蚕"身份又该如何解释呢？对此，有学者认为，伏羲才是最早把野蚕驯化成家蚕的人，后来把伏羲的这项功劳转移到嫘祖头上，乃是秦汉以来儒家把黄帝目为各族共同祖先、把什么好事都往黄帝及其身边人身上堆这一政治需要的产物。[①]

进入新石器时代，特别是它的后期，我国许多地方的先民们都

---

① 参见周匡明主编《中国蚕业史话》一书中的"综谈养蚕的起源"章，上海科学技术出版社2009年版。

已有了蚕桑活动，已得到考古发掘的有力证明，如 1926 年，山西夏县西阴村仰韶文化遗址，发现经人工割裂的半个茧壳，距今约 5000 年；1983 年，河南郑州青台村仰韶文化遗址，发现碳化丝织物残片，距今约 5500 年；1980 年，河北正定南杨庄仰韶文化遗址，出土了两件陶塑蚕蛹，距今约 5400 年；1958 年，浙江湖州钱山漾遗址，发现绢片、丝带、丝绳等丝织品，经浙江纺织科学研究所和浙江丝绸工学院鉴定，为家蚕丝织物，距今约 5300 年；浙江余姚河姆渡遗址，发现一牙雕小盅，外壁雕刻编织纹和蚕纹图案一圈，距今约六、七千年，唯此"蚕纹"究竟是家蚕、野蚕抑或其他昆虫，学者间尚有不同认识；又据近日报载，河南舞阳贾湖新石器时代前期遗址，在两处墓葬人的遗骸腹部土壤样品中，检测到了蚕丝蛋白的遗留物，据此推断："8500 年前的贾湖居民可能已经掌握了基本的编织和缝纫技术，并有意识地使用蚕丝纤维制作丝绸。"[①] 惜未见正式发掘报告，亦未推断此为野蚕丝还是家蚕丝。有学者综合各种考古发现认为："从总体时间概念上讲，中国人工养蚕的历史不会超过 5500 年。"[②] 从上述考古发现知，进入新石器时代，特别是到了它的后期，我国包括长江下游在内的广大地区的先民们都已步入蚕桑时代，而不仅限于黄帝族所在的中原地区；从时间上讲，有些地区尚走在了黄帝族的前头，黄帝或其妃嫘祖发明了养蚕治丝的说法，恐难成立。

再从蚕神的崇拜、祭祀看。

关于甲骨文中有没有"蚕"字和对蚕神的祭祀，学者争论尚大，这里且不去说它。

据《礼记·祭统》，西周时可能已有"王后蚕于北郊"之类的对蚕神的祀典了，但这个蚕神却是个无名氏，未与具体的人挂钩。

---

① 《8500 年前中原居民或已掌握桑织技术　研究证实我国最早发明和利用蚕丝》，载于《科技日报》2016 年 12 月 27 日第 3 版。

② 卫斯：《中国丝绸技术起始时间初探——兼论中国养蚕起始时间问题》，载于《浙江丝绸工学院学报》1993 年 9 月第 10 卷第 3 期。

东汉时，"春蚕生而皇后亲桑于菀中……祭蚕神曰菀窳妇人、寓氏公主，凡二神。"（《后汉书·礼仪志上》刘昭注引《汉旧仪》）蚕神的名字是有了，且是两位女性，但与嫘祖无涉。

北齐时，"置先蚕坛……使公卿以一太牢祀先蚕黄帝轩辕氏于坛上。"（《隋书·礼仪志二》）即是把黄帝视为蚕神。

北周时，始"奠先蚕西陵氏神。"（《隋书·礼仪志二》）至此，嫘祖始被当政者作为蚕神正式列入祀典。

既列入国家祀典，其地位自然日隆，于是自此以后，有关嫘祖的纪念性建筑，如陵、庙、祠、宫、碑之类，便在各地相继出现，寄托着后人对这位伟大女性的追思、怀念。

不过即便如此，嫘祖也并未成为唯一的蚕神，在各地，仍有不同的民间蚕神在，如蚕女、蚕姑、蚕母、蚕花娘娘、蚕三姑、蚕花五圣、蚕丝仙姑、蚕皇老太、马头娘、马明王、马明菩萨、青衣神等。这也从一个侧面表明，中国古代蚕桑的起源是多元的，并非皆始自嫘祖、传自嫘祖。

应该说，嫘祖的蚕神地位，固然同她以及她所在的黄帝族群在养蚕治丝方面确曾做出过一定乃至重大贡献有关，否则人们亦不会平白无故地把始蚕、蚕神一类的桂冠奉送于她，自然亦当同她的黄帝元妃的身份有关，夫荣妻贵，自古已然。

三、关于嫘祖的故里

《山海经》仅言"黄帝妻雷祖"，未言雷祖出自哪。《世本》、《史记·五帝本纪》始给出了"西陵氏之子"、"西陵氏之女"的说法，但这个"西陵"究竟在哪里？却成了至今仍聚讼纷纭的千古不解难题。

唐张守节《史记正义》谓："西陵，国名也。"此所谓"国名"，乃古人习称，实为氏族部落名。但这个氏族部落在何处呢？张守节没说，恐怕也不知道。今人钱穆谓："此西陵当近丹水，今淅川县境。黄帝娶西陵氏女，或此也。"[①]

目前，关于嫘祖故里所在，学界共有十几种说法，计河南四处：西平、开封、荥阳、睢县；湖北有四处：宜昌、远安、黄冈、浠水；四川有三处：盐亭、茂县、乐山；以及山西夏县、陕西白水、山东费县、江苏吴江、浙江杭州等。其中，证据较力、影响较大的，为河南西平说和四川盐亭说两种。

河南西平说有两大优势：一为地名学优势。《水经注·潕水》："潕水……又东过西平县北。县，故柏国也。……汉曰西平。其西吕墟，即西陵亭也。西陵平夷，故曰西平。"西汉以后，这里又设置过西陵乡、西陵亭等以"西陵"名的地方机构。研究者据此认为，河南西平早在西汉时即有西陵之称，其得名可能源于远古时期活动于这一带的西陵氏部族。二为地缘优势。这里与传为黄帝故里的新郑相去不远，在远古交通不便、黄帝部落联盟控制区不可能很大的情况下，部落间的联盟、联姻总是就近的，从而从一个侧面增强了西平为嫘祖故里的可能性。但问题在于，古今同名而异时、异地的地名很多，单凭地名相同或相近的孤证恐说明不了什么。而黄帝的故里究竟在哪，至今仍争论不休，难以定案，大前提既成问题，地缘优势也就无从谈起了。

四川盐亭说除凭借该地有诸多有关嫘祖的传说和纪念性建筑物外，最有力的证据莫过于盐亭金鸡镇人王映维20世纪40年代抄录传留下来的唐代著名韬略家、《长短经》作者、盐亭人赵蕤于唐开元二十一年（公元733年）所撰《嫘祖圣地》碑了。碑文不但称颂嫘祖"首创种桑养蚕之法，抽丝编绢之术，谏诤黄帝，旨定农桑，法制衣裳，兴嫁娶，尚礼仪，架宫室，奠国基，统一中原，弼政之功，殁世不忘，是以尊为先蚕"，且明谓"女中圣贤王凤，黄帝元妃嫘祖，

---

① 《史记地名考》，九州出版社2011年版，第473页。

生于本邑嫘祖山"。碑文一般都有较高史料价值，历来为学者所重，但考虑到原碑已失，碑文所凭多为后世传闻和民间传说，再考虑到赵蕤为本地人的乡土情结等，其价值和可信度又不免在学者间产生不同认识。

其他诸说，亦大抵在地名、后世纪念性建筑物、民间传闻中做文章，坚实的证据并不是很多，这里就不再一一介绍了。

多年来，一批古史专家和地方学者，在嫘祖故里研究方面做了大量工作，取得不少成果，这是有目共睹和令人欣喜的。但在笔者看来，在现有史料条件下，这个问题恐一时尚难厘清。不同角度、立场的探讨，尽可畅所欲言，自占一席之地，但应注意，不要太乡土本位主义，不要把话说得太死，太绝对，应留有余地，特别是要尊重不同声音、意见，科学对待于己有利和不利正、反两个方面的材料。孔夫子说："多闻阙疑，慎言其余，则寡尤。"（《论语·为政》）老夫子这话是两千多年前讲的，今天听来，仍觉那么亲切。

（原载《寻根》2018 年第 2 期）

周为黄帝之后说靠得住吗？

按流传至今、深入人心的传统说法，周之始祖曰后稷，姬姓，名弃，乃黄帝玄孙，帝喾之嫡长子，母曰姜原，在尧舜时曾任农官。由于这种说法出自著名史学家太史公司马迁笔下，故信之者众，疑之者寡，代代相因，几成定说。

且看司马迁的相关记载：

周后稷，名弃。其母有邰氏女，曰姜原。姜原为帝喾元妃。姜原出野，见巨人迹，心忻然说，欲践之，践之而身动如孕者。居期而生子，以为不祥，弃之陋巷，马牛过者皆辟不践；徙置之林中，适会山林多人，迁之；而弃渠中冰上，飞鸟以其翼覆荐之。姜原以为神，遂收养长之。初欲弃之，因名曰弃。

弃为儿时，屹如巨人之志。其游戏，好种树麻、菽，麻、菽美。及为成人，遂好耕农，相地之宜，宜谷者稼穑焉，民皆法则之。帝尧闻之，举弃为农师，天下得其利，有功。帝舜曰："弃，黎民始饥，尔后稷播时百谷。"封弃于邰，号曰后稷，别姓姬氏。后稷之兴，在陶唐、虞、夏之际，皆有令德。（《史记·周本纪》）

帝喾高辛者，黄帝之曾孙也。……帝喾娶陈锋氏女，生放勋。……放勋立，是为帝尧。（《史记·五帝本纪》）

殷契，母曰简狄，有娀氏之女，为帝喾次妃。三人行浴，见玄鸟堕其卵，简狄取吞之，因孕生契。契长而佐禹治水有功。帝舜乃命契曰："百姓不亲，五品不训，汝为司徒而敬敷五教，五教在宽。"

封于商，赐姓子氏。（《史记·殷本纪》）

夏禹，名曰文命。禹之父曰鲧，鲧之父曰帝颛顼，颛顼之父曰昌意，昌意之父曰黄帝。禹者，黄帝之玄孙而帝颛顼之孙也。（《史记·夏本纪》）

即在太史公笔下，帝尧、商之始祖契、周之始祖弃，为同父异母兄弟，皆帝喾之子，黄帝的玄孙；夏禹则是黄帝另一支裔帝颛顼的孙子，黄帝的玄孙，与尧、契、弃同辈分。

这种言之凿凿，排列详明、具体的血缘传承关系，乍看起来，真不由你不信，但细察之，其中的疑点和问题又着实不少。因为，稍具头脑的人不免会问：作为西汉人的司马迁何以对周弃与黄帝间的血缘关系知道得比他之前的人多得多，也具体得多？这可能吗？当然，我们这样提出问题，丝毫没有贬损司马迁，认为他是在那里胡编乱造、信口开河的意思，但也毋庸讳言，司马迁在写《史记》时，他除了凭借可靠传世文献材料外，也采信了不少晚出可靠性较差的文献和民间口头传说材料，而这类材料中不少都是靠不住的。

下面，且让我们对不同时期人们对周人与黄帝的记述略作条理，以从中看出其演变——人为敷演、增饰的蛛丝马迹来。

较早记述周人始祖事迹的可靠文献当首推《诗经》。《诗·大雅·生民》谓：

厥初生民，时维姜嫄。……履帝武敏歆。……载生载育，时维后稷。……诞寘之隘巷，牛羊腓字之。诞寘之平林，会伐平林。诞寘之寒冰，鸟覆翼之。……蓺之荏菽，荏菽旆旆。……诞后稷之穑，有相之道。……

这是一首西周时周人歌颂先祖后稷的诗歌。诗中述及后稷之母名曰姜嫄，后稷初生下来时曾被多处遗弃而终于存活下来，以及后稷在发展农业方面的巨大贡献，至于他的父亲是谁，以及他是否在尧、舜时为官等则只字未提，更不用说同黄帝的血缘关系了。

《诗·鲁颂·閟宫》有"赫赫姜嫄……是生后稷"，"奄有下土，缵禹之绪"的诗句，诗中除提及姜嫄、后稷母子的名字外，还说到后稷继续了禹的事业。

《诗·大雅·云汉》有"后稷不克"句，《诗·周颂·思文》有"思文后稷"句，但这两篇诗除提及后稷的名字外，并无具体事迹可言，这里就不去说它了。

《诗经》外，另一较早古文献《尚书》中亦保存有有关后稷的零星记载，如：

> 帝（舜）曰："弃，黎民阻饥，汝后稷，播时百谷。"（《尚书·尧典》）

> 稷降播种，农殖嘉谷。（《尚书·吕刑》）

《吕刑》仅含混言后稷教民播种，《尧典》则明言舜任弃为农官事。鉴于《尧典》的成书年代在学者间有成书于西周说、成书于战国说、成书于秦汉说的不同，故对这条材料的可靠性，亦即对弃时之周人是否已同尧舜族团有所接触，弃本人是否已被尧、舜任为农官一事虽不敢遽断、肯定，但亦不宜轻予否定。笔者浅见，这条材料大体应是可靠的，即此时之周人已参加进以尧舜族团为主体的联盟中来，周人的首领弃亦很有可能靠着长于农耕在联盟中谋得一定职位。

但不管是《诗经》还是《尚书》，都压根不见黄帝的名字，当然也就谈不上后稷与黄帝的关系了。

黄帝虽历史上实有其人，且功业卓著，但在漫漫的历史长河中还是被渐渐淡忘了，他之重显于历史舞台是从战国年间开始的，他和周人始祖弃的血缘关系，也是从这时起被人们编排出来的。这个编排，大体经历如下几个步骤、阶段：

第一步或曰第一阶段，可以《国语》和《礼记》中的相关记载为代表，如：

> 有虞氏禘黄帝而祖颛顼，郊尧而宗舜；夏后氏禘黄帝而祖颛顼，郊鲧而宗禹；商人禘舜而祖契，郊冥而宗汤；周人禘喾而郊稷，祖文王而宗武王。（《国语·鲁语上》）

《礼记·祭法》所记略同而文字稍有别，作：

> 有虞氏禘黄帝而郊喾，祖颛顼而宗尧；夏后氏亦禘黄帝而郊鲧，祖颛顼而宗禹；殷人禘喾而郊冥，祖契而宗汤；周人禘喾而郊稷，祖文王而宗武王。

这样，就把黄帝同后来的颛顼、帝喾、尧、舜、禹、契、弃用血缘的纽带全串联起来了。不过，这仅是粗略的串联，具体世次尚不明，缺环尚多。

第二步或曰第二阶段，可以《世本》和《大戴礼记·帝系》的记载为代表。《世本》的体系是：

> 少典生轩辕，是为黄帝。
>
> 黄帝生玄嚣，玄嚣生侨极，侨极生高辛，是为帝喾。帝喾生尧。
>
> 黄帝生昌意，昌意生高阳，是为帝颛顼。
>
> 颛顼生穷蝉，五世而生瞽叟。瞽叟生重华，是为帝舜。
>
> 颛顼五世而生鲧。鲧生高密，是为禹。
>
> ……
>
> 帝喾卜其四妃之子，而皆有天下。元妃有邰氏之女曰姜嫄，是生后稷；次妃有娀氏之女曰简狄，是生契；次妃陈酆氏之女曰庆都，是生帝尧；次妃娵訾氏之女曰常仪，是生帝挚。（《世本》雷学淇校辑本）

《大戴礼记·帝系》的体系略同《世本》而稍有出入，作：

> 少典产轩辕，是为黄帝。
>
> 黄帝产玄嚣，玄嚣产蟜极，蟜极产高辛，是为帝喾。帝喾产放勋，是为帝尧。
>
> 黄帝产昌意，昌意产高阳，是为帝颛顼。
>
> 颛顼产穷蝉，穷蝉产敬康，敬康产句芒，句芒产蟜牛，蟜牛产瞽叟，瞽叟产重华，是为帝舜，及产象，敖。
>
> 颛顼产鲧，鲧产文命，是为禹。
>
> ……

帝喾卜其四妃之子，而皆有天下。上妃有邰氏之女也，曰姜原氏，产后稷；次妃有娀氏之女也，曰简狄氏，产契；次妃曰陈隆氏，产帝尧；次妃曰陬訾氏，产帝挚。

这样，黄帝外其他四帝颛顼、帝喾、尧、舜，及三代之先的夏禹、商契、周后稷的名字全都有了，而且全被编排为黄帝的子孙。至此，五帝三王同出黄帝一系的古帝王谱系已基本编排就绪、成型。

第三步或曰第三阶段，以太史公司马迁《史记》中的《五帝本纪》、《夏本纪》、《殷本纪》、《周本纪》诸篇为代表。上述诸篇中的相关记述，本文开头部分已作移录，这里不再重复征引。应该说，太史公书基本上沿袭了《世本》、特别是《大戴礼记·帝系》的说法，而略有调整，太史公并未给《世本》、《大戴礼记·帝系》已基本完成的古帝王谱系添加进多少新东西，太史公的主要贡献是对这个干巴巴的谱系从内容、情节上予以极大丰富，使之更具可读、可信性，从而能为更多的人所接受，流传久远。从这个意义上讲，说太史公司马迁是这个谱系的最终完成者似不为过。

在《诗经》这一先秦较早也比较可靠的文献里，仅言及后稷和他的母亲姜原两个人的名字，及后稷初生时曾被遗弃和日后他在农业上的巨大贡献等。在稍晚后些的《尚书·尧典》中，固然也简略透露出后稷时周人已同尧舜族团发生联系，后稷本人还曾在尧舜时被任为农官的事。但两书中就压根不见黄帝的名字，当然也就谈不上后稷同黄帝的血缘关系了。进入春秋，特别是战国以降，社会巨变，诸子百家竞起，各思以其道易天下，即皆欲按照自己的主张、观点改造社会，左右历史进程。当时，许多家派都高张托古改制的大旗，于是，一场发掘历史、编造历史的活动便轰轰烈烈展开了。五帝三王同出黄帝一系的古帝王谱系正是适应战国秦汉间大一统国家的政治需要而被编排出来的。正是按照这个谱系，本来不知父亲是谁的后稷被编排为帝喾的儿子、黄帝的玄孙，还有了尧这个同父异母兄弟。须知，黄帝、帝喾、尧都是五帝级的显赫人物，能同这些人攀上血缘关系，对周人的后世子孙们自然是再荣耀不过的了，而对沉寂多时的黄帝、帝喾、尧等人来说，也刚好借此重显历史舞台，进一步拔高、放大自己，如此互惠双赢，何乐而不为！

关于这种编排之不能成立及其中的破绽，笔者已另为文论之[①]，兹不作赘。以下，想再谈谈这种人为编排的古帝王谱系背后所隐藏的玄机——即它背后所隐藏的深刻社会历史根源、背景。对此，当代著名历史学家顾颉刚先生曾做过深刻揭示。早在1923年，顾先生就提出，要推翻伪古史，就必须"打破民族出于一元的观念"。他说："在现在公认的古史上，一统的世系已经笼罩了百代帝王，四方种族，民族一元论可谓建设得十分巩固了。但我们一读古书，商出于玄鸟，周出于姜嫄，任、宿、须句出于太皞，郯出于少皞，陈出于颛顼，六、蓼出于皋陶庭坚，楚、夔出于祝融、鬻熊（恐是一人），他们原是各有各的始祖，何尝要求统一！自春秋以来，大国攻灭小国多了，疆界日益大，民族日益并合，种族观念渐淡而一统观念渐强，于是许多民族的始祖的传说亦渐渐归到一条线上，有了先后君臣的关系，《尧典》、《五帝德》、《世本》诸书就因此出来。"[②]1933年，顾氏在为《古史辨》第四册所写《序》文中复申其义云："从古书里看，在周代时原是各个民族各有其始祖，而与他族不相统属。……到了战国时，许多小国并吞的结果，成了几个极大的国；后来秦始皇又成了统一的事业。……疆域的统一虽可使用武力，而消弭民族间的恶感，使其能安居于一国之中，则武力便无所施其技。于是有几个聪明人起来，把祖先和神灵的'横的系统'改成了'纵的系统'，把甲国的祖算做了乙国的祖的父亲，又把丙国的神算做了甲国的祖的父亲。他们起来喊道，'咱们都是黄帝的子孙，分散得远了，所以情谊疏了，风俗也不同了。如今又合为一国，咱们应当化

---

① 拙作《中华人文初祖黄帝和后儒所言黄帝谱系论析》、《战国秦汉间黄帝材料发觉、敷衍、整合之再认识》，收《张广志论学杂著选辑》，经济科学出版社2016年版。

② 《答刘胡两先生》，《古史辨》第一册，上海古籍出版社1982年重印本，第99页。

除畛域的成见！'"① 顾老的话，尖锐、深刻、生动地兜了战国秦汉间政治家及为其服务的学者们为大一统政治需要改铸、编造历史的底。

客观发生的历史，是人们自然创造的，是客观的；而记述的历史，不管是口头的，还是文字的，都是由受着认识的和历史的局限，持有特定立场、观点、感情的人制作的，疏失、错漏、演义、偏见、编造、篡改，在所难免。历史学者的责任，就在于科学、审慎地对待前人留下的材料，正本清源，去伪存真，尽可能多些地还历史以本来面目。

---

① 《古史辨》第四册，上海古籍出版社 1982 年重印本，《顾序》第 5～6 页。

太公治齐简论

在灭商兴周的历史性代更中，作为周人领袖的文、武二王的作用自不待言，若论臣僚的历史功绩，当首推鲁周公、齐太公二人。《史记·齐太公世家》谓：太公归周，"为文、武师"。"周西伯昌之脱羑里归，与吕尚阴谋修德以倾商政，其事多兵权与奇计，故后世之言兵及周之阴权皆宗太公为本谋。周西伯政平，及断虞、芮之讼，而诗人称西伯受命曰文王。伐崇、密须、犬夷，大作丰邑。天下三分，其二归周者，太公之谋计居多。""文王崩，武王即位。九年，欲修文王业，东伐以观诸侯集否。师行，师尚父左杖黄钺、右把白旄以誓。……遂至盟津，诸侯不期而会者八百诸侯。""十一年正月甲子，誓于牧野，伐商纣。纣师败绩。纣反走，登鹿台，遂追斩纣。明日，武王立于社，群公奉明水，卫康叔封布采席，师尚父牵牲，史佚策祝，以告神讨纣之罪。散鹿台之钱，发钜桥之粟，以振贫民。封比干墓，释箕子囚。迁九鼎，脩周政，与天下更始。师尚父谋居多。""武王已平商而王天下，封师尚父于齐营丘。"记载虽简，然"为文、武师"，"太公之谋计居多"，"师尚父谋居多"寥寥数语，已足以把伐商前后作为谋略家、战神的姜太公的形象完全勾勒出来了。

其实，姜太公的才智、贡献，尚远不止此，他不但是战神，是旧秩序的破坏者，他还善于立，长于治国，齐国立国之初之所以能在濒临东海的夷地立定脚跟并在治国方针和制度的层面多所创制，亦无不是同姜太公的识见和努力分不开的。

太公之治齐，足以为后人称道者略有如下诸端：

一、平定莱地，立国东土

灭商后武王虽"封师尚父于齐营丘"，但当时这一带地方，尚是莱夷等夷人的天下，故当姜太公率领部下，"夜衣而行"，急匆匆"东就国"时，便立即遭到"莱侯来伐，与之争营丘"（《史记·齐太公世家》）。《汉书·地理志》则谓："周成王时，薄姑氏与四国共作乱，成王灭之，以封师尚父。"这当是发生在成王时周公东征前后的事。文虽言"成王"灭之，但薄姑就在姜太公眼皮子底下作乱，且平乱后这片地方又封（增封）给了姜太公，想来，姜太公应该也是参加了这次平定薄姑氏作乱的战斗的。看来，姜太公东就国齐地后，是经过了多次与当地夷人的争战，才在这片土地上站稳了脚跟的。

二、从实际出发，奉行"因其俗，简其礼"的治国方针、政策

夷人的一次次作乱虽然被平定了，一部分夷人也北上、南下迁往异地他乡了，但相当一部分夷人还是留了下来，成为齐国的臣民。这些当地的夷人，在数量上肯定要比姜太公从西部带来的人马多得多。如何对待这些当地人呢？是生搬硬套把中原的一套强加给他们，还是从实际出发，"因其俗，简其礼"，变通而行呢？姜太公选择了后者。实践证明，他的这一选择是可行的，正确的。

三、"通商工之业，便鱼盐之利"的经济政策

在经济上，姜太公根据齐地近海，土地瘠薄，多盐碱，不利五

谷生长的实际，乃"劝其女功，极技巧，通鱼盐"（《史记·货殖列传》），"通利末之道，极女工之巧"（《盐铁论·轻重》），"通商工之业，便鱼盐之利"（《史记·齐太公世家》）。推行的结果是，"人物归之，繦至而辐凑，故齐冠带衣履天下，海岱之间敛袂而往朝焉。"（《史记·货殖列传》）"是以邻国交于齐，财富货殖，世为强国。""人民多归齐，齐为大国。"（《史记·齐太公世家》）即通过实践的检验，证明姜太公的这一经济方针、政策，是行之有效的、正确的，特别是联系到我国历史上治国者多奉行重本抑末的经济政策，姜太公的这一举措就越发显得难能可贵了。

四、"尊贤智"、"赏有功"、威刑肃物

政治上，姜太公奉行了一条不同于鲁的"举贤尚功"的方针，这是他的又一成功处。《汉书·地理志下》说："太公治齐，修道术，尊贤智，赏有功。"《淮南子·齐俗训》载："太公问周公曰：'何以治鲁？'周公曰：'尊尊亲亲。'太公曰：'鲁从此弱矣！'周公问太公曰：'何以治齐？'太公曰：'举贤而上功。'周公曰：'后世必有劫杀之君！'其后，齐日以大，至于霸，二十四世而田氏代之；鲁日以削，至三十二世而亡。"《史记·鲁周公世家》亦载："鲁公伯禽之初受封之鲁，三年而后报政周公。周公曰：'何迟也？'伯禽曰：'变其俗，革其礼，丧三年然后除之，故迟。'太公亦封于齐，五月而报政周公。周公曰：'何疾也？'曰：'吾简其君臣礼，从其俗为也。'及后闻伯禽报政迟，乃叹曰：'呜呼，鲁后世其北面事齐矣！夫政不简不易，民不有近；平易近民，民必归之。'"这虽是后人根据日后齐强鲁弱编造出来的故事，但亦在一定程度上反映了齐、鲁两国治国方针的不同。杨向奎在为北京燕山出版社 1993 年出版之徐树梓主编《姜太公新论》一书所写"序"中有谓："太公和周公的作风不同，太公重视经济方面的经营，使齐强大起来，而且这种重实利的

作风，讲究实效的结果，也为后来法家学说奠定了基础。后来的《管子》一书，正好是这种思想作风的发扬光大者。……鲁国不同，它传播的是宗周的正统文化，或者说是宗周的礼乐文明。春秋时代的人还知道周礼尽在于鲁。这种文明形成中国传统的道德规范；而太公的思想作风却为后来中国法家尚实的思想奠定了基础。"

不过，在此亦应指出的是，姜太公亦同后来的法家人物一样，很有些威刑肃物，乐以刑杀为威的作派。史载：

太公望东封于齐。齐东海上有居士曰狂矞、华士昆弟二人者，立议曰："吾不臣天子，不友诸侯，耕作而食之，掘井而饮之，吾无求于人也。无上之名，无君之禄，不事仕而事力。"太公望至于营丘，使吏执杀之，以为首诛。周公旦从鲁闻之，发急传而问之曰："夫二子，贤者也，今日饗国而杀贤者，何也？"太公望曰："是昆弟二人立议曰：'吾不臣天子……'彼不臣天子者，是望不得而臣也；不友诸侯者，是望不得而使也；耕作而食之，掘井而饮之，无求于人者，是望不得以赏罚劝禁也。且无上名，虽知不为望用；不仰君禄，虽贤不为望功；不仕则不治，不任则不忠。且先王之所以使其臣民者，非爵禄则刑罚也。今四者不足以使之，则望当谁为君乎？不服兵革而显，不亲耕耨而名，又所以教于国也。……自谓以为世之贤士而不为主用，行极贤而不用于君，此非明主之所臣也，亦骥之不可左右矣，是以诛之。"（《韩非子·外储说右上》）

营荡……为齐司寇。太公封于齐，问焉以治国之要，营荡对曰："任仁义而已。"太公曰："任仁义奈何？"营荡对曰："仁者爱人，义者尊老。"太公曰："爱人尊老奈何？"营荡对曰："爱人者，有子不食其力；尊老者，妻长而夫拜之。"太公曰："寡人欲以仁义治齐，今子以仁义乱齐，寡人立而诛之，以定齐国。"（《春秋繁露·五行相胜》）若上述记述不诬，则姜太公又是一个士虽贤不为己用则杀、下属与己政见不合立诛的杀人暴君，与后世的秦始皇、曹操们颇类，这也是毋庸讳言的。

秦人"从死"散议

用活人为死人殉葬，是一个在中国历史上，上起原始社会晚期，下至清代，绵延了数千年之久的罪恶、野蛮葬俗。这种葬俗，外国历史上虽然也有，如公元前三千五百年的巴比伦王乌尔墓，就发现有 59 个殉葬人，但无论就规模，还是延续时间来说，都是同中国无法比拟的。对这种葬俗及其与所在社会性质的关系问题，笔者曾在相关论著中做过论述，本不想再说什么的，也说不出什么新道道来，近观秦史有关资料，不少地方又都涉及这个问题，且仍见有学者把它同奴隶制联系起来，于是又不免动起了再就这个问题谈谈自己看法的念头来。

一、文献和考古材料所见秦人"从死"事

先看文献中的相关记述：

二十年，武公卒，葬雍平阳。初以人从死，从死者六十六人。（《史记·秦本纪》）

三十九年，缪公（秦穆公）卒，葬雍。从死者百七十七人，秦之良臣子舆氏三人名曰奄息、仲行、鍼虎，亦在从死之中。秦人哀之，为作歌《黄鸟》之诗。（《史记·秦本纪》）

秦伯任好（秦穆公）卒，以子车氏之三子奄息、仲行、鍼虎为殉，皆秦之良也。国人哀之，为之赋《黄鸟》。（《左传》文公六年）

交交黄鸟，止于棘。谁从穆公？子车奄息。维此奄息，百夫之特。临其穴，惴惴其慄。彼苍者天，歼我良人！如可赎兮，人百其身。

交交黄鸟，止于桑。谁从穆公？子车仲行。……

交交黄鸟，止于楚。谁从穆公？子车鍼虎。……（《诗经·秦风·黄鸟》。《诗序》："《黄鸟》，哀三良也。国人刺穆公以人从死而作是诗也。"）

献公元年，止从死。（《史记·秦本纪》）

秦宣太后（战国时秦昭襄王之母，昭襄即位后，曾临朝称制）爱魏丑夫。太后病将死，出令曰："为我葬，必以魏子为殉。"魏子患之。唐芮为魏子说太后曰："以死者为有知乎？"太后曰："无知也。"曰："若太后之神灵，明知死者之无知矣，何为空以生所爱葬于无知之死人哉？若死者有知，先王积怒之日久矣，太后救过不赡，何暇乃私魏丑夫乎？"太后曰："善"。乃止。（《战国策·秦策二》）

太子胡亥袭位，为二世皇帝。九月，葬始皇郦山。……二世曰："先帝后宫非有子者，出焉不宜。"皆令从死，死者甚众。葬既已下，或言工匠为机，臧皆知之，臧重即泄。大事毕，已臧，闭中羡，下外羡门，尽闭工匠臧者，无复出者。（《史记·秦始皇本纪》）

从近年考古发掘材料知，在甘肃礼县大堡子山发掘的可能为秦襄公和秦文公的大墓中，及与之邻近的赵坪村圆顶山春秋秦贵族墓葬中，都发现有十数人或数人不等的殉人现象。在陕西宝鸡凤翔南指挥镇发掘的墓主可能为秦景公的秦公一号大墓，殉葬者更高达 186 人之多。足见，盛行于殷商之殉人葬俗，入周后仍在延续，而以秦国为甚。这是秦人历史上阴暗的、不光彩的一面。站在著名的秦公一号大墓前，人们在对它的宏大发出赞叹的同时，亦不由会对秦统治者的野蛮、残暴产生莫大的愤慨、厌恶。

二、"人牲"、"人殉"不能混同

在谈及上举发现于陕西宝鸡凤翔的秦公一号大墓时，研究者常常把186人不加分析地笼统称之为"殉人"，有的研究者虽已意识到与160余位有棺木葬具的"自愿的殉人"不同，那些被胡乱弃置于第二层台基处的20具放置杂乱、身首异处、没有棺木一类的葬具的人骨遗骸，可能是战俘、奴隶或刑徒一类的人，是大墓封埋时"被砍杀用以祭祀"的，但到头来还是要把这批死者视作"是作为人牲的殉人"。这是不成立的。前些年，笔者曾为文论述过这个问题，认为："在原始社会，人们就有吃战俘的习俗，后来，随着社会的进步，食料的增多，观念的改变，活着的人们便不再食人了，但却把捉来的战俘作为盛馔献给死去的祖先或其他神灵食用，积习成俗，'人祭'者于是乎兴。……如果说'人祭'是把人作为'物'，作为'食品'献给祖先神灵以供食用，那末，'人殉'则是把人作为'人'奉于死者，以供伴侍，以备役使，以充护卫。二者目的、性质不同，被用者的身份自亦不同。前者是供'食'的，而吃敌人是个古老的传统，故得用'俘'；后者是供'用'的，既为'用'，则必'避仇敌''使亲近'，故殉须'故旧'。一般地说，殉者与被殉者的关系应是二者生前关系的继续"，"殉者的身份""可涵括后妃、妻妾、近幸、臣僚、弟子、友人、奴婢各色人等。"① 故把墓主外的同葬者一律目为"人殉"，及"作为人牲的殉人"一类的提法，殊觉不妥。

三、人殉同所在社会的社会性质并无直接干系

一谈到用人殉葬，人们不免会自然而然地联想起奴隶社会来，

---

① 《商代奴隶社会说质疑》，载于《人文杂志》1982年增刊《先秦史论文集》。

这是当年以郭沫若为代表的主流派中国史学所留给人们的一份沉重历史遗产，它至今仍在影响着一部分史学工作者和不明就里的一般读者。郭说之不能成立，笔者已在上引《商代奴隶社会说质疑》等论著中做过论析，这里不再重复，以下仅想从先秦时期秦以外的其他国家及秦汉以降历朝历代也都存在着这种现象，以证它同所在社会是否为奴隶社会并无直接干系。且看相关记述：

魏武子有嬖妾，无子。武子疾，命颗（武子之子）曰："必嫁是〔妾〕。"疾病，则曰："必以为殉。"（《左传》宣公十五年）

（晋景公）如厕，陷而卒。小臣有晨梦负公以登天。及日中，负晋侯出诸厕，遂以为殉。（《左传》成公十年）

（楚灵）王缢于芊尹申亥氏，申亥以其二女殉而葬之。（《左传》昭公十三年）

陈乾昔寝疾，属其兄弟而命其子尊己曰："如我死，则必大为我棺，使吾二婢子夹我。"（《礼记·檀弓下》）

墨者钜子孟胜……死，弟子死之者百八十。（《吕氏春秋·离俗览第七·上德》）

（田横死）既葬，二客穿其冢旁孔，皆自刭，下从之。（《史记·田儋列传》）

（单于死）近幸臣妾从死者多至数十百人。（《汉书·匈奴传》）

（叔孙）俊既卒，太宗命其妻桓氏曰："夫生既共荣，没宜同穴，能殉葬者可任意。"桓氏乃缢而死，遂合葬焉。（《魏书·叔孙建传》）

北齐时，有仕人姓梁，甚豪富。将死，谓其妻子曰："吾平生所爱奴马，使用日久，称人意。吾死，可以为殉。"（《太平广记》卷三八二《梁甲》）

（吐蕃）其臣与君自为友，号曰共命人，其数不过五人。君死之日，共命人皆日夜纵酒。葬日，于脚下刺血，出尽及死，便以殉葬。又有亲信人，用刀当脑缝锯；亦有将四尺木，大如指，刺两肋下，

死者十有四、五，亦殉葬焉。(《唐会要》卷九十七《吐蕃》)

太祖崩，后称制，摄军国事。及葬，欲以身殉，亲戚百官力谏，因断右腕纳于枢。(《辽史·太祖淳亲皇后述律氏传》)

(太祖孙周宪王有燉) 薨，无子。……妃巩氏、夫人施氏、欧式、陈氏、张氏、韩氏、李氏皆殉死。诏谥妃贞烈，六夫人贞顺。(《明史·周宪王有燉传》)

观上举记述可知，殉死的情况至为复杂。从殉者与被殉者的关系看，可分殉主、殉夫、殉师友等几种类型；就殉者的身份言，可涵括后妃、妻妾、近幸、臣僚、弟子、友人、奴婢各色人等。虽然，在阶级社会，在男性占统治地位的情况下，除殉道、殉师友还多少带有几分"道义"、"平等"的色彩外，多为以下殉上，以女殉男，其不平等的、压迫的性质是十分明显的，但即使这样，殉者中仍大多为自由人，有的地位还相当高。因为，照那时的要求说，除开一部分宠婢、嬖妾、忠仆外，一般奴隶尚无缘得到这份"恩宠"呢！准此，我们只能说用人殉葬是人压迫人、人剥削人的阶级社会在某种特定历史条件下滋生出的一反人性毒瘤，但它同所在社会是否为奴隶社会并无直接干系。过去，郭沫若等靠它去构建殷商的奴隶社会，实在是用错了材料，道理上也是讲不通的。

(原载《辉煌雍城——全国（凤翔）秦文化学术研讨会论文集》，三秦出版社 2017 年版)

《左传》民本思想论析

  《左传》是儒家经典之一，是中国第一部编年体史书，传为春秋末鲁史官左丘明据鲁史《春秋》编就。《左传》作者不仅为后人保存了大量珍贵史料，还在作品中赋予了自己的观点，寄托了自己的政治理想，反映了当时的各种社会思潮，民本思想便是其中最为集中、深刻的一种。

  一般认为，作为中国统治政治思想重要组成部分的民本思想，萌发于西周（有学者将之远溯至尧舜甚至黄帝时代，恐不可靠，那是上了后世儒家托古自重的当），形成于春秋，成熟于战国。春秋民本思想的材料，又比较集中地保存在《左传》一书中。

  本文拟对《左传》民本思想的产生背景、体现、历史定位作所论析，不当之处，请大家批评指正。

一、春秋民本思想勃兴的历史背景

  五帝乃至夏世，渺茫古远，史事难稽，治术难考。《古文尚书·五子之歌》言"民惟邦本，本固邦宁"，被后世目为民本思想之源，此恐非夏世之真，而是周人托古之作。进入殷商，材料渐多，史事渐清。其治国理念，虽在《古文尚书·说命》中为我们保留了颇为明晰的贤相傅说的民本思想材料，但《说命》可不可靠，它究竟是商人的东西还是周人的东西，还很不好说。退一步说，它即使是商人的东西，亦非主流，亦无改于商人重神轻人的神权政治本质。

民本思想的产生，当在西周时代，它是聪明的西周统治者接受殷人亡国教训所做出的明智选择。所谓"人无于水鉴，当于民鉴"（《尚书·酒诰》），"民之所欲，天必从之"，"天视自我民视，天听自我民听"（《古文尚书·泰誓》），"欲至于万年惟王，子子孙孙永保民"（《尚书·梓材》），表述的就是以周公为代表的西周统治者"敬天（德）保民"的民本思想。

进入春秋，村社井田制瓦解，礼崩乐坏，旧秩序动摇，民众地位、力量凸显，民本思想亦随之活跃起来，并在《左传》等史籍中得到充分体现。一句话，春秋民本思想的活跃，并不是什么人凭空制造、呼唤出来的，而是时代之使然。

二、民本思想在《左传》中的体现

《左传》中的民本思想材料颇丰，条分之，略体现于如下两个方面。

（一）重民

哀公元年（公元前494年），"吴师在陈，楚大夫皆惧，曰：'阖闾惟能用其民，以败我于柏举。近闻其嗣（其子吴王夫差）又甚焉，将若之何？'子西曰："二三子恤不相睦，无患吴矣。昔阖闾食不二味，居不重席，室不崇坛，器不彤镂，宫室不观，舟车不饰，衣服财用择不取费。在国，天有灾疠，亲巡孤寡而共其乏困。在军，熟食者分而后敢食，其所尝者，卒乘与焉。勤恤其民，而与之劳逸，是以民不罢劳，死知不旷。吾先大夫子常易之，所以败我也。今闻夫差，次有台榭陂池焉，宿有妃嫱嫔御焉；一日之行，所欲必成，玩好必从，珍异是聚，观乐是务；视民如仇，而用之日新。夫先自败也已，安能败我？"（《左传》哀公元年）原来，十二年前吴王阖闾曾伐楚，破楚都郢，楚几亡，现在夫差的兵力看样子比阖闾时更强，所以楚大夫们一看夫差兴兵伐陈，便怕得不行，唯独子西不以为然。因为，在子西看来，阖闾之强，全凭爱惜民力，从而得到人民的支持、拥戴；夫差看似强，但滥用民力，实已埋下了失败的祸根，故对楚已构不成真正威胁了，又何怕之有？这表明，在春秋有识见的政治家眼中，国家盛衰存亡的决定因素，在人心的向背，君权的基础在民心。

基于此种认识，有人更从理论层面进而提出"重民轻神"的主张，谓："夫民，神之主也，是以圣王先成民而后致力于神。"（《左传》桓公六年季梁语随侯）"国将兴，听于民。将亡，听于神。神聪明正直而壹者也，依人而行。"（《左传》庄公三十二年虢史嚚语）虽仍把神抬得很高，但统治者自己心里很清楚，要维护统治还得在"成民"上下功夫。

在施政层面，各国统治者都十分强调贵民、爱民、信民、富民，甚至喊出"养民如子"（《左传》襄公十四年）、"视民如子"（《左传》昭公三十年）的话语来。这表明，春秋时期有识见的政治家已清醒地认识到民的分量，唯有贵民、爱民，让民众有个应有的生产、生活条件、环境，社会才能安定，他们的统治秩序才能维持下去。

（二）轻君

春秋政治思想的主流，一如长期中国封建社会所奉行的那样，自然是尊君，是为维护君权服务的，但在某些方面，亦在一定程度上表现出"轻君"、"抑君"的一面。《左传》文公十三年载："邾文公卜迁于绎。史曰：'利于民而不利于君。'邾子曰：'苟利于民，孤之利也。天生民而树之君，以利之也。民既利矣，孤必与焉。'左右曰：'命可长也，君何弗为？'邾子曰：'命在养民。死之短长，时也。民苟利矣，迁也，吉莫如之。'遂迁于绎。五月，邾子卒。君子曰：'知命。'"即当利民与利君不能兼顾两全的时候，公然把利民放在了利君之上。下边引述的一件事，则走得更远。《左传》襄公三十一年载："郑人游于乡校，以论执政。然明谓子产曰：'毁乡校，何如？'子产曰：'何为？夫人朝夕退而游焉，以议执政之善否。其所善者，吾则行之；其所恶者，吾则改之。是吾师也，若之何毁之？我闻忠善以损怨，不闻作威以防怨。岂不遽止？然犹防川，大决所犯，伤人必多，吾不克救也。不如小决使道，不如吾闻而药之也。'然明曰：'蔑也今而后知吾子之信可事也。小人实不才，若果此行，其郑国实赖之，岂惟二三臣？'仲尼闻是语也，曰：'以是观之，人谓子产不仁，吾不信也。'"此虽尚属个别有识之士的识见，且未上升到制度、体制的层面，但亦或多或少带有几分民众参政、议政的味道了。自然，此所谓"轻君"、"抑君"，意在"警君"、"抚民"，不过是个姿态、说辞，骨子里还是"尊君"的。

而所有这些，又都同当时礼崩乐坏、权力下移、思想言论自由度扩大有关，及至商鞅、韩非、李斯、秦始皇们的思想、制度大行其道，这种带有浓烈原始民主色彩、遗风的民本思想，也就渐趋凋零了。

三、民本思想的历史定位

民本思想产生、兴盛于西周、春秋、战国时期，秦统一后虽渐趋凋零，仍不绝如缕地残存于历代圣君、贤相、清官、廉吏乃至心地善良的广大下层民众心中，并不时做政治、道德的呼喊、诉求，以矫正、补缀、润饰严酷、冰冷的专制极权政治制度。

对民本思想的价值、地位，一味颂扬或抑之过甚都是要不得的，应辩证地一分为二地看到它的积极面和消极面。

首先，应承认民本思想在特定历史时期作为一种积极、进步、健康的思想和政治力量，确曾在历史上起过积极、进步作用。这种积极、进步作用，一是表现在它力劝统治者要为民众营造一个应有的生产、生活条件、环境，以使作为整个社会赖以存在基础的社会生产得以维持、发展；二是约束、限制统治者的权位、贪欲，调和、缓解阶级矛盾、社会冲突，降低、弱化社会冲突、动乱的频度、烈度，起着某种稀释剂、缓冲带、减压阀的作用。

其次，也必须指出、正视它的消极面、局限性。这种消极面、局限性，就在于它对人压迫人、人剥削人社会制度的掩盖、粉饰，对民众的蒙蔽、欺骗。

古代，一些开明政治家和士人对民本思想倍加颂扬，是时代限制，无可厚非，步入近现代，再对它顶礼膜拜，甚至将之与"民主"混为一谈，就很不应该了。如梁启超就盛赞："商周以前，民本主义极有力，西周之末尚然，东迁以后渐衰。""天子为天之代理人，在天监督之下以行政治，则本来之最高主权属于天，甚明。然此抽象的天，曷由能行使其监督耶？吾先民以为天之知（聪明）能（明威）视听，皆假涂于人民以体现之。民之所欲恶，即天之所欲恶。于是论理之结果，不能不以人民为事实上之最高主权者。故此种'天子政治'之组织，其所谓天者，恰如立宪国无责任之君主；所谓天子者，则当其责任内阁之领袖。天子对于天负责任，而实际上课其责任者则人民也。"又谓："古代之民本主义，曾否实现，用何种方法实现，实现到若何程度，今皆难确言。《盘庚》有'王命众悉至于庭'语，《大诰》、《多士》、《多方》等篇，一读而知为周公对群众之演说辞。以此推之，或如希腊各市府之'全民会议'。盖古代人少，实有此可能性也。"① 总之，在梁启超看来，古之"民本"就是"民主"，"天视自我民视，天听自我民听"即"人民为事实上之最高主权者"。

后来，再像梁启超那样径行把"民本"当成"民主"的说法虽

---

① 梁启超：《先秦政治思想史》，东方出版社 1996 年版，第 44，36~39 页。

已不再多见，但变相的提法还是不时出现。如吕振羽就曾认为在先秦民本思想的代表人物孟子身上就"无可否认"地"有着民主主义的进步因素"。① 冯天瑜亦认为："晚周民本思潮是我国封建时代产生的一种比较富于人民性的政治思想。正如古希腊的雅典民主派的思想后来一再被欧洲反对封建专制制度的斗士们所利用一样，《左传》、《孟子》的民本主义也一再被后人借重。"② 赵吉惠虽曾清醒地指出"古代的民本思想是以君为主体"，"是站在君主的立场，以君为主体治民"，"中国古代的民本思想仅仅包含若干民主思想之萌芽，还不是民主思想"；另一方面却又说："在中国传统文化中本来就存在着民本思想与君权思想的对立。无论是道家文化抑或儒家文化都贯穿着鲜明的'民为邦本'的人文精神与反对君主专制的人道主义原则。只有法家强调君主专制。"③ 刚刚说"民本思想"是"站在君主的立场，以君为主体治民"，怎么一下子又变成了"民本思想"是与"君权思想"对立的，甚至是"反对君主专制"的了呢？

笔者认为，所谓"民本"思想，并不是什么"君权思想"的对立物，当然也谈不上是"反对君主专制"的，与"民主"并不搭边。统治者之"重民"，提出什么"民惟邦本"之类，完全是从统治者维护自身利益的角度出发的，是一种比较清醒而有远见的"治民"之术。这里，丝毫不存在"民主"——让民当家做主管理国家的意思，正如深谙经营之道的农民无不懂得牛马对其安身立命的重要性，有时不免会发出"牛马就是我的命根子啊"一类的由衷慨叹，但这绝不意味着牛马竟会由此一变而为农民的"主人"了一样。

① 吕振羽：《中国政治思想史》上册，人民出版社1955年版，第196页。
② 冯天瑜：《晚周民本思想刍议》，载于《人文杂志》增刊《先秦史论文集》，1982年。
③ 赵吉惠：《传统"民本"与现代"民主"》//赵吉惠：《国学沉思》，浙江人民出版社1998年版，第198、197页。

沈约《宋书》及其为人漫议

沈约（441～513），字休文，南朝宋、齐、梁间吴兴武康（今浙江湖州德清西）人。南朝著名集官员、学者于一身的显赫人物。

沈约出身于门阀世族家庭。祖沈林子，任宋征虏将军。父沈璞，任宋淮南太守，于元嘉末内争中被诛，沈家以是沦落。沈约少时虽孤贫流离，然笃志好学，博通群籍，长于诗文，靠着自己的努力一步步为长上赏识、显达起来。沈约历仕宋、齐、梁三朝，宋时历任参军、记室、尚书度支郎等，齐时历任著作郎、中书郎、国子祭酒、南清河太守等，梁时，更以助梁武帝萧衍代齐谋划功，封建昌县侯，官至尚书左仆射，后迁尚书令，领太子少傅。

沈约自幼"笃志好学，昼夜不释卷"，"好坟籍，聚书至二万卷，都下无比"（《南史》卷五十七《沈约传》），致知识渊博，所取得的学术成就也是多方面的。在哲学上，沈约著有《难范缜神灭论》等，持神不灭论。沈约又长于文学，特别是诗歌创作，精音律。时沈约与谢朓等作诗注重声律，号"永明体"。沈约著有《四声谱》，以为"在昔词人累千载而不悟，而独得胸衿，穷其妙旨，自谓入神之作"（《南史》卷五十七《沈约传》），语虽夸饰，其在诗歌发展史的贡献还是毋庸抹煞的。沈约在学术上的最大贡献还是在史学方面，其史学著作除众所周知的《宋书》外，尚有《晋书》百余卷、《齐纪》二十卷、《梁武纪》十四卷。此外，沈约尚著有《迩言》十卷、《谥例》十卷、《宋文章志》三十卷、文集一百卷，惜除《宋书》和明张溥编《汉魏六朝百三家集》所辑《沈隐侯集》残卷外，余皆不传。

综上，仕途的沈约，从下层小吏，一步步攀升到中央权要，为官谨慎、恭顺、勤政、廉洁；在为学上，涉猎甚广，在哲学、文学、史学诸多领域皆有建树，不愧为一代显官、通儒。

语云：人非圣贤，孰能无过。其实，即使是圣贤，亦非十全十美，一贯正确，他们同样有不足，甚至过错。故对历史人物，包括本文所涉及的沈约，时人及后人有这样那样的议论、臧否也就再自然不过了，问题仅在于，议论是否有据，臧否是否得当。

对沈约的议论、臧否主要集中在《宋书》的撰著和沈约的为人上。

兹分别论析如下。

一、关于《宋书》

本节不拟对《宋书》作全面评价，只就沈约在《宋书》撰著中的地位、作用及《宋书》中的曲笔问题作所议论。

在沈约前，何承天、山谦之、裴松之、孙冲之、苏宝生、徐爰等皆从事过宋书的撰著，及沈约《宋书》百卷成，始称完璧，这就是后来被列入二十四史的《宋书》。

刘知几在《史通·古今正史》中谓："至齐著作郎沈约，更补缀所遗，制成新（旧讹作杂）史。"既言"补缀"，又称"新史"，尚称客气、公允。及王鸣盛《十七史商榷》卷五十三《沈约宋书》，谓"沈约自序称于齐武帝永明五年春被敕撰宋书，至六年二月纪传毕功，表上之。……四十七、八已值衰暮，其书一年便就，何速如此？盖宋书自何承天、山谦之、苏宝生、徐爰递加撰述，起义熙，讫大明，已自成书，约仅续成永光至禅让十余年事，删去桓玄……诸葛长民十三传而已。"用前"已自成书"，约仅续成"十余年事"及删桓玄等十三传而已，用语之重，似比刘知几进了一大步。

对自己的《宋书》是在前人成果的基础上完成的一事，沈约从未讳言过。沈约明谓：

宋故著作郎何承天始撰《宋书》，草立纪传，止于武帝功臣，篇牍未广。其所撰志，唯天文、律历，自此外，悉委奉朝请山谦之。谦之，孝建初，又被诏撰述，寻值病亡，仍使南台侍御史苏宝生续造诸传，元嘉名臣，皆其所撰。宝生被诛，大明中，又命著作郎徐爰踵成前作。爰因何、苏所述，勒为一史，起自义熙之初，讫于大明之末。至于臧质、鲁爽、王僧达诸传，又皆孝武所造。自永光以来，至于禅让，十余年内，阙而不续，一代典文，始末未举。且事属当时，多非实录，又立传之方，取舍乖衷，进由时旨，退傍世情，垂之方来，难以取信。臣今谨更创立，制成新史，始自义熙肇号，终于昇明三年。桓玄、谯纵、卢循、马、鲁之徒，身为晋贼，非关后代。吴隐、谢混、郗僧施，义止前朝，不宜滥入宋典。刘毅、何无忌、魏詠之、檀凭之、孟昶、诸葛长民，志在兴复，情非造宋，今并刊除，归之晋籍。……本纪、列传，缮写已毕，合七帙七十卷，臣今谨奏呈。所撰诸志，须成续上。（《宋书》卷一百《自序》）

沈约这段表文，清楚地表述了如下三层意思：第一，肯定前人成果，无意掠美；第二，指明前人不足；第三，自己所作，不仅是对前人的增、删，更重要的是"谨更创立，制成新史"。"创"、"新"二字，恐非自吹自擂，应是实情。如《宋书》的《志》就很有特色，八志多从三国讲起，有的更追溯到东汉，重视对典章制度沿革流变的考察。另，《宋书》文辞流畅，语言优美，是历史上少有的有文才的史作。朱绍侯先生说："《宋书》代表了沈约在文学和史学方面的主要成就，虽然继承了何承天、山谦之、孙冲之、苏宝生、徐爰等人对刘宋历史研究的成果，但多有创新。"[①] 朱氏的评价，是公允的。

《宋书》另一为后人诟病的地方是所谓"曲笔"问题。

---

① 《沈约〈宋书〉述评》，载于《南都学坛》2001年第4期。

刘知几《史通》卷七《曲笔》谓："隐侯（沈约）《宋书》多妄。"赵翼《陔余丛考》卷六《宋书书法》谓："《宋书》书法，全多回护忌讳而少直笔也。按沈约尝历仕宋、齐、梁三朝，其撰《宋书》在齐武帝永明中，故于宋、齐易代之际，自不敢直笔，即单记宋事，亦有不能不稍存回护者。"著名演义小说作家、史学家蔡东藩于《南北史演义·自序》中亦谓"沈约作《宋书》……语多回护，讳莫如深。"

刘、赵、蔡诸氏所论，大抵得之，特别是赵翼对沈约《宋书》回护原因的分析，切近情理，远比某些论者的发发高论、厉言指斥一通为好。

应该承认，沈约《宋书》中有"回护忌讳"之处是毋庸置疑的，但如下两点亦须指出：第一，沈约之回护忌讳有为政治形势所迫、情不得已处，这同《魏书》作者魏收的"何物小子，敢共魏收作色，举之则使上天，按之当使入地"（《北史》卷五十六《魏收传》）的恶劣作风不可同日而语。第二，刘知几《史通》卷七《曲笔》云："盖史之为用也，记功司过，彰善瘅恶，得失一朝，荣辱千载。苟违斯法，岂曰能官。但古来唯闻以直笔见诛，不闻以曲笔获罪。是以隐侯《宋书》多妄，萧武知而勿尤；伯起（魏收）《魏史》不平，齐宣览而无谴。故令史臣得爱憎由己，高下在心，进不惮于公宪，退而无愧于私室，欲求实录，不亦难乎？呜呼，此亦有国家者所宜惩革也。"一千多年前的唐人刘知几尚知曲笔的主要的责任在制度，在有国的在位者，而我们的一些学者动辄以曲笔厚责古人，而从不问自己在诸多敏感问题上又何尝直笔过？如此宽于律己、严以待人，难道就不觉得脸红吗？当然，我这样说，丝毫没有替曲笔叫好的意思，而只是希望我们的某些学者在评价古人时，应坚持从历史条件出发，少发些廉价的高调、空论。

二、关于沈约的为人

对沈约为人的指摘主要集中在沈约的"昧于荣利"、"唯唯而已"和在齐和帝之死中所扮演的不光彩角色二事上。

《梁书》卷十三《沈约传》谓：沈约"自负高才，昧于荣利，乘时藉势，颇累清谈。及居端揆，稍弘止足，每进一官，辄殷勤请退，而终不能去，论者方之山涛。用事十余年，未尝有所荐达，政之得失，唯唯而已。"谓沈约虽身居高位，却既不举荐人才，又不出计献策，只知对皇上唯唯诺诺，一切遵从照办。隋末大儒王通于《中说·事君篇》中更指斥沈约为"小人"。在一些不负责任的网文上，更每有对沈约"喜欢玩弄小聪明"，"巧于钻营"，其"为官之道"实"不敢恭维"，"不要再迷信沈约的人品了"一类的攻讦。

毋庸讳言，沈约也同历史上众多读书人一样，有一心想做官、贪于权势的一面，这一点，他自己也毫不隐讳，如他曾公开声言："士大夫攀龙附凤者，皆望有尺寸之功，以保其福禄。"（《梁书》卷十三《沈约传》）应该说，在有国家机器存在的历史条件下，士人想做官本身并没有什么错，而要要"小聪明"、斗斗心眼，又实不失为大多在官场混者的基本生存技能、常态，无可厚非。至于他的"唯唯而已"，亦不过是他在残酷血腥的政治斗争中保全自己的一种无奈选择罢了。这种选择，虽比起管仲、诸葛亮、魏征、王安石、海瑞等的胸怀、胆识、傲骨、拗劲来，逊色很多，但沈约的"性不饮酒，少嗜欲，虽时遇隆重，而居处俭素"，"少时孤贫，丐于宗党，得米数百斛，为宗人所侮，覆米而去。及贵，不以为憾，用为郡都传"，并最终因在别人前议论梁武帝"护前"（讳言从前的过失、缺点）招致梁武帝的怒责，抑郁而终等，其自律、心胸、识见，又岂"小人"可比。

综观沈约一生，战战兢兢，勤谨为官，时刻处于紧张和焦虑之中，活得很累、很沉重，其际遇和心路历程是南朝文士生存状况的生动缩影。沈约虽非完人，但其为人、为官的主流还是应予肯定的。

关于沈约在齐和帝之死一事中所扮演的角色，史书是这样记载的：

四月辛酉，禅诏至，皇太后逊居外宫。梁受命，奉帝为巴陵王，宫于姑孰。戊辰，巴陵王殂，年十五。追尊为齐和帝，葬恭安陵。

初，梁武帝欲以南海郡为巴陵国邑而迁帝焉，以问范云，云俛首未对。沈约曰："今古殊事，魏武所云，'不可慕虚名而受实祸'。"武帝颔之。于是遣郑伯禽进以生金。帝曰："我死不须金，醇酒足矣。"乃引饮一升，伯禽就加摺焉。（《南史》卷五《齐本纪下·和帝》）

（沈约晚年卧病时曾）梦齐和帝剑断其舌，召巫视之，巫言如梦。乃呼道士奏赤章于天，称禅代之事，不由己出。（《南史》卷五十七《沈约传》）

看来，沈约与齐和帝之死是脱不开干系的，善良的人们从感情的角度予十五岁的娃娃皇帝齐和帝以同情，指斥沈约对旧主的无情，是不难理解的，但亦应看到：第一，政治斗争本无情，对已失败的对手斩草除根、赶尽杀绝，在中外历史上并不罕见，如项羽对秦王子婴、宋太宗赵光义对南唐后主李煜、列宁对末代沙皇尼古拉二世一家的诛除杀害等。对此，在感情的层面予以谴责足矣，过多的、夸大其辞的议论似无必要。第二，论责任，梁武帝应是主要的、决定性的，沈约责在其次。因为，最高、最终的决策、决定权在梁武帝手里，而不是在沈约手里。我们的传统文化心理中有个坏毛病，皇帝干了坏事，往往把责任推在后妃、大臣们头上，编织出一个个西宫乱政、奸臣当道的动听故事，为人主开脱。这个坏毛病，至今仍残留于不少人的脑海、血液中，亟待根除。

传统文化热的几点思考

经济热到一定程度、阶段，必然会导致与之相应的文化热出现。在文化热中，传统文化热又占据重要地位，扮演重要角色。这对有着悠久历史、文明从未中断的中国来说，也是顺理成章，再自然不过之事。近年来，我们在精神文明建设中予传统文化的发掘、发扬以充分重视并取得可喜成绩，有目共睹，令人振奋，但亦有不尽如人意处，需认真总结，冷静思考。

一、历史不能割断，传统文化不能丢

经济是民生之本，立国之本，这对长期落后挨打、穷怕饿怕了的中国政治家和广大人民群众来说感触尤深，故当改革开放新时期，党和国家把经济工作放在重中之重的中心位置时，得到广大人民群众的衷心拥护，取得了令人瞩目的巨大成就。

但经济毕竟不是社会生活的全部，因为，人不是动物，人除了也要像动物有温饱和种的繁衍等方面的需求外，还要有精神上的追求。一个时期以来，我们在物质上富足了（相对的），但也出现了某种金钱万能、贪腐成风、人心冷漠、道德滑坡的倾向。于是，中央又适时提出了两个文明建设一起抓、两手都要硬的社会发展战略。历史实践已经表明，人类若一味追求物欲，人就会被异化、工具化、兽性化，从而失其为人。如果连人都不是人了，GDP 再高又有什么用？

单从物质层面讲，现在世界上许多国家都比我们更富足，但他们面临的社会问题依然不少，人的幸福指数并不高。毕竟，物欲并不就是一切。

在文化建设中，传统文化的发掘、发扬又占据相当重要的地位，特别对中国这样一个文明大国来说，情况更是如此。

众所周知，中国在历史上曾长期走在世界前列，后来却在封建制度与西方资本主义制度的较量中败下阵来，落伍了。这一历史性的失败，遂不免使长期傲视天下、自以为天下中心的一部分中国人（其中不乏有影响的政治家、学者）从妄自尊大一变而为极度自卑，认为中国处处不如人，连老祖宗也一无是处。出路何在？他们给出的药方是：学习西方，搬套西方，全盘西化。

全盘西化，不但在现实中行不通，学理上也是说不通的。因为，各民族在长期的历史发展中都形成了自己固有的特点——文化基因。别人的东西，就是再好（姑不论是真好还是假好），也只能借鉴，而不是全盘搬用。举个不恰当的例子，牛羊吃着同一片草地的草，喝着同一湖泊的水，何以牛长出的是牛肉、挤出的是牛奶，羊长出的是羊肉、挤出的是羊奶呢？答案很简单，二者种属不同，基因不同，纵使进料一样，产出物还是各不相同的。不要以为你把鼻梁隆高些，头发焗黄些，你就成了洋人了。

历史不能割断，今天的中国是历史中国的发展，任何有关中国发展的路线、方针、政策、谋略，都必须从中国现实的实际和历史的实际出发，更何况我们的老祖宗又那么争气，在政治、经济、科技、思想、文化诸多领域为我们留下那么多世界级的珍贵遗产。

中国文化遗产的优秀还可从它对世界文化的积极影响和它的生命力之强表现出来。前者可举中国的四大发明和丝、瓷等对整个人类文明的贡献为例，后者可举中国文明虽历经内忧外患种种劫难却不曾中断为证。

习近平总书记 2016 年 5 月 17 日于《在哲学社会科学工作座谈会上的讲话》中指出："要坚定中国特色社会主义道路自信、理论自信、制度自信，说到底是要坚定文化自信。文化自信是更基本、更深沉、更持久的力量。历史和现实都表明，一个抛弃了或背叛了自己历史文化的民族，不仅不可能发展起来，而且很可能上演一场历史悲剧。"

总之，传统文化不能丢，事实上，也不是什么人想丢就能丢得了的。

二、要善于区分传统文化的精华与糟粕

传统有其两面性，它既能成为人们力量的源泉、前进的基石，又能成为沉重的包袱、枷锁。传统中既有许多优秀的东西，也有垃圾，如缠足、多妻制、太监制、廷杖、凌迟、灭族等恶习、陋制（自然，亦有对这类丑陋的东西嗜痂成癖、曲为回护者）。因此，对传统文化，不能一味颂扬，全盘接受，一定要区分其中的"精华"与"糟粕"，取其"精华"，去其"糟粕"。要警惕封建、迷信、反人性的东西在"寻根修谱"、发扬"传统"和"乡规民约"等的旗号下沉渣泛起、死灰复燃。如"寻根修谱"，本无可指摘，但一些地区宗族势力的抬头已达到左右基层选举和地方政权建设的地步，就值得警惕；某地打着弘扬鬼谷子文化的旗号，利用外来资金，划地千亩，大兴土木，终日善男信女群集，香烟缭绕，恐已背离了弘扬历史文化的初衷；更不用说还有少数不法分子借此装神弄鬼、骗财害命了。中国封建社会延续时日长，封建意识仍残留在不少人的血液中、脑海里，稍一放松就会泛起。对此，必须有足够警觉。

还有，即使是"精华"部分，也不能原封不动拿来就用。须知，任何东西都是历史的产物，随着历史条件的变化，它的存在根据、

作用、价值也都要随之发生变化。比如作为中国传统文化核心的儒学，虽曾在中国历史上发生过积极作用，并至今仍在相当程度上影响着中国人思想、行为，但从总体上讲，它这一页毕竟已被历史翻过去了。这些年儒学大热，不少地方还办起了少年读经班。在中小学课本中适当增大传统文化的分量，让青少年接受传统文化的熏陶，也就够了。1935 年胡适在《我们今日还不配读经》一文中，引用傅斯年在《大公报》上发表的文章《论学校读经》中的话曰："今日学校读经，无异于拿些教师自己半懂不懂的东西给学生。……六经虽在专门家手里也是半懂不懂的东西，一旦拿来给儿童，教者不是混沌混过，便要自欺欺人。这样的效用，究竟是有益于儿童的理智呢，还是他们的人格？"又引王国维《与友人论〈诗〉、〈书〉中成语书》中的话曰："《诗》、《书》为人人诵读之书，然于六艺中最难读。以弟之愚暗，于《书》所不能解者殆十之五，于《诗》亦十之一二。此非独弟所不能解也，汉魏以来诸大师未尝不强为之说，然其说终不可通，以是知先儒亦不能解也。"胡适由此发挥说："最近一二十年中学校废除了读经的功课，使得经书的讲授脱离了村学究的胡说，渐渐归到专门学者的手里，这是使经学走向科学的路的最重要的条件。二三十年后，新经学的成绩积聚多了，也许可以稍稍减低那不可懂的部分，也许可以使几部重要的经典都翻译成人人可解的白话，充作一般成人的读物。在今日妄谈读经，或提倡中小学读经，都是无知之谈，不值得通人一笑。"奇怪的是，时至今日，我们的一些所谓文化精英还在那里把那些连自己都半懂不懂的东西硬塞给孩子，沽名赚钱事小，毁了孩子的心灵、前程可就是大事了。

传统文化热中的另一明显倾向就是文化保守主义和狭隘乡土观念的抬头。我们的一些学者，一谈及中国古代的明君贤相、圣贤先哲，总是情不自禁地把他们无限拔高，溢美之词用尽，很少揭示其局限性、不足；一些地方文化工作者为了争历史名人户籍，张扬家乡圣贤，常常是云里雾中，什么材料都敢用，什么话都敢说，似乎在我们的老祖宗、老乡党那里，已应有尽有，早已为我们准备好了取之不尽、用之不竭的济世良方、灵丹妙药，作为后人的我们只需去做无穷的索取就万事大吉了。而事实上，古圣贤不可能那么完美无缺，他们的"博大精深"也只能是相对的。我们今日弘扬他们，也只能是批判地继承，古为今用，而不是发思古之幽情，自我陶醉，更不是复古、倒退。习近平总书记在上引"讲话"中曾深刻指出："中华文明延续着我们国家和民族的精神血脉，既要薪火相传、代代守护，也要与时俱进、推陈出新。要加强对中华优秀传统文化的挖掘与阐发，使中华民族最基本的文化基因与当代文化相适应、与现代社会相协调，……要推动中华文明创造性转化、创新性发展，激活其生命力……"哪有一味顶礼膜拜，拿来就用，甚至开倒车的道理？

三、开阔胸襟，洋为中用，吸收外来

一个伟大的民族，必然是胸襟开阔、乐与人处、善取他山之石的民族。历史上，我们的四大发明、丝、瓷和儒学等，曾对近邻各国乃至整个人类产生重大、积极影响；而来自异邦的棉花、玉米、马铃薯、甘薯等作物和佛教则对中国的物质生活和精神文化发生过重大影响，更不用说传入中国的电灯、电话、火车、汽车、轮船、飞机、洋服、洋房以及资产阶级民主共和思想等了。

近世，我们备受西方列强欺凌，今天仍面临自由化、全盘西化等的现实威胁，这理所当然地引起了人们的警觉，并切实采取应对措施加以防范。但这同我们继续坚持走改革开放之路，打开国门，吸纳、学习国外一切对我有用的东西完全是两码事。习近平总书记在上引"讲话"中所说"洋为中用"，"不忘本来、吸收外来、面向未来"，"强调民族性并不是要排斥其他国家的学术研究成果"，讲的正是这个道理。

　　总之，弘扬传统文化是件科学、严肃的事，抛弃、抹黑老祖宗的民族虚无主义固然要不得，一味拔高传统文化，以为老祖宗那里已应有尽有、尽善尽美、一切无假外求的文化保守主义同样要不得。

　　（原载《嬴秦文化与远古文明》，中国文史出版社 2018 年版）

魏建钢《越窑制瓷史》序

我虽是治中国古代史的，但对诸如越瓷之类的专门学问，却无缘涉猎，所知甚少。20世纪50年代我于山东大学历史系读书时，始从童书业师所著《中国瓷器史论丛》（上海人民出版社1958年版）所收《古文献上的越瓷》一文中知道了"越窑"、"越瓷"、"秘色瓷"一类词语。后来，又曾赴陕西法门寺得亲睹该寺地宫所出"秘色瓷"实物，并于回来后翻阅了一些相关资料。在相当长一段时期内，我对越瓷的接触、了解，也就仅此而已，一直停留在一个极为初步、粗浅的层面。

2012年10月赴浙江上虞参加"中国（上虞）首届虞舜文化学术研讨会"期间，通过我往日的研究生浙江湖州师范学院李学功教授的介绍，得结识绍兴文理学院上虞分院长期从事越瓷研究并多有创获的魏建钢先生，蒙面赠所著《千年越窑兴衰研究》（中国科学技术出版社2008年版）一书。回来后粗读一过，深感这是一部学术含量甚高的史学力作，读后大获我心，我有关越瓷的知识亦因此有了一个较大的提升。

近又得先睹魏建钢先生新著之《越窑制瓷史》一书。读后，感到此书在前著《千年越窑兴衰研究》一书的基础上，又有新的拓展、深化。归纳起来，这部新著的创获、特色略有如下诸端：一曰对有关越瓷的文献材料采摭宏富，考订翔实，读来每能给人以一种历史的厚重感、真实感。二曰注重田野考古材料的实证作用，并注意其与文献材料的比对、互补，加之著者身为越人，长期奔波于诸窑址间，其近水楼台先得月的优势自非一般研究者可比。三曰十分注意把越瓷这一具体物事置于历史的长河和广阔的社会政治、经济、文化大背景下予以考察，如谓"满足人们生活需要是窑场发展的主要目的，因此，不同时期越地的人口数量和聚落分布的变化一直左右着窑场生产规模和窑址的东扩发展；越地人们的风俗习惯、文化信仰、窑匠文化素质等影响越窑产品的种类和质量。""越瓷的装烧方法、釉色质地、造型类别、装饰技法都能反映出当时社会的生产力状况及人们的文化水平和精神面貌。""越窑制瓷业在汉宋间的持续发展，记录了越地社会经济文化发展的轨迹。""越瓷既是一种生活器皿，同时又是一种承载越地古代文明的物质文化。"凡此，皆史家之慧眼，远非旧古玩鉴赏家之就事论事可比，亦非一般对乡邦人、物、事一味放大拔高、充斥溢美之词的宣传出版物可比。

总起来看，魏建钢先生《越窑制瓷史》一书，凡六章二十五节，皇皇四十万言，立意高远，谋篇严谨，材料翔实，持论允当，方法科学，不失为一部有较高学术价值的越瓷史专著。当然，由于越窑停烧时间久远，书阙有间，有关越瓷的诸多方面尚属缺环，尚需作进一步之深入研究，至望包括本书作者魏建钢先生在内的越瓷研究者续有新的斩获，以飨读者。

张广志　2015 年 7 月于南京

（见魏建钢《越窑制瓷史》，中国社会科学出版社 2015 年版）

江苏吴地学术文化志

目　　录

概　说

从良渚等考古学文化的丰富内涵看，在新石器时代，吴地在物质文化和精神文化的诸多方面，并不比包括中原在内的其他地区落后。进入国家时期后，由于政治、经济、文化中心长期停留在黄河中下游的中原地区，故六朝以前，吴地不仅在经济上落后于中原地区，在学术文化方面，虽亦曾有过南方夫子言偃的出现，兵学之祖孙武的星光闪烁，但总体说来，还是一种边缘化状态，并无多少可资称道的。

六朝时期，由于中国经济中心的开始南移和政治、文化中心的一度南移，吴地不仅在经济上获得了迅速发展，也迎来了它学术文化上的首个繁荣时期。当时，北方地区民族矛盾突出，兵连祸结，战事频仍，地处南方的吴地则相对安定得多，从而为该地区以经学、史学为代表的整个学术文化发展、繁荣，提供了条件和保证。可以说，在当时北方残破，纪纲松弛，学术不振的情况下，是吴地在一定程度上承载了以汉代经学为核心的文化传统。正如有的研究者所指出的："南北朝时期的文化交流，就其主要方面来看，可以说是南朝文化向北方的回流。之所以这样说，是因为在长期的南北分裂状态下，江南地区不仅保留了中华传统文化，享有正统的地位，而且不断与时演进，获得了空前的发展。相较之下，中原地区，异族凭凌，文化凋残。随着北魏汉化的逐渐深入，中原汉族士大夫及开明的鲜卑统治者，总是致力取法南朝，转输江左文化。"①

隋唐时期，国家统一，政治、文化中心虽重新回归中原，但以

---

① 许辉等主编：《六朝文化》，江苏古籍出版社 2001 年版，第 648 页。

吴地为代表的南方文化并未因此而凋零，而是继续朝前发展。安史之乱后的唐代后期，中国文化中心再度开始南移，中经五代，至南宋，文化中心南移最终完成，以吴地为代表的江南地区已在学术文化上全面压倒北方。不过这时由于国家政权对学术文化干预力的进一步增强，官修经书和官修史书更是大行其道，地位凸显，经学、史学领域已难觅六朝时期私家著述中的那种个性和灵气了。

明清时期，特别是进入清代，随着经济的进一步迅速发展，资本主义生产方式的萌芽，教育事业的隆盛，吴地更是人才辈出，流派纷呈，群星灿烂，在各个时期，各个领域，无不留下了自己的足迹，打下了自己的印记，学术文化更进入了一个前所未有的鼎盛时期。清初，昆山顾炎武通经致用的实学思想，重考据的治学方法，上矫宋明理学末流，下启乾嘉朴学先路，对有清一代包括经学在内的整个学术思想，特别是乾嘉学派的形成，影响至深。康乾时期，由于清王朝在政治上和思想文化上厉行高压政策，屡兴文字狱，钳制士人思想，使许多学者只好从清初顾炎武的经世致用的实学立场上退却，蹈履和进一步发展顾氏重考据的治学方法，从而形成了考据之学，又称朴学、汉学（因是时清儒多推重汉儒的朴实学风，反对宋儒的空谈义理，故名）。又因考据之风和考据学之成就以乾隆、嘉庆朝为最盛，故又有"乾嘉学派"之称。一般认为，乾嘉学派又可分为"吴学"和"皖学"两大派。前者以惠栋为代表，后者以戴震为旗帜。吴派始于惠周惕，中经其子惠士奇，成于其孙惠栋。主要成员尚有吴县人江声、余萧客，嘉定人王鸣盛、钱大昕，甘泉人江藩等。因惠氏祖孙及其友好、后学多为江苏吴县一带人，故有是称。稍后，吴地又有以常州人庄存与、刘逢禄等为代表的"常州学派"的出现、兴起。与宋学、汉学的以治古文经为主的学术取向不同，这一学派转治今文，特别是春秋公羊学，故又称"公羊学派"。由于这一学派治学重"微言大义"，不再专为训诂笺注之学，即所谓"学者大义为先，物名为后，大义举，而物名从之"（本东汉徐干

《中论》语，魏源于《武进庄少宗伯遗书序》中申之），故实标志着清代经学乃至整个学术由重考据向经世致用实学的复归。也正是因为这一点，它才可能成为道咸以来龚自珍、魏源、康有为、梁启超等先进人士和改良派人物的重要思想资源。

民国时期，由于社会结构、体制的改变，及西学、马克思主义等的相继传入，绵延两千余年的经学宣告终结，整个植根于封建农耕社会的传统旧学亦大体告一段落。但历史是不能割断的，传统文化亦不会随着社会变革而戛然而止，它一定会在新的历史条件下找到自己的存在形式，求得新生，当时所谓的"国学"和相当一部分"新史学"，正是在这样一种机缘下产生的。新时期，吴地在东西交流中既得风气之先，又有得天独厚的传统文化积淀作凭依，其在国学、史学以至整个社会科学领域继续取得新进展、新成果，继续为我们民族贡献出诸如吕思勉、顾颉刚、钱穆等一批大师级学人，自情理中事。

第一章　经　　学

我们在上《概说》中说过，六朝前，吴地在包括经学在内的整个学术文化方面，尚无足称道。六朝时期，特别是东晋、南朝以来，由于中国经济、政治、文化中心的开始南移或一度南移，大批士人南下，经学亦随之在吴地渐成气候，并逐渐形成了自己有别于北方经学的地域性特色。这种特色，略有二端：一是东晋、南朝学者从事经学研究时深受玄学影响，多以玄释经，儒玄并治。如三国魏山阳（今河南焦作）人王弼充满玄学色彩的《周易注》流行"江左"，"河洛"则仍宗郑康成易学（《北史·儒林传序》）。二是"义疏"学的兴起。当时，南北虽皆有"义疏"之学，但北方受郑玄汉学影响较深，故"义疏"学在南朝更易立足发展。所谓"义疏"，就是根据一家之说逐字、逐句、逐章地解释、串讲经传，有所议论、分析，与汉儒专注名物训诂的注经方式颇异其趣。国内早已散佚，乾隆时始由日本传回中国的南朝梁吴郡人皇侃所著《论语义疏》，便是这种注经体的代表作。当时的"义疏"虽在义理的发挥上尚嫌稚嫩，但却是隋唐"义疏"学的先导，并对宋代义理之学的勃兴起到一定的启迪作用。

隋唐宋元明诸朝，吴地经学虽亦代不乏人，并有所成就，特别是还在比邻吴地的泰州地区出现过颇具特色的以王艮为代表的"泰州学派"，但总体上说，卓然成家者不多，且特色不足。

进入清代，情况就大不相同了。这时，吴地经学已进入全盛时期，并在全国范围内居有举足轻重的极为重要的地位。通常，人们习惯上将清代经学按地域、血缘、师承和研究对象、观点的不同区分为浙东、吴、皖、常州、扬州等学派。苏、常二地历来属吴自不待说，即浙东、皖南、扬州，不论在先秦时期，还是六朝时期，早已通过吴越、孙吴、东晋、刘宋、萧齐、萧梁、陈诸政权的经营，在经济、政治、思想文化等方面与狭义的吴地联成一体，形成大吴文化圈。从这个意义上说，上述清代经学诸派实皆出吴地。不过，根据江苏省地方志编纂委员会办公室的统一要求，本章在言及清代吴地经学时，仍仅以今江苏省所辖之苏州、无锡、常州及与之相比邻的镇江、南通的部分地区为限，间或涉及这个范围以外的人物，也是以他们的仕宦生涯或学术活动与吴地紧密相关为依据的，力避无原则地将吴地学术的地域范围泛化（自然，六朝时期吴地范围要大得多，是包括今宁镇等地区在内的）。清代，作为经学附庸的小学（文字、音韵、训诂之学）亦获得前所未有的成就，涌现出诸如顾炎武《音学五书》、段玉裁《说文解字注》、王念孙《广雅疏证》、朱骏声《说文通训定声》等一大批传世名著。这是清代经学中一项弥足珍贵的财富，至今仍为学界所重，故本章亦循惯例将这项本属语言文字学范畴的内容予以揽入、介绍。

一、先秦、秦汉时期

（一）先秦时期的吴地儒学

言偃（前506~?），字子游。春秋末吴国人。《史记·仲尼弟子列传》本作"吴人"，而晚出之《孔子家语·七十二弟子解》则作"鲁人"，致生疑窦。司马贞《索隐》云："偃仕鲁为武城宰耳。今吴郡有言偃冢，盖吴郡人为是也。"今常熟虞山东麓有言子墓园，园内有"南方夫子"石坊和康熙、乾隆题写的"文开吴会"、"道启东南"匾额。凡此，皆可证言偃为吴人。以文学著称。为鲁武城（今山东费县）宰时，为贯彻孔子"君子学道则爱人，小人学道则易使"的主张，以礼乐为教，境内有弦歌之声，深得孔子嘉许。又曾与孔子讨论大同、小康的社会理想，后经后学记录整理为《礼记·礼运篇》。

言偃外，战国时尚有另一吴地（江东）人矫子庸疵成为孔门易学传承系统中的一个重要人物。《史记·仲尼弟子列传》谓："孔子传《易》于瞿，瞿传楚人馯臂子弘，弘传江东人矫子庸疵，疵传燕人周子家竖……"当代学者高亨更认为"《象传》可能是矫疵所作"（《周易大传今注》）。孔门弟子澹台灭明，曾"南游至江，从弟子三百人"。司马贞《索隐》云："今吴国东南有澹台湖，即其遗迹所在。"子贡亦曾南下吴、越，说动吴兴师伐齐，避免了一场眼看就要发生的齐对鲁的战争（以上均见《史记·仲尼弟子列传》）。说明早在儒学刚一出现的春秋战国时期，吴地即已受到儒学的浸润、濡染。

（二）两汉时期的吴地儒学

两汉时期，随着国家统一的实现，吴地与中原文化交流的步伐进一步加快。汉初，吴王刘濞门下招致有枚乘、邹阳、严忌等名士。其中，枚乘为淮阴人，邹阳为齐人，严忌为吴本土人。武帝时，大儒董仲舒曾以江都王相身份传儒学于江淮间。东汉时，丹阳太守李忠之创办学校，大儒桓荣之授徒江淮间等，都对中原以儒学为代表的传统文化在吴地的传播起到积极作用。

两汉时期，吴地还出现了一批北上游学、游仕的读书人，如严忌、严助、朱买臣、包咸等。他们中的一些人后来还成为著名学者，如东汉初会稽曲阿（今江苏丹阳）人包咸、包福父子以治《论语》名世，相继入宫授太子，为帝王师。东汉时，吴地还出现了一批习经通仕、代为冠族的豪门，如陆氏、顾氏等。这些，都表明原本落后的吴地，也在文化上迅速赶了上来。

二、六朝时期

（一）孙吴经学

与东汉时期经学的盛极一时相比，进入三国后，经学地位一落千丈。北方这样，地处南方的孙吴，同样如此。其突出表现是取士已不用经术，释、道、玄空前活跃，郑玄一类的大儒已难以涌现。但这又绝不意味着儒学已从国家政治生活和一般人的社会生活中退出，它仍在沉潜期中顽强地存在着并发挥应有作用。

据史书记载，孙策、孙权兄弟都曾研读过《左传》，孙权还曾要求大将吕蒙和蒋钦"急读"《左传》等书（《三国志·吴书·吕蒙传》注引《江表传》）。由于当权者们的倡导，孙吴的许多学者，如高岱、士燮、张昭、张纮、诸葛瑾、徵崇等，都注重对《左传》的研究，一时成为习尚。

《左传》外，《毛诗》亦为吴地学者所重。著名者为吴郡人陆玑。陆常遵孔子"多识于鸟兽草木之名"的教导，成《毛诗草木鸟兽虫鱼疏》二卷。陆玑还认为，较之齐、鲁、韩三家，唯《毛诗》为诗学正宗，并首次明确提出传《毛诗》的"大毛公"为毛亨、"小毛公"为毛苌。

《左传》、《毛诗》等古文经外，今文经在吴国亦有一定影响。如以治《左传》闻名的士燮，于"《尚书》兼通古今，大义详备"。他如张纮兼治京氏《易》、欧阳《尚书》和《韩诗》，陆绩习京氏《易》，严畯治《诗》、《书》、《三礼》，唐固通《公羊传》等，而影响最大者则首推虞翻之《易》学。

虞翻（163～232），字仲翔，会稽余姚人。虞氏一门，从其高祖光始，世治西汉今文孟氏《易》（西汉孟喜所传），至翻，已达五世。所撰《易注》，突出特点是将八卦与天干、五行、方位相配，推演象数，以占人事吉凶，即所谓"纳甲"筮法。此外，虞氏《易》还对"变卦"有新的阐释。从而形成别具一格且对后世有较大影响的虞氏《易》学一派。清代惠栋《易汉学》，张惠言《周易虞氏义》、《周易虞氏消息》等，皆宗其学，并对其说有所阐释、发挥。

（二）韩康伯与《易传注》

韩康伯，名伯，以字行。东晋颍川长社（今河南长葛东北）人。少孤贫，及长，清和有思理，留心文艺，深得名士庾龢等推重，会稽王司马昱（即后来的简文帝）引为谈客。历任中书郎、散骑常侍、豫章太守、侍中、丹杨（又作丹阳）尹、吏部尚书、领军将军等。年四十九岁卒。

喜《易》和老、庄之学。主张以"无"为宇宙万有的精神性本体，认为"圣人之德"、"君子之情"，应"体有而拟无"（即通过"有"以表现"无"），"有累而存理"（即外接物事而内存老庄之理），既"安其身"，而又求"功美"。又提倡"寻理辩疑"，认为必先"定其名分"，以名为先，据名定实。

尝以儒、道合的观点注《易传》。现通行的《十三经注疏》中的

《周易》,《经》注采王弼,《传》注即韩康伯所作。

(三) 梅赜与"孔传《古文尚书》"

梅赜,一作梅颐、枚颐、枚赜,字仲真。东晋汝南西平(今河南西平西)人。初为领军司马,后官豫章太守(一说"内史")。东晋初,鉴于西晋末年战乱中文献大量散失,广征儒学经典。在这种背景下,梅赜献上其所谓"孔传《古文尚书》"。该《古文尚书》共二十五篇,即《大禹谟》、《五子之歌》、《胤征》、《仲虺之诰》、《汤诰》、《伊训》、《太甲》(分上中下)、《咸有一德》、《说命》(分上中下)、《泰誓》(分上中下)、《武成》、《旅獒》、《微子之命》、《蔡仲之命》、《周官》、《君陈》、《毕命》、《君牙》、《冏命》。

梅本《古文尚书》自东晋后长期被立为官学,无人怀疑。收入通行《十三经注疏》中的唐孔颖达《尚书正义》即《今文尚书》与梅本《古文尚书》之合编。宋明以来,随着疑古之风的兴起,宋吴棫、朱熹,明梅鷟等,皆疑其伪。至清严若璩成《古文尚书疏证》,梅氏所献《古文尚书》为伪的观点已被绝大多数学者所接受。不过,书虽为伪,但它毕竟保存有先秦时期的一些重要材料,只要使用时予以注意,还是有一定参考价值的。

(四) 范宁与《春秋穀梁传集解》

范宁(339~401),字武子。东晋南阳顺阳(今河南淅川南)人。少笃学,多所通览。始为余杭令,迁临淮太守。孝武帝时,为中书侍郎。其甥王国宝谄事会稽王司马道子,宁奏请黜之,忤道子,因出为豫章太守。晚年因目疾免官,家于丹杨,犹勤经学,终年不辍。年六十三卒于家。

范宁为余杭令、豫章太守时,注重举办学校,课读五经,推崇儒学,反对玄学。尝指责王弼、何晏不遵礼度,游词浮说,贻误后生,"迷众","覆邦","罪过桀纣"。

范宁精通《春秋》,《三传》兼习,尝谓"《左氏》艳而富,其失也巫;《穀梁》清而婉,其失也短;《公羊》辩而裁,其失也俗。若能富而不巫,清而不短,裁而不俗,则深于其道者也。"(《春秋穀梁传集解·序》)又鉴于以往《穀梁传》未有善释,遂沉思积年,成《春秋穀梁传集解》十二卷。该书为现存最早的《穀梁传》注本,因其义精审,持论公允,向为后人所重,收入通行《十三经注疏》中。

(五)干宝的经学成就

干宝,字令升。晋新蔡(今属河南)人。少勤学,博览群书。西晋末以才器召为佐著作郎。东晋初,中书监王导建议设置史官,并荐干宝撰集西晋史迹,领国史。后历任山阴令、始安太守、司马右长史、散骑常侍。

干宝多才,既是史学家、文学家,又是经学家。所著《晋纪》二十卷,时称良史。又撰集古今神祇灵异人物变化,成志怪小说集《搜神记》三十卷、数百篇(原书佚,今存二十卷、四百余篇)。其经学成就,更是多方面的。《易》学方面,著有《周易注》十卷、《周易宗涂》四卷、《周易爻义》一卷。其治《易》,能兼顾象数与义理,既强调所谓"月候",又注重考察卦、爻辞与传文的具体史实。《礼》学方面,著有《周官礼注》十二卷、《周官驳难》三卷,对"籍田"等古制和《周礼》职官命名规律颇有研究。上举书外,尚著有《春秋左氏函传义》十五卷、《春秋序论》二卷、《七庙议》一卷、《后养议》五卷等。

(六)南朝经学

一般说,东晋经学深受玄学影响。进入南朝,特别是到了齐、梁时,经学已逐渐冲破玄学羁绊,开始复兴、兴盛起来。时南北分立,经学也分南学、北学。大体说来,南朝多承魏晋学风、北朝则多继东汉学风。南方通行王弼注《周易》、杜预注《左传》、何休注

《公羊》；北方则通行郑玄注《周易》和《尚书》、服虔注《左传》；《毛诗》、《三礼》则南、北同宗郑玄。又南朝崇尚玄谈，学风多比较虚浮；北朝崇尚儒道，学风多比较朴实。故《北史·儒林传序》谓："南人约简，得其英华；北学深芜，穷其枝叶。"

南朝著名经学家主要有：

雷次宗（386～448），字仲伦。南朝宋豫章南昌（今属江西）人。少入庐山，事释慧远，笃志好学，尤明《三礼》、《毛诗》，隐退不交世务。元嘉十五年（438），以处士征至建康，开儒学馆于鸡笼山，聚徒教授。文帝尝数至学馆，资给甚厚。久之，还庐山。后再征至建康，为筑招隐馆于钟山西岩下以居之，使为皇太子诸王讲《丧服》经。旋卒，年六十三。所著《略注丧服经传》，对五服（斩衰、齐衰、大功、小功、缌麻）制度的研究有一定补益作用。清儒皮锡瑞于《经学历史》中曾评价曰："南学之可称者，惟晋、宋间诸儒喜说礼服。宋初雷次宗最著，与郑君齐名，有雷、郑之称。"是书外，尚著有《毛诗序义》、《豫章记》等。

刘瓛（434～489），字子珪，小名阿称。南朝齐沛郡相（今安徽濉溪西北）人，晋丹阳尹恢六世孙。少笃学，博通五经，聚徒教授，常有数十人。萧道成代宋称帝，尝问以物议何如，瓛以宋宗室相残卒招灭亡戒之。道成以为方直过人，屡予重用，瓛辄以"性拙人闲，不习仕进"，"平生无荣进意"，坚辞不受。史称瓛"儒学冠于当时，京师士子贵游莫不下席受业"，名儒范缜、贺玚、司马筠等皆出其门。病卒，年五十六。精于《礼》学，所著文集，多是《礼》义。

王俭（452～489），字仲宝。南朝齐琅琊临沂（今属山东）人。少孤，专心笃学，手不释卷。历任国子祭酒、丹阳尹、太子少傅、中书监等。年三十八岁卒。长于《礼》学，尤善《春秋》。著有《古今丧服集记》（一作《丧服古今集记》）、《礼答问》等。

何佟之（449～503），字士威。南朝梁庐江灊县（今安徽霍山县东北）人。历任步兵校尉、国子博士、尚书左丞。年五十五岁卒。

精于《三礼》，是刘瓛去世后齐、梁间深受时人推重的经学大师，史称"京师硕儒，唯佟之而已。佟之明习事数，当时国家凶吉礼则，皆取决焉，名重于世"（《梁书》卷四十八《儒林传·何佟之》）。撰有《礼义》（一作《礼议》）、《礼答问》、《丧服经传义疏》等。

严植之（457～508），字孝源。建平秭归（今属湖北）人。仕齐、梁，历任员外郎、散骑常侍、康乐侯相、五经博士、中抚军记室参军等。年五十二岁卒。少善《庄》、《老》，能玄言，精解《丧服》、《孝经》、《论语》。及长，遍治郑氏《礼》、《易》、《毛诗》、《左氏春秋》。撰有《凶礼仪注》四百七十九卷。

崔灵恩，齐梁间清河东武城（今山东武城西北）人。先仕北魏为太常博士，梁天监十三年（514）归梁，擢拜员外散骑侍郎，累迁步兵校尉，兼国子博士，后任长沙内史、明威将军、桂州刺史等，卒于官。笃于学，博通《五经》，尤精《三礼》、《三传》，京师旧儒咸称重之。所著《三礼义宗》四十七卷（一作三十卷），开南朝《三礼》综合研究之先河。另撰有《集注毛诗》二十二卷、《集注周礼》四十卷、《左氏经传义》二十二卷、《左氏条例》十卷、《公羊穀梁文句义》十卷。

皇侃（488～545），一作皇偘。南朝梁吴郡（治今江苏苏州）人。曾任国子助教、员外散骑侍郎等。少好学，师事名儒贺场，精《三礼》、《孝经》、《论语》。所著《论语义疏》十卷，在何晏《论语集散》的基础上，广泛吸取魏晋人的研究成果，征引文献多达三十余家。该书最突出的特点是略于名物制度的考订，多以老庄之旨发挥经义，表现出南朝经学之风尚。该书于南宋时亡佚，乾隆时复从日本传回国内，是南朝时期仅存于世的一部完整义疏。刚传回国内时，江藩曾疑为日本人足利学伪作（《国朝汉学师承记》卷二），但多数学者认为江氏的怀疑是没有根据的，因"此等文字，非六朝以后人可以为也"（皮锡瑞《经学历史·经学分立时代》）。《论语义疏》外，尚著有《礼记讲疏》、《礼记义疏》、《孝经义疏》等。

周弘正（496~574），字思行。南朝梁陈间汝南安成（今河南汝南东南）人。幼孤，为伯父梁侍中周舍所养。年十岁，通《老子》、《周易》。年十五，已补国子生。仕梁，历任丹阳尹晋安王主簿、国子博士、左户尚书等；入陈，历任太子詹事、侍中、国子祭酒、尚书右仆射。卒于官，年七十九。博通三教，尤精儒、道。史称其"特善玄言，兼明释典，虽硕学名僧，莫不请质疑滞。"（《陈书》卷二十四《周弘正传》）著有《周易讲疏》十六卷、《论语疏》十一卷、《庄子疏》八卷、《老子疏》五卷、《孝经疏》二卷等。

沈重（500~583），字子厚（一作"德厚"）。吴兴武康（今浙江德清西）人。幼孤，及长，专心儒学，博览群书，尤精《诗》、《礼》、《左氏春秋》，为当时博学多才的著名学者。梁武帝时，补国子助教，后除五经博士。元帝即位，礼请沈重至江陵以为辅佐。江陵陷于西魏后，留事后梁宣帝萧詧，为都官尚书。后应北周武帝之征，入京师长安，讨论五经，校定钟律。尝于紫极殿讲三教义，朝士、儒生、桑门、道士来听讲者两千余人。授骠骑大将军、开府仪同三司、露门博士，并为皇太子讲《论语》。建德末，以年迈还梁，后梁明帝萧岿拜为散骑常侍、太常卿。入隋，隋文帝亦礼请他去太学讲学。开皇三年（583）卒，年八十四。著有《周礼义》三十一卷、《仪礼义》三十五卷、《礼记义》三十卷、《毛诗义》二十八卷、《丧服经义》五卷、《周礼音》一卷、《仪礼音》一卷、《礼记音》二卷、《毛诗音》二卷等。

张讥（514~589），字直言。南朝梁陈间清河武城（今山东武城西北）人。幼聪俊，有思理。年十四，通《孝经》、《论语》，笃好玄言。尝受业于周弘正，而学思更胜于师。仕梁，为士林馆学士。入陈，任东宫学士、国子博士等。陈亡入隋，终于长安，年七十六。张讥是梁陈间著名经学大师，又是玄学名家，门生众多，名儒陆元朗、朱孟博，名僧法才、慧休（一作"慧拔"），至真观道士姚绥等，皆传其业。著有《周易义》三十卷、《尚书义》十五卷、《毛诗义》

二十卷、《孝经义》八卷、《论语义》二十卷、《老子义》十一卷、《庄子内篇义》十二卷、《庄子外篇义》二十卷、《庄子杂篇义》十卷、《玄部通义》十二卷、《游玄桂林》二十四卷等。惜皆不传，清马国翰《玉函山房辑佚书》辑有《周易张氏讲疏》一卷，可略窥其一斑。

南朝治经学有成的学者尚有张绪、萧衍（梁武帝）、萧统（梁武帝之子，昭明太子）、萧纲（梁武帝之子，梁简文帝）、萧绎（梁武帝之子）、萧岿（萧衍曾孙，后梁明帝）、何胤、明山宾、伏曼容、贺玚、戚衮、太史叔明、沈文阿、顾越、王元规等，兹不具列。

三、隋唐宋元明时期

（一）隋代吴地经学家

褚晖（一作"褚辉"），字高明。隋吴郡（治今江苏苏州）人。以精研《三礼》学称于江南。炀帝时，征天下儒术之士悉集内史省，相次讲论。晖博辩，无能屈者，由是擢为太学博士。撰有《礼疏》一百卷。

张冲，字叔玄。隋吴郡人。仕南朝陈，为左中郎将。入隋，官至汉王侍读。撰有《春秋义略》、《丧服义》、《孝经义》、《论语义》、《前汉音义》等。

（二）陆德明与《经典释文》

陆德明（约550～630），名元朗，以字行。苏州吴（今江苏苏州）人。初受学于周弘正，善言玄理。仕陈，任国子助教。隋炀帝时，任秘书学士、国子助教。入唐，拜国子博士，封吴县男。其经学思想倾向于"南学"，崇尚王弼《周易注》、杜预《左传集解》、伪《尚书孔氏传》。著有《经典释文》三十卷、《老子疏》十五卷、

《易疏》二十卷。陆氏从陈后主（陈叔宝）至德元年（583）起的五、六年间，采集汉魏六朝音切凡二百三十余家，又兼采诸家训诂，辨证各本异同，考订经学传授源流，著为《经典释文》三十卷，开唐人义疏之先声。是书注释《周易》、《古文尚书》、《毛诗》、《周礼》、《仪礼》、《礼记》、《春秋左传》、《春秋公羊传》、《春秋穀梁传》、《孝经》、《论语》、《老子》、《庄子》、《尔雅》共十四部著作的经文和注文的音义。对于该书收《老》、《庄》，而不收《孟子》，曾引起清儒的疑问。《四库提要》云："其列《老》、《庄》于经典，而不取《孟子》，颇不可解。盖北宋以前，《孟子》不列于经，而《老》、《庄》则自西晋以来为士大夫所推尚。德明生于陈季，犹沿六代之余波也。"据《经典释文》卷一《序录》末之"附刻"，该书凡释经文九千九百九十二字，注文六千一百二十九字，合为一万六千一百二十一字，且绝大部分注释都有音切，对研究我国经学思想、经籍版本、音韵学、文字学有重要参考价值。传刻本有清徐乾学通志堂经解本和卢文弨抱经堂本。近人黄焯辑有《经典释文汇校》。

（三）啖助与陆淳的《春秋》学研究

啖助（724～770），字叔佐。唐赵州（治今河北赵县）人，后徙关中。唐玄宗天宝末，避地江东，客居不返。历台州临海尉、润州丹阳主簿。秩满，流寓江左，隐居不仕。精研《春秋》，喜以己意说经，评论《三传》得失。认为孔子修《春秋》旨在推崇夏政，而非为"壹守周典"，宣称《公羊传》较符合孔子原意，而《左传》"解义多谬"，开宋儒怀疑经传之风。尝以十年之功，考三家短长，缝绽漏阙，成《春秋集传》。后复摄其纲目，成《春秋统例》。

陆淳（？～806），字伯冲，后避宪宗讳改名质。吴郡（今江苏苏州）人。少师事赵匡，匡师啖助（或谓淳师啖助，左赵匡），尽传二家学。历任左拾遗，太常博士，左司郎中，国子博士，信、台二州刺史，给事中，皇太子侍读等。赵匡著有《春秋阐微纂类义统》

十卷，对啖助之书进行疏通补充。陆淳则著有《春秋集传纂例》、《春秋微旨》、《春秋集传辨疑》。此三书今存，收《古经解汇函》中。陆氏亦多言"三传"异同，参以啖、赵之说，断其是非，进一步发扬啖、赵的治学风格。

《新唐书》的编纂者欧阳修、宋祁等曾批评啖、赵、陆曰："啖助在唐，名治《春秋》，摭诎三家，不本所承，自用名学，凭私臆决，尊之曰'孔子意也'，赵、陆从而唱之，遂显于时。""徒令后生穿凿诡辨，诟前人，舍成说，而自为纷纷。"（《新唐书》卷二百《儒学下》）宋陈振孙《直斋书录解题》则谓："汉儒以来言《春秋》者惟宗三传；三传之外，能卓然有见于千载之后者，自啖助始，不可没也。"《四库全书总目提要·经部总序》亦认为：清代以前两千年经学"凡六变"，其中唐代的孔颖达、贾公彦、啖助、陆淳为上承章句之学（孔、贾），下启宋明理学（啖、陆）的第二变。足见其在经学史上的地位自不容忽视。

（四）施士匄的《毛诗》、《左氏春秋》研究

施士匄（734～802），吴（今江苏苏州）人。治经以《毛诗》为最精，亦善《左氏春秋》，以二经教授。《新唐书·儒学下》称，唐代宗大历年间（766～779），"（啖）助、（赵）匡、（陆）质以《春秋》，施士匄以《诗》，仲子陵……以《礼》，……皆自名其学，而士匄、子陵最卓异"。由四门助教为博士，期满当去，诸生封疏乞留凡十九年，卒于官。著有《春秋传》。后文宗喜经术，宰相李石因言士匄《春秋》可读。文宗曰："朕见之矣，穿凿之学，徒为异同，但学者如浚井，得美水而已，何必劳苦旁求，然后为得邪？"（《新唐书·儒学下》）足见其治学风格与啖助、赵匡、陆淳等颇类。

（五）张镒与《三礼图》、《五经微旨》

张镒（？～783），字季权，一字公度。唐苏州（今属江苏）人。

五世祖、父皆显贵，故得以门荫授左卫兵曹参军。郭子仪为关内副元帅时，辟为元帅府判官。后又入江西观察使张镐幕。代宗大历五年（770），任濠州刺史，为政清简，延师授徒，州事大理。十一年，李灵曜反于汴州，镒训练乡兵，严为备御，诏书褒美，擢侍御史，兼缘淮镇守使。后历寿州刺史，江西、河中观察使，汴滑节度使。德宗建中二年（781），拜中书侍郎、同中书门下平章事。后为卢杞排挤，代朱泚为凤翔、陇右节度使。四年，与吐蕃相尚结赞等盟于清水（今属甘肃），划定分界。不久，为叛将李楚琳所杀。著有《三礼图》九卷、《五经微旨》十四卷、《孟子音义》三卷。

（六）胡瑗治经与他的经学教育思想

胡瑗（993～1059），字翼之。北宋泰州海陵（今江苏泰州）人。因原籍陕西安定堡（今安定县），学者称安定先生。北宋著名经学家、教育家。幼家境贫寒，刻苦求学。七岁能文，十三岁通《五经》，二十岁后同友人同赴泰山书院苦读十年。后南归。仁宗景祐二年（1035），应范仲淹聘，任苏州府学（后改名文正书院）教授。庆历二年（1042），任湖州州学教授。皇祐四年（1054），已是六十岁的胡瑗又调任国子监直讲，主持太学。六十七岁病辞，居杭州，旋卒。

胡瑗终生从教。其教育思想以培养人才，实施教化，转变社会风气为宗旨。尝谓："致天下之治者在人才，成天下之才者在教化，职教化者在师儒，宏教化而致之民者在郡尹之任，而教化之所本者在学校。"在教学内容上，提倡"明体达用"。"体"为六经经义；"用"即应用于实际的专门技能，如农田、水利、算术、军事（曾主张办武学）等。在教学方法上，一是实行分斋教学，书院分经义、治事两斋；二是因材施教，按学生特长、爱好，使"以类群居，相与讲习"；三是注重文娱（吴精于音律，仁宗景祐初更定雅乐，他曾参与校定钟律）、体育，不使学生久坐影响健康；四是严立校规，对学生衣饰、行为风度皆有具体规定。范仲淹为相时，曾将他的这套"苏湖教学法"应用于太学，成为"太学法"。

胡瑗培养了数千名学生，不少知名学者和有才干的官吏，如程颐、钱藻、孙觉、范存仁等，均出其门。又，隋唐以降，以诗赋取士，胡则倡明正学，注重经义，复重致用，转移一代学风。胡瑗学问渊博，声望甚高，与孙复、石介并称"宋初三先生"，启宋代理学思想先河。著有《论语说》、《春秋说》、《春秋要义》、《春秋口义》、《周易口义》、《中庸口义》、《洪范口义》等，惜多不传，现存资料主要见于清丁宝书辑《安定言行录》及黄宗羲等所撰《宋元学案》中。

（七）叶梦得的《春秋》学研究

叶梦得（1077~1148），字少蕴，号石林居士。两宋间苏州吴县（今江苏苏州）人，迁居湖州乌程（今浙江湖州）。北宋哲宗绍圣四年（1097）进士，调丹徒尉。徽宗朝，自婺州教授召为议礼武选编修官，迁祠部郎官，累官翰林学士。后因得罪权臣蔡京、杨戬等，屡遭废黜。高宗即位，为翰林学士兼侍读，迁尚书左丞。绍兴初，为江东安抚制置大使兼知建康府、行宫留守，致力抗金防务及筹措军饷。诏加观文殿学士，移知福州，兼福建安抚使。致仕后，居乌程弁山。年七十二卒。

好学，文、词均有名。其词婉丽而雄杰，颇受苏轼词风影响。著有《春秋传》二十卷、《春秋考》三十卷、《春秋左传谳》十卷、《春秋公羊传谳》六卷、《春秋谷梁传谳》六卷、《石林春秋》八卷、《春秋指要总例》二卷，及《石林居士建康集》、《石林词》、《避暑录话》、《石林燕语》、《石林诗话》等。

（八）卫湜与《礼记集说》

卫湜（生卒年不详），字正叔，学者称栎斋先生。吴郡（宋代，今苏州一带先为苏州，后为平江府，"吴郡"乃习称）人。历官武进令、散朝大夫、宝谟阁直学士、知袁州等。卫湜于《礼记》深有研究，尝采摭东汉郑玄《礼记注》以下一百四十四家注疏（采录他书之涉于《礼记》者尚不在此数），加以集说，成《礼记集说》一百六十卷。是书始作于宁宗开禧、嘉定年间，理宗宝庆二年（1226）为武进令时上于朝，绍定四年（1231）刻版，九年后复加覈订，遂成定本，前后历时凡三十余年。该书内容赅博，去取精审，有"礼家之渊海"之誉（《四库全书总目提要》）。书今存，而所录各书多佚，是研究古代礼说必备之书。

（九）宋代吴地其他经学家

杜镐（938～1013），字文周。北宋常州无锡（今属江苏）人。幼好学，博贯经史。南唐时，举明经。入宋，授千乘县主簿。太宗时，累官直秘阁。大中祥符中进秩礼部侍郎。年七十六卒。镐博闻强记，学而不厌，年逾五十犹日治经史数十卷，天未明即起诵《春秋》。曾奉诏与邢昺、孙奭等共同校定诸经正义，酌定《尔雅》疏文。

詹抃（1050～1120），字成老。北宋武进（今属江苏）人。精于《易》学，著有《易书》、《语说》及《文集》等。

邹浩（1060～1111），字志完，自号道乡居士。北宋常州晋陵（今江苏常州）人。神宗元丰进士。仕神宗、哲宗、徽宗朝，历任扬州、颍昌府教授，太常博士，右正言，左司谏，中书舍人，吏、兵部侍郎，知江宁府、杭州、越州等。著有《论语解义》、《孟子解义》及《道乡集》等。

孙载，字秋中。北宋昆山（今属江苏）人。英宗治平进士。仕英宗、神宗、哲宗、徽宗朝，历任河中府护曹，知德清及海、沂、婺、亳诸州，朝议大夫等。少喜读《易》，著有《易释解》。

都絜，字圣与。丹阳（今属江苏）人。父都郁，《易》学精粹，学者多师尊之。絜少承父学，亦精《易》义。北宋徽宗宣和六年（1124）进士。入南宋，历官吏部郎中、太府少卿、司农少卿等。著有《周易论义》、《周易体裁》、《易变体义》等。

王居正（1087～1151），字刚中，学者称竹西先生。扬州（今属江苏）人。徽宗宣和年间进士。入南宋，历任太常博士、礼部员外郎、起居郎、兵部侍郎，知婺、饶、吉、温诸州。后为秦桧所不容，以目疾请辞，屏居常州凡十年，言不及时事，客至唯谈论经、史而已。桧死，复故职。年六十五卒。其学为杨时所重。著有《书辨学》十三卷、《诗辨学》二十卷、《周礼辨学》五卷、《辨学外集》一卷等。

钱观复（1090～1154），字知原，号正静居士。宋常熟（今属江苏）人。北宋徽宗政和年间进士。南宋高宗绍兴间守广德，岁饥，发常平仓赈之，民赖以生。著有《论语解》、《文集》等。

李衡（1100～1178），字彦平，号乐庵。宋扬州江都（今江苏扬州）人。南宋高宗绍兴年间进士。历任吴江主簿、知溧阳县、监察御史、司封郎中、枢密院检详、知婺州、侍御史、秘书阁修撰等。后因奏外戚张说事罢职。晚居昆山，聚书逾万卷。博通群书，而以《论语》为根本。

钱侯（1119～1178），字廷硕。宋常熟（今属江苏）人。观复子。南宋高宗绍兴年间进士。官至朝请郎。于书无所不读，尤精于《易》。著有《诸经讲解》、《易说》及《文集》等。

吴仁杰（1137～约1200），字斗南，一字南英，号蠹隐居士。南宋昆山（今属江苏）人。孝宗淳熙年间进士。历任罗田令、国子学录、四明通守。精于《易》学和《汉书》。著有《古易》、《周易图说》、《两汉刊误补遗》、《离骚草木疏》、《陶渊明年谱》、《杜子美年谱》等。

包麟，字人甫。江阴（今属江苏）人。南宋度宗咸淳年间（1265～1274）举博学鸿词科。尝注《诗》、《书》、《易》、《春秋》。

年八十三，仍手不释卷。

俞琰，宋末元初吴郡（今江苏苏州）人，字玉吾，号全阳子、林屋山人、石涧道人。早年悉心科举，业成而宋亡，遂隐居著述。善辞赋，通晓内丹，精于《易》学。主张融合儒道思想，其学对道教和理学的发展均有一定影响。著有《周易集论》、《周易参同契发挥》、《读易举要》、《易外别传》，及《黄帝阴符经注》、《林屋山人集》、《书斋夜话》、《月下偶谈》、《席上腐谈》等。

（十）元代吴地经学家

陈深，字子微，号清泉。宋元间平江（今江苏苏州）人。宋亡，弃举子业，闭门著书。著有《读易编》、《读诗编》、《读春秋编》等。

王元杰，字子英。元吴江（今属江苏）人。顺帝至正间领乡荐，以兵兴不仕，教授乡里以终。鉴于程颐著《春秋传》未成，朱熹论《春秋》无专著，乃辑其绪言，分缀经文之下，复删掇胡安国传以尽其意，于三家之长附以己意，别标曰"谳"，遂成《春秋谳义》九卷。

惠希孟，字秋厓。元江阴（今属江苏）人。性聪慧，博涉群书。著有《易象钩玄》、《杂礼纂要》、《家范》等。

（十一）明代吴地经学家

清皮锡瑞《经学历史·经学积衰时代》谓："宋、元、明三朝之经学，元不及宋，明又不及元。……宋儒学有根柢，故虽拨弃古义，犹能自成一家。若元人则株守宋儒之书，而于注疏所得甚浅。……是元不及宋也。明人又株守元人之书，于宋儒亦少研究。……是明又不及元也。"同汉、唐、宋及尔后的清代相比，王守仁外，包括吴地在内的明代实少划时代的大师级人物，但从数量上看，治经有成、说经之书传留后世者仍为数不少，特别是吴地更是这样，故亦应简略介绍之。

陈济（1364~1442），字伯载。明武进（今江苏常州）人。永乐初诏修《永乐大典》时，以布衣为都总裁，与姚广孝等制定体例。书成，授右赞善。太子礼重之，凡稽古编纂之事悉属，五皇孙皆从学经。著有《书传补》、《元史举要》、《通鉴纲目集览正误》、《思斋集》等。

都穆（1459~1525），字玄敬。明吴县（今江苏苏州）人。弘治进士。历任工部主事、礼部郎中等。博学，老而不倦，为时所重。著有《周易考异》、《史外类抄》、《金薤琳琅》等。

邵宝（1460~1527），字国贤，号二泉，谥文庄。明无锡（今属江苏）人。成化进士。历任江西提学副使、右副都御史、总督漕运、户部侍郎、南京礼部尚书等。著有《左觿》、《学史》、《定性书说》、《简端二余》、《漕政举要》、《慧山记》、《容春堂集》等。

戴冠，字章甫。明长洲（今江苏苏州）人。弘治初以选贡授绍兴府训导，罢归。好古笃学，淹贯百家。著有《礼记集说辨疑》、《濯缨亭笔记》等。

魏校（1483~1543），字子才，号庄渠。明昆山（今属江苏）人，弘治进士。历任刑部侍郎、兵部侍郎、广东提学副使、江西兵备副使、国子祭酒、太常寺卿等。著有《周礼沿革传》、《春秋经世》、《大学指归》、《经世策》，及《庄渠先生文集》等。

陆粲（1494~1551），字子余，一字浚明，号贞山。明长洲（今江苏苏州）人。嘉靖进士。历任工科给事中、永新知县等。劲挺敢言，尝遭贬谪为贵州都镇驿丞。著有《左传附注》、《春秋胡氏传辨疑》、《左氏春秋镌》，及《陆小余集》等。

薛甲（1498~1572），字应登，号畏斋。明江阴（今属江苏）人。嘉靖进士，官至广西按察司副使。笃信陆、王之学。著有《易象大旨》、《薛兵宪集》等。

薛应旂（1500~1575），字仲常，号方山。明武进（今属江苏）人。嘉靖进士。历任慈溪知县、南京考功郎中、建昌通判、浙江提学副使等。著有《四书人物考》、《宪章录》、《甲子会记》、《高士传》、《宋元资治通鉴》、《薛子庸语》、《薛方山纪述》、《薛方山集》等。

归有光（1506～1571），字熙甫、开甫，号震川、项脊生。明苏州昆山（今属江苏）人。九岁能属文，弱冠尽通《五经》、《三史》诸书。师事魏校。嘉靖四十四年进士。历任长兴知县、顺德通判、南京太仆丞等。擅古文，通经术，好《太史公书》，为明中叶学问大家。预修《世宗实录》。著有《易经渊旨》、《易图论》、《孝经叙录》、《三吴水利录》、《文章指南》，及《震川集》等。

严讷（1511～1584），字敏卿，号养斋，谥文靖。明苏州常熟（今属江苏）人。嘉靖进士。历任礼部尚书、吏部尚书。以撰青词受宠，时讥为"青词宰相"。著有《春秋国华》、《严文靖公集》等。

姜宝（1514～1593），字廷善，一作惟善，字凤阿。明丹阳（今属江苏）人。嘉靖进士。历任四川提学金事、国子监祭酒、礼部尚书等。为人清正。学宗程颐、朱熹。著有《周易传义补疑》、《春秋事义全考》，及《姜凤阿文集》等。

王樵（1521～1599），字明远，号方麓。明金坛（今属江苏）人。嘉靖进士。历任刑部员外郎、山东金事、浙江金事、尚宝卿、南京鸿胪卿、右都御史等。精于经学，著有《尚书日记》、《周易私录》、《春秋辑传》，及《方麓集》等。

袁尊尼（1523～1574），字鲁望。明吴县（今江苏苏州）人。幼颖悟，十岁通诸经。嘉靖进士。历任刑部主事、南吏部考功郎、山东提学副使等。著有《礼记集说正讹》、《鲁望集》等。

申时行（1535～1614），字汝默，号瑶泉，晚号休休居士。明长洲（今江苏苏州）人。嘉靖进士，授翰林院修撰，迁吏部右侍郎。以翰墨受张居正赏识，以吏部左侍郎兼东阁大学士入预机务。张居正死后，继张四维任首辅。后以排陷同官被劾，疏乞休归。著有《书经讲义会编》十二卷，及《赐闲堂集》等。

唐鹤征（1538~1619），字元卿，号凝庵。明武进（今属江苏）人。隆庆进士。历官太常卿。以博学闻。著有《周易象义》、《皇明辅世编》、《宪世编》等。

钱一本（1546~1617），字国瑞，学者称启新先生。明武进（今属江苏）人。万历进士。历任庐陵知县、福建道御史等。后以言事被斥回籍为民。罢归后，潜心六经及濂、洛诸书，尤精于《易》，与顾宪成辈分主东林讲席。著有《像象管见》、《像钞》、《四圣一心录》、《龟记》，及《钱启新集》等。

冯梦龙（1574~约1646），字犹龙、耳犹、子犹，号龙子犹、茂苑外史、詹詹外史、顾曲散人、姑苏词奴、平平阁主人、墨憨斋主人等。明苏州长洲（今江苏苏州）人。崇祯贡生。曾任福建寿宁知县。才情跌宕，善诗文，精于经学。著有《春秋衡库》、《别本春秋大全》，及《甲申纪事》、《寿宁待志》、《智囊》、《广笑府》、《古今谭概》、《挂枝儿》、《山歌》、《喻世明言》、《警世通言》、《醒世恒言》等。1993年，江苏古籍出版社出版有校点本《冯梦龙全集》二十三册。

陈仁锡（1581~1636），字明卿。明长洲（今江苏苏州）人。天启进士。官南京国子祭酒等。师事钱一本，究心经史之学。著有《周礼句解》、《六经图考》、《四书语录》、《四书析义》、《四书备考》等。

周宗建（1582~1626），字季侯。明吴江（今属江苏）人。万历进士。历武康、仁和知县，进福建道监察御史。天启间，因多次上书弹劾魏忠贤阉党乱政，被诬以贪赃罪，下狱死。学宗王守仁，而颇近于禅。著有《论语商》。

邓韨，字文度，号梓堂。本姓蔡，育外家，因从其姓。明常熟（今属江苏）人。正德举人。后弃举子业，以图籍自娱。工画能诗，好宋儒学。著有《易解》、《常熟志》、《濮州志》、《松云集》等。

王应电，字昭明。明昆山（今属江苏）人。嘉靖中，遭倭乱避居江西泰和。受业于魏校，笃好《周礼》。著有《周礼传诂》数十卷。又精于字学，著有《经传正讹》、《同文备考》、《书法指要》、《六义音切贯珠图》、《六义相关图》等。

张廷臣，字元忠。明昆山（今属江苏）人。嘉靖举人。精于《诗》，著有《张氏说诗》等。

钱璠，明常熟（今属江苏）人。嘉靖中由举人知奉化。临民一以忠诚，秋毫不取。留心经史，著有《五经旁注》等。

徐师曾，字伯鲁。明吴江（今属江苏）人。嘉靖进士，选庶吉士，历吏科给事中。年十二，能为诗、古文。长博学，兼通阴阳律历医卜篆籀之说。著有《今文周易演义》、《礼记集注》等。

袁一虬，字汝化。明吴县（今江苏苏州）人。隆庆进士。历任荆门知州、浙江参政等。乞休归，杜门读书。著有《周易古本》、《学易井观》、《读诗录》、《老庄辑注》、《列子节文》、《纲目考正》、《唐诗折衷》、《归田录》等。

王志长，字平仲。明昆山（今属江苏）人。万历举人。深于经学，尤精《三礼》。著有《周礼注疏删翼》、《仪礼注疏删翼》。"删"谓刊削"注"、"疏"中之繁文，"翼"谓杂引诸家之说以发明其义。

史维宝，字心传。明金坛（今属江苏）人。万历进士，官至工部郎中。著有《尚书晚订》（本名《尚书集览》，因于晚年重加订正，故改"集览"为"晚订"）十二卷。

邹期桢，字公宁。明无锡（今属江苏）人。万历中诸生。与吴桂森同从高攀龙学，人称两素衣先生。著有《尚书揆一》六卷。

徐常吉，字士彰。明武进（今属江苏）人。万历进士。官户科给事中，以清廉闻。著有《六经类聚》、《事词类奇》等。

程玉润，字铉吉。明常熟（今属江苏）人。万历进士。历官易州知州、大理评事等。著有《易窥》、《周易演旨》。

傅逊，字士凯。明太仓（今属江苏）人。少游归有光之门。科举失意，万历间以岁贡任嵊县训导，迁建昌县教谕，选为河南王师傅。好《左氏春秋》。著有《左传属事》、《左传注释辨误》、《左传奇字古字音释》等。

魏浣初，字仲雪。明常熟（今属江苏）人。万历进士。官至布政司参政。著有《诗经脉》八卷，及《四如山楼集》等。

顾大韶，字仲恭。明末常熟（今属江苏）人。顾大章（万历进士，天启间被魏忠贤迫害投缳死）孪生兄弟。老于诸生。通经史百家及内典，于《诗》、《礼记》、《仪礼》、《周礼》多所发明。将死，始缮所笺《诗》、《礼》、《庄子》，名曰《炳烛斋随笔》。

郑鄤，号峚阳。明武进（今属江苏）人。天启进士，授庶吉士。因上书言事，忤魏忠贤，贬为民。崇祯中，又为温体仁所构，诬以杖母不孝，磔于市。于狱中作《峚阳草堂说书》七卷，授其子钰。该书大致属明末狂禅，提倡心学，与诸经本旨相去甚远。

顾梦麟（1585~1653），字麟士，世称织帘先生。明太仓（今属江苏）人。明崇祯副贡。尝集三吴名士为应社，诗文雅训，为时所宗。入清，绝迹城市，客授汲古毛氏，潜心著述。著有《四书说约》、《诗经说约》、《四书十一经通考》、《织帘居诗文集》等。

张溥（1602~1641），初字乾初，后改天如，号西铭。明太仓（今属江苏）人。崇祯四年进士，授庶吉士，乞归葬亲。幼嗜学，所读书必手抄七遍，因名其读书处为"七录斋"。尝集江南名士成立"复社"，倡复古学，以"嗣东林"自诩。著有《诗经注疏大全合纂》、《春秋三书》（即《春秋列国论》、《春秋四传断》、《春秋书法解》），及《七录斋集》等。

朱天麟（? ~1652），字游初，一字震青。明末清初吴江（今属江苏）人，后徙昆山（今属江苏）。崇祯进士。授饶州推官，擢翰林院编修。又仕南明，历任少詹事、东阁大学士兼礼部尚书等。著有《易鼎三然》。是书把读《易》比喻为品味食品，持说怪异，无当于经义。

归起先，字裔兴，号律庵，晚号易民。明常熟（今属江苏）人。

崇祯进士。官刑部主事。明亡，杜门不出，著书自遣。著有《易闻》、《学庸语孟大旨》、《老庄略》、《参同契悟真篇考证》等。

华允谊，字汝正，号龙超，晚号后庵。明无锡（今属江苏）人。崇祯贡生。师事高攀龙，又从钱一本学《易》。尝主东林讲会。明亡，隐居鹅湖，不与世接。著有《三像粹精》、《春秋传》、《戴记纂疏》等。

华允诚，字汝立，号凤超。允谊弟。天启进士。受业于高攀龙。崇祯中，官职方员外郎。明亡，杜门读《易》。后因拒绝剃发，被斩于南京。著有《春秋说》、《四书大全参补》等。

岳虞峦，字舜牧。明武进（今属江苏）人。崇祯四年进士，官至江西按察使。明亡，变服为僧，改名岳岚，自号东海衲民。晚年好《易》。著有《周易感义》等。

郑敷教，字士敬，号桐庵。明长洲（今江苏苏州）人。崇祯举人。隐居教授，学深于《易》。著有《周易广义》四卷、《周易图考》十二卷。

四、清 代

（一）朱鹤龄与《诗经通义》、《尚书埤传》等

朱鹤龄（1606～1683），明末清初苏州吴江（今属江苏）人。明诸生。颖敏好学。尝笺注杜甫、李商隐诗，盛行于世。入清，隐居著述，遗落世事，晨夕一编，行不识途路，坐不知寒暑，人或谓之"愚"，遂自号"愚庵"。尝自谓"疾恶如仇，嗜古若渴。不妄受人一钱，不虚诳人一语。"（《清史列传》卷六十八）康熙二十二年卒，年七十八。与李颙、黄宗羲、顾炎武并称"海内四大布衣"。初为文章之学，及与顾炎武友，乃湛思覃力于诸经注疏及先儒语录。著有《诗经通义》十二卷、《尚书埤传》十七卷、《禹贡长笺》十二卷、

《春秋集说》二十二卷、《读左日钞》十四卷、《易广义略》四卷，及《愚庵诗文集》等。

（二）顾炎武的学术成就

顾炎武（1613～1682），原名绛，字忠清，明亡后，改名炎武，字宁人，自署蒋山佣，因居亭林镇，学者尊称亭林先生。明末清初苏州昆山（今属江苏）人。明诸生。早年曾参与复社反宦官权贵的斗争。二十岁起，弃绝科举帖括之学，搜集明代以前历朝经济和自然环境资料，为编写《天下郡国利病书》、《肇域志》奠定了基础。顺治二年（1645）清兵南下时，参加过苏州、昆山保卫战。兵败，数赴金陵哭于孝陵，自署蒋山佣（孝陵所在之钟山曾名蒋山）。康熙时，举博学鸿词，荐修明史，皆以"刀绳具在，无速我死"（江藩《国朝汉学师承记》卷八）坚拒，誓不事清。长期奔波考察，志在匡复，足迹遍及江淮、山东、山海关、榆林、雁门、五台、河南、陕西诸地。后卜居陕西华阴。尝谓人曰："遍观四方，惟秦人慕经学，重处士，持清议。而华阴缩觳关、河之口，虽足不出户而能见天下之人，闻天下之事。一旦有警，入山守险，不十里之遥；若志在四方，一出关门，亦有建瓴之势。"（江藩《国朝汉学师承记》卷八）遂置田五十亩，终老于此。卒年七十。归葬于昆山千墩。

顾学识渊博，经史、音韵、天文、历算、舆地、金石诸学，乃至与时政有直接关系的国家典制、郡邑掌故、防务、垦田、河漕等，无不穷源究委，并多有创获。政治观上，反对土地兼并和赋税繁苛，批判封建专制的郡县制及与之联系的科举、生员、胥吏、法律等制度，提出"保天下者，匹夫之贱与有责焉"（《日知录》卷十三《正始》）的思想。哲学上，赞同宋儒张载的"气"一元论，重申"盈天地之间者气也"，"非器则道无所寓"的朴素唯物主义命题。在治学方向、方法上，反对空谈"心、理、性、命"，提倡"经世致用"，重考据训诂，对乾嘉年间勃兴的考据学中的吴、皖两派均产生过重大影响，实为清代朴学之开山。他的既崇"经世致用"，又重考据的为学之道，既不同于宋明理学的空疏，又有别于乾嘉学派的疏离现实，止于考据，在学术史上占有重要地位。

顾著述宏富，涉及经学、小学、史学、舆地、金石等诸多领域，重要者有《日知录》、《天下郡国利病书》、《肇域志》、《历代帝王宅京记》、《左传杜解补正》、《九经误字》、《五经同异》、《音学五书》（《音论》、《诗本音》、《易音》、《唐韵正》、《古音表》）、《韵补正》、《二十一史年表》、《明季实录》、《皇明修文备史》、《营平二州地名记》、《昌平山水记》、《山东考古录》、《京东考古录》、《金石文字记》、《求古录》、《石经考》、《圣安本纪》、《亭林诗文集》等。

（三）阎若璩与《古文尚书疏证》

阎若璩（1636～1704），字百诗，号潜邱。清山西太原人，徙居江苏淮安。康熙十八年（1679）应博学鸿词科，不第。留京师，得尚书徐乾学赏识。后乾学奉敕修《大清一统志》，开局于洞庭东山，继移嘉善，复归昆山，若璩皆相随预其事。

若璩学识渊博，长于考据，朝野上下甚重之。早年，顾炎武以所撰《日知录》相质，即为改订数则，炎武虚心从之。有人甚至说："诗文不经百诗刊定，未可轻易示人。"（支伟成《清代朴学大师列传·清代朴学先导大师列传第一》）晚年名益著，世宗（雍正）闻其名，延于邸中，索观所著书，每进一篇必称善。

年二十，读《尚书》，疑东晋梅赜所献《古文尚书》为伪，乃沉潜三十余年，成《古文尚书疏证》（一名《尚书古文疏证》）八卷。是编凡列举例证一百二十八条，从篇数不合、篇名不合、文字不合等方面论证其伪，并辨明世所传孔安国《尚书传》亦系伪作。前此，宋吴棫、朱熹，明梅鷟，虽已疑其伪，或定为伪，终因证据不足，长期以来仍是疑者自疑、信者自信的两可局面，自阎氏此书出而谳乃定。虽然，不久即有毛奇龄《古文尚书冤词》力辩《古文尚书》

为真，即时至今日，学者间仍有不同看法，但绝大多数学者已承认阎氏此说为不刊之论。

又精于地理之学，熟谙山川形势，州郡沿革。所著《四书释地》，考证《四书》所涉地理甚详，并兼及人名、物类、训诂、典制等。

上举书外，尚著有《释地余说》、《丧服翼注》、《潜邱札记》、《毛朱诗说》、《日知录补正》、《孟子生卒年月考》、《眷西堂集》等。

（四）陈启源与《毛诗稽古编》

陈启源（？～1683 或 1689），字长发，号见桃居士。明末清初苏州吴江（今属江苏）人。康熙诸生。性严峻，不喜与外人接，唯嗜读书，潜心经学，于《诗》尤精。凡历时十四载，三易其稿，成《毛诗稽古编》三十卷。其诠释经旨，一准《毛传》，而《郑笺》佐之；训诂，一准《尔雅》；篇义，一准《小序》；草木虫鱼，以陆玑《疏》为则。盖一驳宋申毛之书，于汉学可谓专门。唯"经说间谈佛教"（皮锡瑞《经学历史·经学复兴时代》），致贻口实。《四库全书总目提要》尝评之云："于经义之外，横滋异学。非惟宋儒无此说，即汉儒亦岂有是论哉？白璧之瑕，固不必为之曲讳矣。"

上书外，尚著有《尚书辨略》二卷、《读书偶笔》二卷、《存耕堂稿》四卷。

（五）臧琳及臧庸、臧礼堂祖孙的经学研究

臧琳（1650～1713），字玉琳。清江苏武进人。康熙诸生。博通群书，尤精《尔雅》、《说文》之学。尝谓："不解字，何以读书？不通训诂，何以明经？"（《清史列传》卷六十八）著有《经义杂记》三十卷、《尚书集解》百二十卷。以潦倒诸生，键户著述，故世咸有知者，独阎若璩谓其"深明两汉之学"；钱大昕校订其书，亦云："实事求是，别白精审，而未尝轻诋前哲，真务实而不近名者。"

（《清史列传》卷六十八）

玄孙臧庸（1767～1811），初名镛堂，字在东，号拜经。师事卢文弨。后客阮元幕，阮辑《经籍纂诂》、《十三经注疏校刊记》，出庸搜录者为多。尝循高祖琳《经义杂记》例，为《拜经日记》八卷，王念孙亟称之。著有《孟子年谱》、《月令杂说》、《孝经考异》、《诗考异》、《子夏易传》、《韩诗遗说》、《拜经文集》等。

庸弟臧礼堂，字和贵。师卢文弨、钱大昕。著有《说文经考》、《尚书集解案》、《三礼注校字》、《春秋注疏校正》等。

（六）沈彤与《周官禄田考》等

沈彤（1688～1752），字冠云，一字果堂。清吴江（今属江苏）人。康熙、雍正间，长洲人何焯以制义倡导学者，四方从游弟子著录者四百余人，彤即为少数几个知名弟子之一。又与吴派代表人物惠栋友，相与切磋。乾隆初，尝试博学鸿词科，以奏赋至夜半不及成诗，未入选。后经荐与修《三礼》及《一统志》，书成，议叙得九品官，耻不仕，以亲老辞归。无子嗣，穷困以终。

彤笃志群经，尤精于《礼》。著有《周官禄田考》三卷、《仪礼小疏》一卷、《尚书小疏》一卷、《春秋左氏传小疏》一卷、《果堂集》十二卷（多说经之文，故《皇清经解》采入），及吴江、震泽两县志若干卷。

彤为学重核先儒之异同而求其是，为文不尚词藻，抒心自得而已。著述矜慎，不轻易下笔，故《尚书小疏》、《春秋左氏传小疏》，仅数十则，均为未完成之残稿。所著《周官禄田考》，义例严密，详究周制，以辨宋儒欧阳修《周礼》官多田少，禄且不给之疑。《四库全书总目提要》尝评之云：“其说精密淹通，于郑、贾注疏以后，可云特出。”

（七）乾嘉吴派经学

康熙、雍正、乾隆时期，由于清王朝在思想、政治、文化上厉行高压政策，屡兴文字狱，致学者纷纷从清初实学转向对古代儒家经典的注解、考订之学。由于这类学者一反宋儒以义理说经之风气，推崇汉儒贾逵、马融、服虔、许慎和郑玄诸人之朴实学风，故有汉学、朴学之称；复以其治学方法重在训诂、考据，故又称考据学派；又因此种考据之风与学术成就以乾隆、嘉庆二朝为最盛，故又有乾嘉学派之称。此学由清初顾炎武开其端，阎若璩、胡渭、毛奇龄辈奠其基，至乾嘉朝终成型，并形成以惠栋为代表的吴派和以戴震为代表的皖派两大学术派别。

吴派始于惠周惕，经其子惠士奇，成于其孙惠栋。因惠氏祖孙及其友好、后学多为江苏吴县一带人，故名。此派人物除惠氏祖孙外，亲炙惠氏而恪守其治学宗旨者为门弟子江声、余萧客，及再传弟子江藩；服膺惠氏而治学精神、方法略与之相近者，尚有王鸣盛、钱大昕等。

清代所谓"汉学"，实由惠氏开创，并集中地体现在吴派身上，故有学者径谓"惠派乃纯汉学"；自然，其失亦恰在对汉儒的笃信谨守，鲜下己见，以至"深信汉人太过，其说常迂拘不可通"。（萧一山《清代通史》）

（八）吴县三惠的经学成就

惠栋为吴派开山，学有渊源，而得力于家学者尤多。其先世居扶风，后迁洛阳，再迁湖州，后始定居吴县（今属江苏）。

曾祖有声，字朴庵，明岁贡生，以九经教授乡里，精于《诗》。

祖周惕（？～1696），原名恕，字元龙，又字砚溪（一作研溪），自号红豆老人，乡人称老红豆先生（关于"老红豆先生"、"红豆先生"、"小红豆先生"称号之由来，江藩《国朝汉学师承记》卷二有说，大意谓得之于阶前植有红豆树一株云）。早年承家学，尝受业于长洲汪琬，又从同里徐枋游，工诗古文词。既壮，厄于贫，遍游四方，与当代名士交，秀水朱彝尊亟称之，文名益著。康熙辛未进士，选庶吉士，授直隶密云知县，率于任所。为学笃实，主张博闻强记，认为"惟能博闻强记，前后贯通，烂熟于胸中，而后能领其意于章句之外。"（《砚溪先生遗稿·家书一通》）实开乾嘉吴派经学风气之先。著有《易传》、《诗说》、《春秋问》、《三礼问》、《砚溪诗文集》等。

父士奇（1671~1741），字天牧，一字仲孺，晚号半农，乡人称红豆先生。康熙己丑进士。始官翰林院编修，历充会试同考官、乡试正考官。康熙末、雍正初，连任提督广东学政，倡导经学，数年之间，粤地学风大变，粤人德之，曾在他去任后为设木主陪祀先贤。因擢侍读学士。后奉旨修镇江城垣，以毁家修城、产尽停工罢官。后复补翰林院侍读。旋以病告归，不久卒。为学秉承父教，治经专主汉儒师说，言必据典。经学外，兼通天文、乐律。著有《易说》、《春秋说》、《礼说》、《大学说》及《交食举隅》、《琴笛理数考》等。工诗，辑有《红豆斋小草》、《咏史乐府》、《南中集》、《归耕集》等。

惠栋（1697~1758），字定宇，号松崖，乡人称小红豆先生。少时即锐志于学，曾随父至广东提督学政任所，粤中高才生皆自以为不如，竞与为友。及士奇毁家修镇江城，家道中衰，栋往来京口，虽饥寒困顿，仍不少减其好学之志。后归故里，课徒著述，终身不仕。治学一本顾炎武"读九经自考文始，考文自知音始"蹊径，主张"经之义存乎训诂，识字审音，乃知其义"（《松崖文钞·九经古义述首》）。治经宗汉儒，以昌明汉学为己任。博通经史，尤精于《易》。所著《易汉学》、《易例》、《周易述》等，力排宋儒河图、洛书、先天太极之说，为吴派经学奠基之作，深得乾嘉学者推重。又撰《古文尚书考》，辨正郑玄所传二十四篇为孔壁真古文，东晋晚出二十五篇为伪。其他著述尚有《后汉书补注》、《续汉志考》、《左传补注》、《九经古义》、《明堂大道录》、《禘说》、《松崖文钞》等。

惠栋作为吴派经学代表，其复兴汉学之功至伟。江藩《国朝汉学师承记》曾盛赞之曰："汉学之绝者千有五百余年，至是而粲然复章矣。"而对汉儒的一味笃信谨守，鲜下己见，则又不失为其所短。王引之尝评之曰："惠定宇先生考古虽勤，而识不高，心不细，见异于今者则从之，大都不论是非。"（《焦氏丛书》卷首《王伯申手札》）王氏学宗戴震，所论虽不免门派感情色彩，却也在一定程度上触及到了惠氏吴派经学之所短。

（九）秦蕙田与《五礼通考》

秦蕙田（1702～1764），字树峰，号味经。清江南金匮（今江苏无锡）人。乾隆元年一甲三名进士，授编修，南书房行走。后历官礼部侍郎、工部尚书、刑部尚书，加太子太保等。居官勤谨，深为高宗倚重。立朝三十年，公余辄闭门谢客，专心经术。尝谓："儒者舍经以谈道非道也，离经以求学非学也，故以穷经为主。"（钱大昕《潜研堂集·秦尚书墓志铭》）乾隆二十九年（1764）南归就医，卒于途。谥文恭。

蕙田终生笃志于经。早年曾创读经会，究心《三礼》。为官时，亦精研勤讨，至老不辍。凡历时三十八年，成《五礼通考》二百六十二卷。先是康熙年间徐乾学尝作《读礼通考》，体例甚佳，然仅及凶礼一门，未能尽古礼全貌，秦氏乃因其体例续补之而成此书。是编共分七十五类，体大物博，历代典章俱在，性质略与类书同，其于保存中国礼制史料之功足与《文献通考》埒。惟此书虽题为秦蕙田所作，实出多人之手，如戴震、王昶等皆曾参与之，故各篇之价值亦因此而略有优劣。此书之不足在少于识断（俞樾《礼书通故·序》），且多旁涉，不免有炫博之意（周予同为中华书局版皮锡瑞《经学历史》所作《注》语）。

《礼》外，又喜治《易》，并长于音韵、律吕、算数之学，著有《周易象义日笺》、《味经窝类稿》等。

（十）褚寅亮的礼学研究

褚寅亮（1715～1790），字搢升，一字宗郑，号鹤侣。清江苏长洲（今苏州）人。乾隆十六年（1751），高宗南巡，召试举人，授内阁中书，官至刑部员外郎。晚年以病告归，主常州龙城书院八年。长于经术，尤精于礼，从事《礼经》研究几三十年。学宗郑玄，墨守家法。著有《仪礼管见》三卷、《公羊释例》三十篇、《周礼公羊异义》二卷、《十三经笔记》十卷、《诸史笔记》八卷、《诸子笔记》二卷、《名家文集笔记》七卷等。又精天文历算之术，尤长于勾股和较相求诸法，著有《勾股广问》三卷。又曾校正友人钱大昕《三统术衍》误字，如"月相求六扐之数"句，"六扐"当作"七扐"；"推闰余所在，加十得一"句，"加十"当作"加七"等。大昕甚服其精审，并采纳之。

（十一）常州学派

清庄存与、刘逢禄所创。因二人均为常州人，故名。又因该学派治经宗《春秋公羊传》，主董仲舒、何休之说，故又有"公羊学派"之称。学派人物除庄存与、庄述祖（存与侄）、庄绶甲（存与孙）、庄有可（绶甲同族）等庄氏一族外，尚有刘逢禄（存与外孙、述祖从外甥）、宋翔凤（存与外孙、述祖外甥）、张惠言、戴望等。道光以降，随着时局的变化，先进人士龚自珍、魏源以及改良派人物康有为、梁启超辈，亦遵奉此学或受此派思想影响，此派亦随着它的逐渐贴近政治进一步为世人所重。

（十二）武进四庄的经学成就

与吴派经学之有惠周惕、惠士奇、惠栋"三惠"相类，常州学派之出现亦同庄存与、庄述祖、庄有可、庄绶甲的名字分不开。

庄存与（1719～1788），字方耕，号养恬。清江苏武进（今常州）人。乾隆进士。历官翰林院编修、内阁学士、礼部侍郎、督直隶学政等。性耿介，廉政，遭权臣和珅排挤，晚年以老病辞归故里，专心学术。为清代经今文学常州学派的创始人。为学不分汉、宋，喜公羊家言。尝宗法公羊义例，著《春秋正辞》，专求所谓"微言大义"，宣扬"《春秋》应天受命作制"及"法可穷，《春秋》之道则不穷"等说。虽喜公羊家言，但并不拘守今文，犹兼治古文经学，并撰有《毛诗说》、《周官记》、《周官说》等有关古文经传之书。此外，尚著有《尚书说》、《尚书既见》、《八卦观象解》、《乐说》、《四书说》等。

庄述祖（1750～1816），字葆琛，学者称珍艺先生。存与侄。乾隆进士。选山东昌乐知县，逾年调潍县。在潍五年，整饬吏治，培奖士林，卓有政绩。终因忤和珅，抑不得进。旋以乞养归，专心学术。家居后，足迹不至州府，亦不与乡人酒食之会，然遇后生以学问就正，即诲诱无所隐。著述甚丰，主要有：《夏小正经传考释》十卷、《说文古籀疏证》六卷、《说文古籀疏证目》（一名《古文甲乙篇》）一卷、《尚书今古文考证》七卷、《毛诗考证》四卷、《毛诗周颂口义》三卷、《五经小学述》二卷、《历代载籍足征录》一卷、《弟子职集解》一卷、《汉铙歌句解》一卷、《石鼓然疑》一卷、《珍艺宧文钞》七卷、《珍艺宧诗钞》二卷。

庄有可（1744～1822），字大久，一字岱久。存与族孙。郡庠生。淡名利，无歧好，喜读书。曾受延校书中秘，考核详审，见者咸服其精博。于《易》、《书》、《诗》、《礼》、《春秋》诸经皆有撰述，凡四十二种、四百三十余卷。所著《周官指掌》五卷，深受族祖存与叹赏。

庄绶甲（1774～1829），字卿珊。存与孙。诸生。少受业从叔述祖，日从讲论，尽通其祖存与《公羊春秋》、《毛诗》、《周官》之学，尤精《尚书》。著有《周官礼郑氏注笺》十卷、《尚书考异》三卷、《释书名》一卷，及《拾遗补艺斋文钞》、《诗钞》、《词钞》等。

（十三）江声与《尚书集注音疏》

江声（1721～1799），字鱲涛，后改叔沄。晚年因性不谐俗，动与时违，乃取《周易》艮背之意，自号艮庭，学者称艮庭先生。先世居休宁之梅田，后迁苏州，又迁无锡，复归吴下，遂为吴县（今属江苏）人。生性耿介，不慕荣利，且生平不作楷书，即与人往来笔札，皆作古篆，见者讶以为天书符箓，俗儒往往非笑之，故直到七十五岁的垂暮之年始得举孝廉方正，赐六品顶带。

少读《尚书》，怪古文与今文不类，又怪《孔传》庸劣，且甚支离，以为安国所为当不应如此。年三十五，师事惠栋，得读惠氏《古文尚书考》及阎若璩《古文尚书疏证》，乃知古文及《孔传》皆东晋人伪作。于是集汉儒之说以注二十九篇，汉注不备，则旁考他书，精研古训，凡四易其稿，历时十余年，终成《尚书集注音疏》十二卷，使汉儒之说复见于世。是编外，尚著有《六书说》、《论语竢质》、《恒星说》、《艮庭小慧》等。

江声的为学及为人，深为当时知名之士如王昶、王鸣盛、钱大昕、毕沅等所重。晚年，并曾受毕沅延请，校注经籍。弟子有顾广圻、徐颋、江藩等。其孙江沅，世传其学，精治《说文》，著有《说文解字音韵表》、《说文释例》等。

（十四）钱大昕的学术成就

钱大昕（1728～1804），字晓徵，一字及之，号辛楣，又号竹汀居士，晚称潜揅老人。先世自常熟徙居嘉定（今属上海市），遂为嘉定人。年十五，中秀才。乾隆十四年，试于苏州紫阳书院，院长王峻叹为奇才。乾隆十九年（1754）进士，历官翰林院编修、侍讲学士、少詹事、会试同考官，山东、湖南、浙江、河南诸省乡试正、副考官，提督广东学政等。尝主讲钟山、娄东、紫阳等书院。其中，任苏州紫阳书院山长达十六年之久，一时贤士受业于书院门下者不下二千人。嘉庆九年（1804）卒于紫阳书院，年七十七。

大昕幼聪慧，善读书。及长，从惠栋、沈彤游。于学不专治一经，亦不专守汉儒家法。学识渊博，兼通众艺，于文学、音韵、训诂、天文、历算、舆地、氏族、官制、典章、金石之学，皆造其微，而尤精于史部，长于考史。官书方面，曾奉旨与修《热河通志》、《续文献通考》、《续通志》、《一统志》及《天球图》诸书。史著方面，有《廿二史考异》等（另见后史学节相关条目）。音韵学方面，提出"古无轻唇音"、"古无舌头舌上之分"（《十驾斋养新录》卷五）之说。天文历算方面，既谙熟传统旧学，又接受西方数学、天文学知识，并能结合运用于古历法研究中。

著述甚丰，主要有《唐石经考异》、《经典文字考异》、《声类》、《廿二史考异》、《十驾斋养新录》、《宋辽金元四史朔闰考》、《三统术衍》、《三统术钤》、《疑年录》、《潜研堂文集》、《潜研堂诗集》、《钱竹汀日记》、《潜研堂金石文字跋尾》、《潜研堂金石文字目录》、《弇州山人年谱》等。近有江苏古籍出版社 1997 年出版之陈文和点校《嘉定钱大昕全集》。

钱大昕与弟大昭及子侄辈塘、坫、东垣、绎、侗、东壁、东塾，皆治古学，能文章，为东南之望，有"嘉定九钱"之称。

（十五）余萧客与《古经解钩沉》

余萧客（1732～1778），字仲林，别字古农。清江苏长洲（今苏州）人。少时好诗文，十五岁后始转而习经。家贫，不能蓄书，乃从人借读。闻有异书，必徒步往借，虽仆仆五六十里，不以为劳。年二十二，问学于惠栋，栋教以为学"当务其大者远者"（江藩《国朝汉学师承记》卷二）。从此通览群书，凡唐以前经解、史传、类书，以至佛、道经藏，无不穷搜博览。因用目过度，几至失明，后虽稍愈，亦仅能阅大字书而已。曾应直隶总督之聘，至保定修《畿辅水利志》，得间游京师，与朱筠、纪昀等相过从，颇受推崇。后因眼疾复作，举戴震以代，遂南归，以经术教授乡里。及四库馆开，征四方有名学者充校雠之任，虽被荐，终因一介布衣，于例不合而罢。以贫困终老，卒年四十九。

学宗惠栋，于提倡古学、发扬惠派学风贡献甚大。著有《古经解钩沉》、《文选纪闻》、《文选音义》、《文选杂题》、《尔雅释》、《注雅别钞》、《选音楼诗拾》等。其中以《古经解钩沉》三十卷较重要。是编搜采唐以前诸儒训诂之说，惟书尚存者不录，只采原书已佚而为其他古书所引者，带有辑佚性质，与惠栋《九经古义》旨趣略近。

（十六）毕沅的学术成就

毕沅（1730～1797），字纕蘅，一字秋帆，自号灵岩山人。清江苏镇洋（今太仓）人。少颖悟，十岁审声韵。稍长，从沈德潜、惠栋治经史词章，学益进。乾隆十八年（1753）中顺天乡试，授内阁中书，入值军机处。二十五年（1760）中进士，授翰林院修撰，迁侍读、起居注官。三十六年（1771）任陕西按察使。旋迁陕西布政使、巡抚。在陕期间，修华岳庙，集汉、唐以来碑版置于学宫。后历官兵部侍郎、都察院右都御史、湖广总督兼湖北巡抚等。嘉庆二年（1797）卒，年六十八。诏加太子太保，赐祭葬。两年后，以在湖广总督任内滥用军需，家产竟遭籍没，论者惜之。

性好读书、著述，虽宦海一生，官至极品，而读书、著述不辍。博学，于经、史、小学、金石、地理等，几无所不通。又秉性温厚，待士以礼，故章学诚、卢文弨、洪亮吉、孙星衍辈皆曾在幕，相与讨论学问。尝谓经义当宗汉儒，文字当宗许慎，史学必通地理，金石可证经史。一生著述甚丰，除延请、组织学者作《传经表》、《续资治通鉴》、《湖北通志》、《西安府志》、《史籍考》外，又校注、补正有《山海经》、《晋书·地理志》、《吕氏春秋》、《墨子》等，著有《经典文字辨证书》、《释名疏证》、《音同义异辨》、《老子道德经考异》、《夏小正考注》、《关中胜迹图志》、《关中金石记》、《中州金石记》、《山左金石记》、《灵岩山人文集》、《灵岩山人诗集》等。

（十七）段玉裁与《说文解字注》

段玉裁（1735～1815），字若膺，又字乔林，号懋堂，又号砚北居士。清江苏金坛人。乾隆二十五年（1760）举人。历官贵州玉屏、四川巫山知县。年四十七，以父老引疾归，后卜居苏州枫桥。辞官后，专心治学，键户不问世事者三十余年。乡试中式后尝客京师，得读顾炎武《音学五书》，惊为秘笈，昼夜钻研不倦。继从戴震受业，学益大进。

为学博通经史，尤精文字训诂、音韵之学。著有《六书音韵表》、《说文解字注》、《古文尚书撰异》、《周礼汉读考》、《仪礼汉读考》、《毛诗故训传定本》、《诗经小学》、《春秋左氏古经》、《经韵楼集》等。其中，以《六书音韵表》、《说文解字注》二书最为学者所重。《六书音韵表》在顾炎武十部、江永十三部的基础上，析古韵为十七部，以"支"、"脂"、"之"为三部，"尤"、"侯"为二部，"真"、"文"为二部，皆其创见。书成，自蜀寄其师戴震，震盛赞之曰："自唐以来讲韵学者所未发。"《说文解字注》三十卷，是段氏治《说文》数十年心力之结晶。是编对二徐（徐铉、徐锴）本订讹正误，用古书字义阐明许慎训释，并以所创古音十七部说部勒《说文》全书，于清人治《说文》者影响甚大。高邮王念孙《序》云："千七百年来无此作矣。"及卒，念孙复悲怆谓其弟子陈奂曰："若膺死，天下遂无读书人矣！"

（十八）洪亮吉与《春秋左传诂》

洪亮吉（1746～1809），字君直，一字稚存，号北江。清江苏阳湖（今常州）人。六岁而孤，母贤明，督课严，尝风雪夜受经至鸡鸣。性至孝，闻母亡，恸绝坠水，得救免，三年彻酒肉。初佐安徽学政朱筠校文，继入陕西巡抚毕沅幕，校刊古书。少工文辞，与同邑黄景仁诗歌唱和，时称"洪黄"。后结识戴震、邵晋涵、王念孙、汪中等，乃立志穷经。又与孙星衍相研摩，学益宏博，时又称"孙洪"。乾隆五十五年（1790）进士。授翰林院编修，充国史馆纂修官，督贵州学政。嘉庆二年（1797），入值上书房，授皇曾孙奕纯读。四年（1799），以上书议论朝政，语过激直，谴戍伊犁。次年赦还，因改号更生居士。九年后卒于家，年六十四。

生平好学，不以所遇荣枯释卷帙，故于经、史、小学、地理，无不参稽钩贯，穷日著书，老而不倦。少好《春秋左氏传》，觉杜注望文生义、不遵古训者十居五六，于是冥心搜录，以他经证此经，以别传校此传，寒暑不辍者十年，终成《春秋左传诂》二十卷。是编训诂以东汉贾逵、许慎、郑众、郑玄、服虔为主，"欲存《春秋》、《左传》之古学"（《序》），故名。经学外，洪氏又是著名的无神论者和人口学家。《春秋左传诂》外，尚著有《毛诗天文考》一卷、《公羊穀梁古义》二卷、《六书转注录》十卷、《汉魏音》四卷、《比雅》十九卷、《弟子职笺释》一卷、《传经表》一卷附《通经表》一卷（此书作于毕沅幕，大约是毕沅嘱其代撰，故署毕沅名）、《东晋疆域志》四卷、《十六国疆域志》十六卷、《西夏国志》十六卷、《乾隆府厅州县图志》五十卷、《晓读书斋初录二录三录四录》八卷、《外家纪闻》二卷、《伊犁日记》二卷、《天山客话》二卷，及《洪北江诗文集》六十六卷等。

子饴孙，嘉庆举人，官湖北东湖县知县。著有《世本辑补》十卷、《三国职官表》三卷、《史目表》二卷、《毗陵艺文志》四卷、《青埵山人诗》十卷。子符孙、龄孙，亦为学，著有诗文集、地理志等。

（十九）孙星衍与《尚书今古文注疏》等

孙星衍（1753~1818），字渊如，又字伯渊，号芳茂山人。清江苏阳湖（今常州）人。乾隆五十二年（1787）一甲二名进士，授翰林院编修。历官刑部主事、郎中，山东督粮道等。嘉庆十六年（1811）引疾归，主讲钟山书院。二十三年（1818）卒，年六十六。

少擅辞章，与同里洪亮吉、黄景仁、杨芳灿齐名。袁枚品其诗为“天下奇才”，与订忘年交。孙星衍自己却不欲以诗文名，而是潜心于经史、文字、音韵、训诂之学，旁及诸子百家。及从钱大昕游，益精研汉学。尝于江宁瓦官寺阁见元应《一切经》并慧苑《华严经音义》，引仓颉颇多，乃刺取其文，兼摭他书，辑为《仓颉篇》三卷。谓元应、慧苑书，世不多得，然足与陆德明《经典释文》并垂于世，嘱友人刊行。

精校勘，喜藏书。所刊《平津馆丛书》、《岱南阁丛书》，世称善本。

勤于著述。所为文，每数年辄自订为集，先后成《问字堂集》、《岱南阁集》、《五松园文稿》、《平津馆文稿》、《嘉谷堂集》，后合刊为《芳茂山人文集》。学术著述主要有《古文尚书马郑注》十卷、《尚书今古文注疏》三十卷、《周易集解》十卷、《夏小正传校正》二卷、《明堂考》三卷、《魏三体石经遗字考》一卷、《孔子集语》十七卷、《晏子春秋音义》二卷、《史记天官书考证》十卷、《建立伏博士始末》二卷、《寰宇访碑录》十二卷（与邢澍同撰）、《京畿金石考》二卷、《续古文苑》二十卷、《郑司农年谱》一卷等。尤其是《尚书今古文注疏》一书，网罗汉魏佚说，兼采王鸣盛、江声、段玉裁诸人书说，历时二十二年乃成。是编于《尚书》今古文源流考证甚为详明，且兼治今、古文，不偏一家，较之王鸣盛《尚书后案》专主郑注、陈乔枞《今文尚书经说考》专主今文，有所见长；惟囿于汉学门户，不取宋儒书说，对欧阳、大小夏侯三家异同，亦未能详加考辨，此又不失为其所短。

（二十）张惠言的虞氏《易》研究

张惠言（1761～1802），字皋文（一作皋闻），号茗柯。清江苏武进（今常州）人。嘉庆四年（1799）进士。时大学士朱珪为吏部尚书，以惠言学行，特奏改庶吉士，充实录馆纂修官，武英殿协修官。六年散馆，奉旨以部属用，珪复特奏改授翰林院编修。次年卒，年四十二。

其学深于《易》、《礼》。《易》宗虞翻。认为惟虞翻传西汉今文孟氏《易学》，后儒罕能通之，乃著《周易虞氏义》九卷、《周易虞氏消息》二卷、《虞氏易礼》二卷、《虞氏易事》二卷、《虞氏易候》一卷、《虞氏易言》二卷、《周易郑氏义》二卷、《周易荀氏九家义》一卷、《易义别录》十四卷、《易纬略义》三卷、《易图条辨》一卷，羽翼、发挥虞氏《易学》。于《礼》，则主郑玄，著有《仪礼图》六卷、《读仪礼记》二卷等。又擅文学，工篆书。为文效韩愈、欧阳修，与恽敬同为阳湖派先驱人物；能词，为常州词派创始人。汇有《茗柯文编》、《茗柯词》等。此外，尚著有《墨子经说解》二卷，《握奇经定本》一卷、《正义》一卷、《图》一卷，《青囊天玉通义》五卷。又曾撰《说文谐声谱》，未竟而卒，后由其子成孙续成之。是书凡五十卷，分为二十部，于《毛诗》中拈其最先出之字为建首，加以《易》韵、屈韵，而又以《说文》之声分从之，厘然不紊，有各家所未及者。尝以示仪征阮元，元叹其超卓精细。节录本九卷，刊入《皇清经解续编》中。

（二十一）迮鹤寿与他的《齐诗翼氏学》

迮鹤寿（1773～?），字青崖，号兰宫。清江苏吴江人。道光六年（1826）进士，选池州府教授。父郎，乾隆举人，凤阳府训导，以文章名。鹤寿少承父教，好学笃行。长于考证，嗜经学，兼明天算。迮氏认为：汉翼少君习《齐诗》，每假天象变异以警惕人主，无愧通儒。而班孟坚目为方士之流，未免太过。惟《齐诗》亡佚最早，故四始五际诗篇之部分，值岁之多寡，后世罕有言者。独赖《诗纬》尚存其梗概，然徒改戌际为辰际，致令反失本旨。于是著《齐诗翼氏学》四卷，以明西汉今文家翼奉诗说，澄清《诗纬》臆改之误。此书虽对翼奉诗说有所阐发，但也有臆测或欠考究之处。如他所指责的《诗纬》"徒改戌际为辰际"，便是据孔颖达《正义》中引文的讹误立论的。实际上，据《后汉书·郎顗传》所引，"辰"乃"神"之误，并不存在所谓《诗纬》"徒改戌际为辰际"的问题。此书外，尚撰有《帝王世纪地名衍》、《蛾术编注》、《夏商周九州经界疏证》、《九州分土疏证》、《孟子疏证》二十二卷（《班爵禄疏证》十六卷、《正经界》《疏证》六卷）、《韵字急就篇》等。

（二十二）刘逢禄的《春秋公羊》学研究

刘逢禄（1776～1829），字申受，又字申甫，号思误居士。清江苏武进人。嘉庆十九年（1814）进士，授翰林院庶吉士，散馆授礼部主事。道光四年（1824），补仪制司主事。与李兆洛（申耆）齐名，号"常州二申"。少从外祖庄存与、从舅庄述祖学，颇得其传，致存与有"此外孙必能传吾学"、述祖有"刘甥可师"之叹。又曾与同邑张惠言共究《虞氏易》、《郑氏三礼》之学。为经今文学常州学派的重要奠基人。为学务明大义，不专章句。精《公羊春秋》，宗何休《解诂》。所著《春秋公羊经何氏释例》十卷，发挥公羊学"微言大义"，并谓"《春秋》者，五经之管钥也"，"拨乱反正，莫近《春秋》，董、何之言，受命如响"（《叙》）。主张"张三世"、"通三统"，于近代改良主义思潮颇有影响。清末改良派代表人物梁启超于《清代学术概论》中盛赞此书"用科学的归纳研究法，有条贯，有断制，在清人著述中，实最有价值之创作。"又著有《左氏春秋考证》二卷，认为《春秋左氏传》原名《左氏春秋》，乃记事之书，本不解经；其解经者，乃刘歆窜入。其他有关《春秋》的著作尚有《公羊春秋何氏解诂笺》一卷。又治《易》，宗虞翻。治《诗》，初尚《毛传》，后好齐、鲁、韩三家。对《尚书》亦有相当研究。著有《易虞氏变动表》、《六爻发挥旁通表》、《卦象阴阳大义》、《虞氏易言补》、《诗声衍》、《尚书今古文集解》、《书序述闻》,及《论语述何》、《四书是训》、《箴膏肓评》、《发墨守评》、《穀梁废疾申何》、《中庸崇礼论》、《夏时经传笺》、《仪礼决狱》、《春秋赏罚格》、《刘礼部集》等。

(二十三) 宋翔凤的经学成就

宋翔凤 (1779~1860),字于庭,一字虞庭。清江苏长洲 (今苏州) 人。嘉庆举人。历官泰州学政、安徽旌德训导、湖南新宁知县等。幼从舅父庄述祖受业,遂得闻庄氏今文学之家法绪论。及长,更游段玉裁门,兼治东汉许、郑之学。为学淹贯群籍,尤长治经,然喜附会,不及刘逢禄之精,故述祖有"刘甥可师,宋甥可友"语。为常州学派代表人物之一。以公羊义说群经,所著《论语说义》认为"孔子受命作《春秋》,其微言备于《论语》","微言者,性与天道之言也。"晚年著《过庭录》,为读书笔记,对古代史料考证颇详。推崇程、朱,谓"朱子之学自足继往开来,非他儒所能及。"(《过庭录》卷十二) 通经外,复工诗词。著述除上举者外,尚有《论语师法表》、《大学古义说》、《尚书略说》、《尚书谱》、《周易考异》、《孟子赵注补正》、《四书释地辨证》、《五经通义》、《五经要义》、《小尔雅训纂》、《朴学斋文录》等。

(二十四) 陈奂与《诗毛氏传疏》

陈奂 (1786~1863),字硕甫,号师竹,晚号南园老人。清江苏长洲 (今苏州) 人。诸生。咸丰元年 (1851) 举孝廉方正。始从江沅治小学。时金坛段玉裁寓吴,与沅祖声善,奂遂受学于玉裁,并助玉裁校订《说文解字注》。后游京师,复与王念孙、王引之、郝懿行、胡培翚、胡承珙、金鹗交。引之著《经义述闻》,每一卷成,必出相质;承珙撰《毛诗后笺》,自《鲁颂·泮水》以下,奂为补编;郝氏《尔雅义疏》、胡氏《仪礼正义》、金氏《求古录礼说》,皆为校刊以行。由是，学益邃。后主杭州汪远孙振绮堂先后二十年，潜心著述，生平著作多成于此。道光末，曾应两江总督聘，至江宁校刊群籍，书成辞归，不复出。同治二年（1863），曾国藩重其名，敦聘，未就道而卒，年七十八。

为学专治《毛诗》，谨守毛公诗说。尝谓齐、鲁、韩三家《诗》可废，而《毛诗》不可废。又认为郑玄为《毛传》作《笺》，"间杂鲁诗，并参己意"，"实不同于毛义。"强调"读《诗》不读《序》，无本之教也。读《诗》与《序》而不读《传》，失守之学也。"（《诗毛氏传疏叙》）因在其代表性著作《诗毛氏传疏》（三十卷）中，废弃《郑笺》，专疏《毛传》，以矫正"近代说《诗》兼习毛、郑，不分时代，不尚专修"之弊。上书外，尚著有《毛诗说》一卷、《释毛诗音》四卷、《毛诗传义类》一卷、《郑氏笺考征》一卷、《诗语助义》三十卷、《毛诗九谷考》一卷。其他著作有《公羊逸礼考征》一卷、《师友渊源记》一卷、《禘郊或问》、《宋本集韵校勘记》、《三百堂文集》等。

（二十五）朱骏声与《说文通训定声》

朱骏声（1788～1858），字丰芑，号允倩。清江苏吴县人。年十三，受许氏《说文》，一读即通晓，时有神童之誉。年十五为诸生，从钱大昕游，钱奇其才，曰："衣钵之传，将在子矣！"嘉庆二十三年（1818）举人。曾入苏抚张师诚幕，又曾就馆浙江、扬州，叠主江阴、吴江、萧山各书院。道光六年（1826）诠黟县训导。咸丰元年（1851）所著《说文通训定声》得咸丰皇帝嘉许，赏国子监博士衔。寻迁扬州府学教授，引疾未之官。数年后卒于黟。代表作为《说文通训定声》。其于进呈该书的奏折中谓："专辑此书以苴《说文》转注假借之隐略，以稽群经、子、史用字之通融。题曰'说文'，表所宗也；曰'通训'，发明转注、假借之例也；曰'定声'，证《广韵》、今韵之非古而导其源也。"为清人治《说文》之名著。

与之相关的著作还有《古今韵准》、《柬韵》、《说雅》、《小尔雅约注》、《小学识余》、《六书假借经征》、《说文段注拈误》等。小学外，又精经学、历算，著有《六十四卦经解》、《易消息升降图》、《学易札记》、《尚书古注便读》、《逸周书集训校释增校》、《诗传笺补》、《仪礼经注一隅》、《夏小正补传》、《大戴礼记校正》、《春秋平议》、《春秋乱贼考》、《春秋三家异文覈》、《左传旁通》、《春秋左传识小录》、《论孟塙解》、《经史答问》、《离骚补注》、《淮南书校正》、《秦汉郡国考》、《天算琐记》、《数度衍约》等。

子孔彰，字仲我。能传父业，著有《说文粹》、《十三经汉注》、《中兴将帅别传》等。

（二十六）王先谦与《皇清经解续编》

《皇清经解续编》，丛书名。前此，仪征阮元官粤时曾选辑清初至乾嘉间经学著作七十三家、一百八十余种、一千四百卷成《皇清经解》。光绪十一年（1885），江苏学政长沙王先谦复仿阮元《皇清经解》例，搜采乾嘉以后之经学著作与乾嘉前为阮刻所遗者，于江阴南菁书院设局汇刊成书。计收经学著作一百一十家，二百零九部，一千四百三十卷，名《皇清经解续编》，又称《南菁书院经解》，简称《续清经解》。光绪十四年（1888）刻峻。阮、王正、续《清经解》二书所收多为清代学者考订、训释儒经有代表性之成果，是研究清代经学的重要资料，对研究中国古代历史、汉语言文字等亦有重要参考价值。有清刊本，近又有1988年上海书店影印本。

（二十七）清代吴地其他经学家

除上单列条目介绍者外，清代吴地还有众多经学家，下仅择取其比较重要者略作介绍。

顾枢（1602~1668），字所止，一字庸庵。明清之际江苏无锡人。顾宪成孙。明天启举人。少从高攀龙学。入清，韬形遁迹，唯力学而已。淹贯五经，尤精《易》、《尚书》。著有《易稿》、《西畴日钞》等。

陆世仪（1611~1672），字道威，号刚斋，又号桴亭。明清之际苏州太仓（今属江苏）人。明诸生。尝从刘宗周学。明亡，拓地十亩，筑亭其中，号桴亭，不通宾客，专心向学。著有《思辨录》、《论学酬答》、《家祭礼》、《性善图说》、《分野说》、《复社纪略》，及《陆桴亭先生遗书》等。

朱用纯（1617~1698），字致一，自号柏庐。明清之际昆山（今属江苏）人。康熙中或欲以鸿博荐，固辞乃免。著有《大学讲义》、《中庸讲义》、《愧讷集》等。所著《治家格言》，脍炙人口。

汪琬（1624~1691），字苕文，号钝翁，又号尧峰等。明清之际长洲（今江苏苏州）人。顺治进士。历官户部主事、刑部郎中、翰林院编修等。预修《明史》。博通诸经。著有《古今五服考异》、《诗问》、《钝翁类稿》、《尧峰文钞》等。

高愈，字紫超。明清之际江苏无锡人。高攀龙侄孙。穷困力学。张伯行抚苏，聘主东林书院，以病辞。著有《周礼疏义》、《小学纂注》等。

朱蹇翁，佚其名。明清之际长洲（今江苏苏州）人。曾从军，后闭门读书。尝据《仪礼》、《礼记》，参以宋元先儒诸说，定丧祭之仪，名《读礼纪略》，刻板行世，名重公卿间。尚著有《经史辨疑》、《经史绪言》等。

华时亨，字仲通。明清之际无锡（今属江苏）人。明诸生，曾从高攀龙学。明亡后，杜门著述。著有《春秋法鉴录》。

严毅，字佩之，号生轩。明清之际无锡（今属江苏）人。终身未仕，家贫好学。长于经学，尤精《易》、《春秋》。学尊高攀龙，曾讲学于东林书院，撰有《高忠宪年谱》、《高子节要》、《东林书院志》。经学方面，著有《生轩易说》、《易同》、《春秋论》、《春秋集说》、《尚书讲义》、《四书讲义》等。

顾天朗，字开一，号雪湄。清吴县（今属江苏）人。顺治副贡。肆力经、史，尤精《礼》。著有《三礼集解》、《燕游草》、《吟碧集》。

龚廷历，字玉臣，别号震西氏。清武进（今属江苏）人。顺治进士。曾任湖州推官。著有《稽古订讹》。是书于《周礼》郑注可疑之处，朱熹《孝经》勘误之失，及诸家解经之谬，多所指责。

秦松龄（1637～1714），字汉石，号留仙，又号对岩。清无锡（今属江苏）人。顺治进士。官国史馆检讨。通经术，精于《诗》。著有《毛诗日笺》、《苍岘山人文录》等。

杨名时（1661～1737），字宾实，一字凝斋。清江苏江阴人。康熙进士。历官侍读、云南巡抚、礼部尚书等。康熙御纂《周易折衷》、《性理精义》等，皆出其手。著有《易义随记》、《诗义记讲》、《四书札记》等，后由门人汇辑为《杨名时全书》。

王澍（1668～1743），字若霖、箬林，号虚舟、二泉寓客。清江苏金坛人，后徙无锡。康熙进士。官至吏部员外郎。通经学，书法独步一时。著有《禹贡谱》、《大学困学录》、《中庸困学录》、《淳化秘阁法帖考正》等。

丘钟仁，字近夫。清江苏昆山人。康熙中举鸿博，老不与试，赐中书舍人。潜研《春秋》，著有《春秋遵经集说》。

戴虞皋，号遁轩。清江苏昆山人。著有《周易阐理》四卷。书成于康熙四十一年（1702）。宗旨在黜象数而明义理，故以"阐理"名书。

朱襄，字赞皇。清江苏无锡人。康熙褚生。工诗。精于《易》，所著《易韦》二卷，持说多与前人相左。

蒋家驹，字千里。清江苏丹阳人。康熙举人。官怀集知县。著有《尚书义疏》、《春秋义疏》。

姜兆锡，字上均。清江苏丹阳人。康熙举人。乾隆初充三礼馆纂修。博学通经，著述甚丰，有《礼记章义》、《周礼辑义》、《春秋胡传参义》、《春秋公羊穀梁诸传汇义》、《孝经本义》、《尔雅注疏参议》等。其中，《礼记章义》十卷，论者谓其精审在陈澔《礼记集说》之上。

严虞惇，字宝成，号思庵。清江苏常熟人。康熙进士。历官翰林院编修、太仆寺少卿等。著有《读诗质疑》三十一卷、《附录》十五卷，折衷毛、朱，颇有影响。另有《严太仆集》等。

李寅，字露祯，号东崖。清江苏吴江人。康熙贡生。隐居教授，精于《易》，著有《易说要旨》、《学庸要旨》、《淇园集》等。

储欣，字同人，清江苏宜兴人。康熙举人。博通经史，终身未仕，杜门著述。同邑蒋景祁，字京少，诸生，康熙间举博学鸿词，未第。二人合撰《春秋指掌》三十卷，末附《春秋前事》、《春秋后事》各一卷。是书专为科举应试而做，便士子。

华玉淳，字师道，号澹园。清江苏金匮（今无锡）人。监生。通经义，长历算。曾助顾栋高完成《春秋大事表》。著有《禹贡约义》、《孝经通义》、《澹园诗稿》等。

任启运（1670～1744），字翼圣，居近古钓台，世称钓台先生。清江苏荆溪（今宜兴）人。雍正进士。历官翰林院编修、侍讲学士、左佥都御史、三礼馆副总裁官、宗人府府丞等。学宗朱熹，精于《礼》，为乾嘉汉学诸儒治《礼》之先导。著有《肆献裸馈食礼》、《宫室考》、《周易洗心》、《尚书约注》、《礼记章句》、《四书约旨》、《女教经传通纂》，及《清芬楼遗稿》等。

王步青（1672～1751），字汉阶，或自书罕皆，号己山。清江苏金坛人。雍正进士，官翰林院检讨。性冲澹，学务质实。著有《四书本义汇参》、《王己山文集》等。

陈祖范（1675～1753），字亦韩，号见复。清江苏常熟人。雍正举人。乾隆时荐举经学，授国子监司业衔。历主紫阳、云龙、敬敷、安定诸书院讲习。为学耻剿袭陈言，务求心得，被钱大昕称为"通儒"。著有《经咫》、《掌录》，及《陈司业遗书》等。

张叙（1690～?）字冰潢，又字宾王、凤冈。清江苏镇洋（太仓）人。雍正举人。深于经术，著有《易贯》、《诗贯》、《孝经精义后录》、《或问余论》等。

潘思榘（1695～1752），字絜方，号补堂。清江苏阳湖（今武进）人。雍正进士。乾隆间官至福建巡抚。精于《易》，著有《周易浅释》、《鳌峰讲义》等。

杨方达，字符苍。清江苏武进人。雍正举人。于《易》、《书》、《春秋》多有研究。著有《易学图说会通》、《周易辑说存正》、《易说通旨略》、《尚书约旨》、《尚书通典略》、《春秋义补注》、《正蒙集说》等。

蒋元益（1708～1788），字希元，一字汉卿，号时庵。清江苏长洲（今吴县）人。乾隆进士。官至兵部右侍郎。博学，著有《周易精义》、《二十一史订误》等。

彭绍升（1740～1796），又名际青，字允初，号尺木，别号知归子，自号二林居士。清江苏长洲（今苏州）人。乾隆进士，选知县不就。初治程、朱理学，后宗陆、王心学，复转攻佛学。绝欲素食，居僧舍以终。力图以禅学观点解释儒家著作，调和儒、佛。著有《论语集注疑》、《大学章句疑》、《学案小识》、《二林居集》等。

朱宗洛，字绍川。清江苏无锡人。乾隆进士。曾任天镇知县。著有《易经观玩篇》。

孙梦逵，字中伯。清江苏昭文（今常熟）人。乾隆进士。官宗人府主事。精于《易》，著有《周易读翼揆方》十卷，颇具特色。

吴鼎，字尊彝，号易堂。清江苏金匮（今无锡）人。乾隆举人。官至翰林院侍讲。精于《易》，著有《易例举要》、《十家易象集说》。另有《东莞学案》等。

顾镇，字备九，号古湫，又号虞东。清江苏昭文（今常熟）人。乾隆进士。官宗人府主事。性淳朴，精研经术，善诲人。历主白鹿、钟山书院。著有《虞东学诗》、《三礼札记》、《虞东先生文录》等。

李锐（1769～1817），字尚之，号四香。清江苏元和（今苏州）

人。诸生。曾从钱大昕学，精历算。著有《回回历元考》、《方程新术草》、《勾股算术细草》、《开方说》、《汉三统术》、《周易虞氏略例》。又曾受阮元之聘校《礼记正义》。

任兆麟，字文田，号心斋，又号竹居。清江苏震泽（今吴江）人。诸生。嘉庆元年（1796）举孝廉方正。幼承家学，博文敦行，通经、工诗、善古文，为王鸣盛、钱大昕所重。著有《夏小正补注》四卷、《毛诗通说》三十卷《补遗》一卷、《春秋本义》十二卷、《术记》四卷，以及《字林考逸补正》、《竹居集》等。

王甗，字瑶舟。清江苏阳湖（今武进）人。嘉庆中卒。为学宗高攀龙。治经不倚传注，但取经文旁推交通。著有《周易半古本义》、《周易象纂》、《周易图膝》、《周易辩占》、《周易校字》（合称《学易五种》）、《春秋王氏义》等。

汤洽名，字谊卿。清江苏武进人。嘉庆间曾为州同知。学于张惠言。治经，通历算。著有《穀梁春秋例》、《句股算旨》、《太初术长编》等。

郑璜，字元吉，号瘦山，晚号醉翁。清江苏吴江人。嘉庆举人。少能诗，入竹溪社，名噪一时。兼通经学，著有《春秋地理今释》。

董士锡，字晋卿，一字损甫。清江苏武进人。嘉庆副贡，候选直隶州州判。从其舅张惠言学。工古文诗赋，精虞氏易，兼通壬遁之学。曾应河督黎世序聘修《续行水金鉴》。著有《遁甲因是录》、《齐物论斋集》等。

谢应芝，字子阶，号浣村，晚号蒙泉子。清江苏阳湖（今常州）人。嘉庆廪贡生。屡试不第，乃闭户读书，授徒自给。著有《书义》、《诗义》、《春秋义》、《夏小正观义》，均遭乱散佚。现存之《会稽山斋全集》中仅有《会稽山斋经义》一卷，余多为诗、词、文之作。

张金吾（1787～1829），字慎旃，号月霄。清江苏昭文（今常熟）人。道光诸生。好藏书，多至八万余卷。尝采选宋、元以降经说八十多种，汇刊为《诒经堂续经解》，以补《通志堂经解》之缺，颇得时人赞誉。撰有《广释名》、《两汉五经博士考》、《言旧录》、《爱日精庐藏书志》等

王振声（1799～1865），字宝之。清江苏昭文（今常熟）人。道光举人。通经精音韵。著有《春秋左传校勘记补正》、《宋余仁仲本公羊经传解诂校记》、《公羊注疏校勘记补正》、《孟子音义校记》、《吴音奇字跋》、《急就章跋》、《切韵指掌图校记》等。

陈寿熊（1812～1860），字献青，又字子松。清江苏震泽（今吴江）人。诸生。其学兼宗汉、宋，精于《易》。著有《周易集义》、《读易汉学私记》、《读易启蒙》、《周易正义举正》、《周易本义笺》、《明堂图考》、《考工记拾遗》、《诗说》等。

侯桢（1816～1861），字子勤，人称二梅先生。清江苏金匮（今无锡）人。道光举人。著有《禹贡古今注通释》、《古文孝经集注考订》、《古杼秋馆遗稿》等。

蒋曰豫（1830～1875），字侑石。清江苏阳湖（今常州）人。监生。曾任鸡泽、元氏知县，蔚州知州。通经、史，旁及声韵、训诂之学。能诗。著有《诗经异文》、《论语集解校补》、《问奇室诗文集》等。

周家禄（1846～1909），字彦升，一字蕙修，晚自号粤篆老人。清江苏海门人。历任江浦、丹徒、镇洋、奉贤诸县训导。曾为张之洞、袁世凯幕僚。先后主讲师山书院、白华书塾、湖北武备学堂、南洋公学等。著有《经史诗笺字义疏证》、《三礼字义疏证》、《榖梁传通解》、《三国志校勘记》、《晋书校勘记》、《朝鲜纪事诗》等。

任思谦，字纯仁。清江苏吴江人。岁贡生。曾受业于陆陇其弟子张汉瞻，笃志经学。著有《易要》。

许沅，字仲青，学者称贞通先生。清江苏阳湖（今武进）人。粹于经学，著有《四书一隅》、《四书异解正》、《浮笠山人诗文集》等。

谢希曾，字孝基，号安山。清江苏吴县人。诸生。潜心理学，

精于《易》。著有《易学指南》。

戴鈜，字景亭。清江苏长洲（今苏州）人。生平事迹不详。著有《四书讲义尊闻录》二十卷。是书乃辅翼《四书大全》之作，盖亦便科举应试之属。

第二章　史　　学

六朝前，由吴地学者撰著，专记古吴越史事的书，有东汉会稽人袁康、吴平的《越绝书》和赵晔的《吴越春秋》。此外，吴地史学尚无足道者。

六朝时期，伴随着经济、文化的初步繁荣，吴地史学亦渐趋活跃，修史之风甚盛，在纪传体、别史、起居注、实录、谱谍、传记、方志等诸多方面涌现出一批新著，而"实录"体更是这一时期吴地学者的首创。六朝时期吴地史学之盛，同战乱环境下当权者重视总结历史经验有关，同学术环境的相对宽松有关，亦同纸的开始广泛使用以及字体的简化等技术条件的改善有关。其中，尤以当权者的重视、提倡、支持最为重要。如吴主孙权，不但自己熟读《左传》、《国语》、《汉书》，还要求继承人和部下多读史书，他和他的后继者还曾组织专人编撰前代和本朝历史；宋文帝时，曾于京城建康立儒学、玄学、史学、文学四馆，各延名师聚徒讲学，使史学从经学的附庸地位中摆脱出来，有力地促进了史学的独立发展。

隋唐至明，由于政治、文化中心的重新向北方回归，吴地史学在全国的地位自已非六朝时期可比，但吴地学者在史学方面仍在继续做出贡献却也是不争的事实。如成书于这个时期的《梁书》、《陈书》（二书后皆列入二十四史）、《南唐书》、《元丰九域志》、《吴郡志》、《辽小史》、《金小史》、《宋元资治通鉴》、《吴中人物志》、

《史乘考误》等，皆出吴地学者之手。

清代，与经学密切相关的吴地史学也同经学一样取得了前所未有的成就，涌现出一批史学大家、名著，如众所熟知的顾炎武的《日知录》、《天下郡国利病书》，顾祖禹的《读史方舆纪要》，顾栋高的《春秋大事表》，王鸣盛的《十七史商榷》，赵翼的《廿二史札记》，钱大昕的《廿二史考异》，沈钦韩的两汉书《疏证》，洪钧的《元史译文证补》，屠寄的《蒙兀儿史记》等。

民国以来，凭借深厚的历史积淀和中西文化的交流、激荡，吴地又涌现出吕思勉、顾颉刚、钱穆等大师级史学大家，在新的历史条件下为中国史学的发展做出了新的贡献。

一、六 朝 时 期

（一）范晔《后汉书》编纂前后吴地学者有关后汉史的著述

孙吴至南朝萧梁间，由于私家修史之风甚盛，吴地学者有关后汉史的著述颇丰，主要有：

《后汉书》一百三十卷。纪传体。三国吴谢承撰。久佚，有清人辑本。

《后汉记》一百卷。纪传体。三国吴薛莹撰。久佚，有清人辑本。

《后汉书》一百二十二卷。纪传体。东晋谢沈撰。久佚，有清人辑本。

《后汉书》一百卷。纪传体。东晋袁山松撰。久佚，有清人辑本。

《后汉纪》三十卷。编年体。东晋袁宏撰。书今存。

《后汉书》五十八卷。南朝宋刘义庆撰。已佚。

《后汉书》一百卷。南朝梁萧子显撰。已佚。

上举诸书，除袁宏《后汉纪》尚存外，余皆佚。清姚之骃《后汉书补逸》辑有散佚后汉书八种、二十一卷，上举吴地学者谢承、薛莹、谢沈、袁山松四氏书被辑入，共七卷。

（二）范晔《后汉书》

范晔（398～445），字蔚宗，小字博。东晋南朝宋间顺阳（今河南淅川南）人。博涉经史，善为文，晓音律。历任彭城王义康冠军参军、尚书外兵郎、荆州别驾从事。宋文帝元嘉九年（432）左迁宣城太守，不得志，乃删众家《后汉书》为一家之作。后迁左卫将军、太子詹事，参预机要。元嘉二十二年（445），因被告发与孔熙先、谢综等谋立大将军彭城王刘义康为帝，以谋反罪被杀。尚著有《汉书缵》、《百官阶次》等。

前此，记述后汉历史的史书已有多种，如东汉官修《东观汉记》、三国吴谢承《后汉书》、薛莹《后汉记》、西晋司马彪《续汉书》、张璠《后汉纪》、华峤《汉后书》、东晋谢沈《后汉书》、袁山松《后汉书》、袁宏《后汉纪》等，但范晔认为均不能令人满意，乃以《东观汉记》为主要依据，并参酌华峤《汉后书》等众家之长，删繁补缺，自订体例，撰为《后汉书》。是书原计划为十纪、十志、八十列传，惜十志未成而被杀。南朝梁刘昭作注时，以范书无志，乃取司马彪《续汉书》之志八篇三十卷以补之。北宋真宗乾兴元年（1022）始合刊为一书，即今本《后汉书》一百二十卷。

范氏对此书甚自负，对所著序、论、赞，谓为"吾文之杰思"，"天下之奇作"，"殆无一字空设"（《狱中与诸甥侄书》）。学界亦评价甚高，唐时更以此书与《史记》、《汉书》并称"三史"，其他各家后汉史书遂渐湮没。

（三）韦昭《吴书》

韦昭（约204～273），字弘嗣，《三国志》避晋司马昭讳改韦曜。三国吴吴郡云阳（今江苏丹阳）人。孙权主吴时，历任西安令、尚书郎、太子中庶子、黄门侍郎。孙亮时，为太史令，撰《吴书》。孙休时，为中书郎、博士祭酒，依刘向故事校定众书。孙皓时，封高陵亭侯，为中书仆射、侍中，领左国史。孙皓欲为父和作本纪，昭以和未登帝位，宜入列传，因获罪。凤凰二年（273），被收下狱，竟被杀。

吴大帝孙权末年，即曾令太史令丁孚、郎中项峻撰《吴书》；少帝孙亮时，命韦昭、华覈、薛莹、周昭、梁广等访求往事，撰述国史；景帝孙休时，周昭、梁广已去世，韦昭、薛莹徙黜，修史一度中辍；孙皓时，韦昭受命再撰《吴书》，不久被杀，致《吴书》未能完成。已成《吴书》五十五卷，后佚。今有清王仁俊辑《吴书抄》一卷，见《玉函山房辑佚书补编》。

《吴书》外，韦昭尚著有《国语注》（一称《国语解》），为汉魏时期注释《国语》至今犹存的唯一著作，价值甚高。另有《洞纪》、《官职训》、《辩释名》等。

（四）裴松之《三国志注》

裴松之（372～451），字世期。南朝宋河东闻喜（今属山西）人。流寓江南。东晋时历仕殿中将军、吴兴故鄣令、尚书祠部郎、零陵内史、国子博士等，并曾随太尉刘裕北伐。入宋，任中书侍郎、司冀二州大中正，封西乡侯。后又历任永嘉太守、南琅邪太守等。八十岁时，奉命继何承天撰写本朝历史，旋病死。

宋文帝刘义隆当国后，以陈寿《三国志》记事过简，命裴为之作补注。裴乃广搜资料，精心撰作，引用之书多达二百十家，终于元嘉六年（429）写成《三国志注》。裴《注》为重要补史之作，字数几为《三国志》的三倍，除少数有关文字上的解释外，绝大部分为补充缺漏、备载异说、辨明是非，并对所引史家和史著给予评论。裴注的主要价值有二：一是提供大量史料，使史事愈益详明，补

《三国志》之不足。如曹魏许下屯田、曹操"唯才是举"、诸葛亮南征、发明家马钧的事迹等，都是通过裴注的增补才为后人所知。二是裴注所引诸书百分之九十以上后皆亡佚，许多史籍均赖裴注存其一、二。

裴松之学识广博，《三国志注》外，尚著有《晋纪》、《宋元嘉起居注》、《裴氏家传》、《集注丧服经传》等。

（五）东晋南朝学者所撰晋代史书

今有关晋代的史书，唯列入二十四史的唐房玄龄等所撰《晋书》得存。前此，东晋、南朝学者尚撰有有关晋代的史书多种，计有：

《晋书》：东晋王隐撰。原九十三卷，隋唐时存八十余卷。记西晋史事。纪传体，有纪、传、记（即志）。后佚，有清汤球、王仁俊及近人陶栋辑本。

《晋书》：东晋虞预撰。四十四卷。记西晋至东晋明帝间事。久佚，有清汤球、黄奭辑本。

《晋书》：东晋朱凤撰。十四卷。记西晋至东晋元帝间事。纪传体。久佚，有清汤球、黄奭辑本。

《晋书》：东晋谢沈撰。三十卷。记晋代史事。久佚。

《晋书》：南朝宋谢灵运撰。三十六卷。记晋代史事。纪传体。为未完稿。久佚，有清汤球、黄奭辑本。

《晋书》：南朝齐臧荣绪撰。一百一十卷。记两晋史事。纪传体，有纪、录、志、传。已佚，有清汤球、黄奭及近人陶栋辑本。唐房玄龄等撰《晋书》时，即以臧书为蓝本，再参酌群书，兼综互订而成。

《晋书》：南朝梁萧子云撰。一百一十卷（一作一百零二卷）。记两晋史事。纪传体。久佚，有清汤球、黄奭辑本。

《晋书》：南朝梁沈约撰。一百一十一卷。记两晋史事。纪传体。久佚，有清汤球、黄奭辑本。

《晋纪》：三国吴西晋间吴郡吴县（今江苏苏州）人陆机撰。四卷。记晋宣帝（司马懿）、景帝（司马师）、文帝（司马昭）在曹魏当权时事迹。久佚，有清汤球辑本。

《晋纪》：东晋干宝撰。二十三卷。记述自司马懿在曹魏当权至西晋愍帝共五十三年的历史。编年体。史称"其书简略，直而能婉"，为当时佳作。作为名文，其《晋武帝革命论》和《总论》两篇，曾收入《文选》卷四十九《史论》中。久佚，有清汤球、黄奭及近人陶栋辑本。

《晋纪》：一称《晋元明纪》。东晋邓粲撰。十一卷。记东晋元帝、明帝时事。久佚，有清汤球、黄奭辑本。

《晋纪》：东晋徐广撰。四十五卷。记东晋事。已佚，有清黄奭辑本。

《晋纪》：南朝宋刘谦之撰。二十三卷。已佚。有清汤球、黄奭辑本。

《晋史草》：南朝梁萧子显撰。三十卷。记两晋史事。久佚，有清汤球、黄奭辑本。

《晋阳秋》：东晋孙盛撰。三十二卷（一作二十二卷、二十卷）。原名《晋春秋》，因晋简文帝母郑太后名春，避讳改。编年体。已佚，有清汤球、黄奭、王仁俊辑本。

《晋中兴书》：南朝宋何法盛撰。七十八卷（一作八十卷）。纪传体。记东晋史事。被刘知几誉为东晋史书中之最佳者。已佚，有清汤球、黄奭及近人陶栋辑本。

《晋安帝纪》：一作《晋安帝阳秋》，或《晋纪》。南朝宋王韶之撰。十卷。记东晋安帝事，止于义熙九年（413）。编年体。已佚，有清黄奭辑本。

（六）汉晋春秋

书名。东晋习凿齿撰。五十四卷。记东汉光武帝至西晋愍帝二百八十一年间史事。编年体。记三国事,奉蜀汉为正统,魏为篡逆,以司马昭平蜀为汉亡晋兴,以晋承汉,故以名书。而习氏之所以这样做,并不是单纯的学术观点问题,而是为了裁抑权臣桓温对帝位的觊觎。他的这种封建正统观对后世影响颇大,如南宋朱熹作《通鉴纲目》时亦一反司马光《资治通鉴》之尊魏,而采习氏说以蜀汉为正统。书久佚,有清汤球、王仁俊辑本。

(七) 华阳国志

书名。撰者常璩,本成汉蜀郡江原(今四川崇州)人。东晋伐蜀,力劝成汉国主李势降晋,并随李势至建康。后撰《华阳国志》十二卷,又附录一卷。记述晋代梁、益、宁三州(今四川、陕西汉中及云南、贵州等地区)的历史,上起远古,止于东晋穆帝永和三年(347)。因该地区为《禹贡》所记梁州之地,且有"华阳黑水惟梁州"语,故以"华阳"名书。

是书内容丰富,举凡西南地区的地理、政区沿革、历史演变、风土人情等多有详细记载,对正史所记有重要补充作用。书今存,但在传抄刊刻中有讹误颇多。清顾观光有《华阳国志校勘记》,可资参考。当代学者任乃强《华阳国志校补图注》,博采众说,间以己意,洋洋百四十万言,为目前此书最佳校注本。

此外,常氏还撰有《汉书》(入晋后改称《蜀李书》,又称《汉之书》)十卷,记成汉国历史,唐以后佚,今有清汤球辑本一卷。

(八) 沈约与《宋书》

《宋书》,南朝宋、齐、梁间人沈约(441~513)撰。一百卷。纪传体。记南朝宋一代史事,起自东晋安帝义熙元年(405)刘裕当权之时,止于宋顺帝升明三年(479)宋亡。有《本纪》十卷、《志》三十卷、《列传》六十卷。是书以资料丰富著称,记事外,多收载时人奏议、书札、文章;《州郡志》详记南方地区自三国以来的地理沿革，及东晋以来侨置州郡的分布情况和各州郡的户口数；《律历志》收杨伟《景初历》、何承天《元嘉历》及祖冲之《大明历》原文，资料价值甚高。唯作者历任宋、齐、梁三朝，明哲保身，对改朝换代的政治现象多有曲饰不实之处，又无《食货》、《艺文》二志，是其不足。

前此，南朝宋徐爰（394～495）曾奉命撰《宋书》，起东晋安帝义熙元年，止宋孝武帝大明年间（457～464），已成六十五卷。沈约于齐武帝永明五年（487）奉命撰《宋书》时，即主要根据徐爰《宋书》删订、补充而成。另，南朝齐孙严亦撰有《宋书》六十五卷，纪传体，记南朝宋史事，已佚。

沈约出身官宦之家，博学多才，是"永明体"诗歌的主要代表人物之一。著有《四声谱》一书，首创汉语"四声"说。于史，除《宋书》外，尚著有《晋书》一百一十一卷、《齐纪》二十卷、《高祖（梁武帝）纪》十四卷等。唯《宋书》得传，且被列入二十四史。

（九）南齐书

书名。南朝梁南兰陵（今江苏武进西北）人萧子显（489～537）撰。原名《齐书》，北宋时始冠以"南"字，以有别于唐李百药所撰《北齐书》。记南朝齐一代二十三年的历史。纪传体。本六十卷，唐玄宗开元中亡《序录》一卷，今存五十九卷，有《纪》八卷、《志》十一卷、《传》四十卷。

前此，关于南齐史的著述有江淹《齐史十志》、吴均《齐春秋》等，萧子显《南齐书》即综合各家所载，增删修订成书。是书亦具有较高史料价值。不足之处亦是曲笔颇多，且作者笃信佛教，书中间涉因果报应之说。

作者萧子显，齐高帝萧道成之孙，豫章王萧嶷之子。齐亡后入梁，以文才和撰史知名。《南齐书》外，尚撰有《后汉书》一百卷、

《晋史草》三十卷、《普通北伐记》五卷、《贵俭传》三十卷，以及《文集》二十卷等，后皆散佚不存。

（十）梁武帝《通史》

南朝梁吴均等撰，因梁武帝亲自作序、赞，故旧题梁武帝撰。六百卷（此据《梁书·武帝本纪》，《隋书·经籍志》作四百八十卷）。上起三皇，迄于南齐。纪传体，无表。秦以前事，以《史记》为本，兼采他书；两汉以下，全录旧有纪、传。三国以魏为正统，列蜀、吴为世家；东晋十六国及南北朝，奉东晋、南朝为正统，列十六国、北朝于《夷狄传》。刘知几谓《通史》及同类后出书"芜累尤深，遂使学者宁习本书，而怠窥新录"，"可谓劳而无功"。（《史通》卷一《六家》）由于拼凑而成，缺乏特色，故不久便被人们遗忘，散佚了。

（十一）裴骃《史记集解》

裴骃，字龙驹。《三国志注》撰者裴松之之子。南朝宋时，曾官南中郎外兵参军。以当世学者对《史记》的解释多有分歧，乃以东晋徐广的《史记音义》为本，兼采经传、诸史及孔安国、郑玄、服虔、贾逵等人之说，加以补充增益，成《史记集解》。原书八十卷，单行，至北宋始与唐司马贞《史记索隐》、张守节《史记正义》散列于《史记》正文之下，合为一编。所注，详于先秦而略于汉，且引前人旧著皆予以标明，甚便学者。

（十二）高僧传

书名，一名《梁高僧传》。南朝梁武帝时名僧慧皎（一作惠皎）撰。类传体史书。十四卷。全书分十门，即译经、义解、神异、习禅、明律、亡身、诵经、兴福、经师、唱异，按门类录载自东汉明帝永平十年（67）下至梁武帝天监十八年（519）间僧人二百五十七人，附见二百七十四人。因时地所限，特详于江南名僧。对研究我国早期佛教史、中西交通史，特别是中印文化交流，有重要史料价值。

本书是我国现存佛教传记中最早的一部，开创了撰著僧人传记的体例。在其影响下，后又有唐释道宣《续高僧传》、宋释赞宁《宋高僧传》、明释如惺《大明高僧传》等的出现。

（十三）六朝起居注和实录体史书

六朝时期，兴起于西汉专记帝王言行的"起居注"（三代时，虽已有史官记录君王言行，但尚无"起居注"之名）甚盛行。据《隋书·经籍志》著录，仅东晋编撰的起居注就有十余部之多。南朝益盛，如刘宋有永初等起居注十一部，萧齐有建元等起居注六部，梁有大同起居注一部，陈有永定等起居注六部。即绝大多数帝王皆按年号建有起居注。

与起居注相比，专记某一皇帝统治时期大事的实录体编年史书的出现则要晚得多。一般认为它产生于南朝梁时。《隋书·经籍志》所著录的周兴嗣《梁皇帝实录》三卷（记梁武帝事）、谢吴（一作谢昊）《梁皇帝实录》五卷（记梁元帝事），为我国已知最早的实录。唐以后，每一皇帝死后，继嗣之君必敕史臣撰修实录，五代、宋、辽、金、元、明、清因之，遂沿为定制。

（十四）六朝谱谍和传记

由于门阀制度的盛行，六朝时期"谱谍"、"家传"和人物传记的撰述亦十分兴盛。这时，不但出现了大量家谱、族谱，一批谱学家亦随之应运而生。如梁王僧孺所撰《百家谱》和《十八州谱》，即为世人推重。谱谍学的发展，又推动了人物传记的撰述。据《隋书·经籍志》著录，魏晋南北朝时期的人物传记共二百余部，约半数为六朝人所著。其中有专记某一地域名人的，如三国吴陆凯的

《吴先贤传》、南朝宋刘义庆的《徐州先贤传》等；有专记同类人物的，如梁惠皎的《高僧传》；有专记某一家族人物的所谓家记、家传，如南朝宋裴松之的《裴氏家传》等。这些传记，有的至今犹存，有的为各种史籍征引，对后人认识当时社会诸多方面的情况有一定参考价值。

（十五）六朝地理、方志

六朝在地理、方志方面的著述，无论在数量上，还是种类上，都是相当可观的。如有记全国历史地理的南朝陈顾野王《舆地志》三十卷；记地方历史地理的南朝齐刘澄之《永初山川古今记》二十卷、《司州山川古今记》三卷；专记山川的南朝宋谢灵运《游名山志》一卷；专记风俗的东晋周处《风土记》三卷；专记物产的三国吴人万震《南州异物志》一卷；有属地理总集性质的南朝齐陆澄合《山海经》以来一百六十家为一书的《地理书》一百四十九卷（另有《录》一卷）和南朝梁任昉在陆澄《地理书》基础上增益而成的《地记》二百五十二卷；还有综合性地方志著作，如东晋常璩的《华阳国志》等。

二、隋唐宋元明时期

（一）姚察、姚思廉父子与《梁书》《陈书》

姚察（533～606），字伯审。南朝吴兴武康（今浙江德清西）人。历仕梁、陈、隋三朝。梁末，任原乡令、著作佐郎。在陈，历任散骑侍郎、中书侍郎、秘书监领著作郎、吏部尚书等。入隋，为秘书丞，着手撰梁、陈二史。未竟，临终前嘱其子姚思廉续其事。姚察博通典籍，精于史学，除未竟之梁、陈二史外，尚著有《汉书训纂》、《说林》、《西聘道里记》、《玉玺记》、《建康三钟记》等。

姚思廉（557～637），名简，以字行。本吴兴人，陈亡后，随父姚察迁往雍州万年（今陕西西安），遂为万年人。早年从父察读《汉书》，承家学。南朝陈时，任会稽王主簿。入隋，任汉王府参军，迁代王侑侍读。入唐，为秦王府文学馆学士、太子洗马。贞观初，迁著作郎、弘文馆学士。三年（629），奉诏续修梁、陈二史，魏征兼领。乃据家藏其父旧稿，兼采谢吴（一作谢昊，撰有《梁书》）、傅縡、顾野王（傅、顾皆著有《陈书》三卷）诸家书，终于贞观十年（636）撰成《梁书》、《陈书》。

《梁书》五十六卷，有《本纪》六卷、《列传》五十卷。多存梁国史旧闻，叙事亦详备。于史学家裴子野（裴松之曾孙，曾据沈约《宋书》改撰为编年体史书《宋略》）、萧子显、吴均生平事迹记述尤详审。《儒林传》保存有范缜《神灭论》、《无因果论》，十分珍贵。《诸夷传》记有南海诸国历史、风俗、物产及与我国的经济文化往来，有较高史料价值。行文简练，为后世所赞誉。

《陈书》三十六卷，有《本纪》六卷，《列传》三十卷。其中，《本纪》与《皇后传》论赞为魏征所撰，论述与姚氏父子不尽相合。本书多述皇族事迹，反映当时经济、文化状况者殊嫌薄弱。但文字简练，一洗六朝芜冗之习。

《梁书》、《陈书》皆传于世，且列入二十四史。

（二）陆广微与《吴地记》

《吴地记》一卷，旧题唐陆广微撰。关于《吴地记》的作者及其成书年代，至今聚讼未决。《四库全书总目提要》据书中称"周敬王六年丁亥至今唐乾符三年庚申凡一千八百九十五年"推断，陆广微当为唐僖宗时人；然书中"虎疁"条又"讳钱氏"，既讳且斥之曰"钱氏"，显为宋人之辞，则此书不出广微，更无疑义。亦有学者以唐初甚至南北朝时已有人引用此书，认定此书成于唐以前。情况很可能是，《吴地记》早在晚唐陆广微之前已成书，后散佚，陆广微曾予重辑、增缀,故北宋朱长文《吴郡图经续记》、南宋陈振孙《直斋书录解题》皆以《吴地记》为唐陆广微撰,并不是没有根据的。到了宋代,《吴地记》复经人采缀,于是才又有《四库全书总目提要》的"显为宋人之辞"的判断。陈振孙《直斋书录题解》又谓:"《吴地记》一卷,唐陆广微撰,郡人也。"明指陆乃吴郡人,应该也是有所本的。

是书记唐苏州所领七县沿革掌故,兼及赋税、户数、城池、山水、坊巷、桥梁、寺观、风物土产、名人墓葬等,尤详于吴县、长洲二县。所附《后集》一卷,不署撰者姓名,续陆记并有所增补。从书中所涉建置年号止于北宋真宗大中祥符,又有"大元元贞元年"字样看,当为北宋人所作,后又经元人增补。

《吴地记》为现存吴中方志著作中之最早者,虽经多次重辑,体制亦欠完备,但仍为后人保存了不少真实史料,为后出吴中方志所广泛引用。

(三) 王存《元丰九域志》

王存(1023～1101),字正仲。北宋润州丹阳(今属江苏)人。仁宗庆历六年(1046)进士,调嘉兴主簿,擢上虞令。治平中,入为国子监直讲,迁秘书省著作佐郎,历馆阁校勘、集贤校理、史馆检讨、知太常礼院。神宗熙宁八年(1075),重修《九域志》,命存终其事。元封元年(1078),迁国史编修官,修起居注。次年以右正言、知制诰、同修国史兼判太常寺。三年(1080),《九域志》写成,以成书于元丰年间,故名《元丰九域志》(成书后又陆续修订,直至元祐元年(1086)始正式颁行,故又名《元祐九域志》)。后又历龙图阁直学士、知开封府、枢密直学士、兵部尚书、户部尚书、尚书右丞、尚书左丞、知扬州、吏部尚书、知大名府、知杭州、右正议大夫等。徽宗建中靖国元年(1101)卒,年七十九。

《元丰九域志》,凡十卷,以北宋元丰间四京、二十三路为准,分路记载府、州、军、监、县之户口、乡镇、山泽、道里等项。对各地区的辖境范围，尤其是四至八到、远近道里之数等缕析甚详。土贡一门，备载贡物之数额，户口一项兼载主客户数，往往为诸史所不及。对研究宋代地志和社会经济史有重要参考价值。

哲宗绍圣四年（1097），黄裳又在《元丰九域志》的基础上补缺、增辑，名《新定九域志》。

（四）朱长文与《吴郡图经续记》

朱长文，字伯原。北宋苏州吴县（今属江苏）人。年未冠举进士乙科，以病足不仕，筑室乐圃坊，读书著述。哲宗元祐中召为太学博士，迁秘书省正字。元符初卒。博学，于六经皆有辨说，著有《易经解》、《吴郡图经续记》、《墨池编》、《琴史》、《乐圃余稿》等。

《吴郡图经续记》，三卷。书成于神宗元丰七年（1084）。因真宗大中祥符年间曾修《图经》，故名《续记》。记述范围以吴县、长洲二县为主，间涉昆山、常熟。分封域、城邑、户口、坊市、物产、风俗、门名、学校、州宅、南园、仓务、海道、亭馆、牧守、人物、桥梁、祠庙、宫观、寺院、山、水、治水、往迹、园第、冢墓、碑碣、事志、杂录共二十八门。内容赅博，文字简练。为中国现存最早的地方志之一。

（五）单锷与《吴中水利书》

单锷（1031～1110），字季隐。北宋常州宜兴（今属江苏）人。曾从学于胡瑗。嘉祐进士。不就官，独留心于吴中水利。尝独乘小舟，往来于苏、常、湖三州之间，一沟一渎，无不周览其源流，考究其形势。凡历时三十余年，终成《吴中水利书》。元祐六年（1091）苏轼知杭州时，曾为状进其书于朝。是书外，尚著有《诗》、《易》、《春秋》诸经义解，皆佚。

《吴中水利书》，一卷。要旨为欲除太湖地区水患，应行全面治理，先于下游凿通吴江岸，疏浚太湖泄水道，配合筑堤，导水分注江海；次于上源修复荆溪五堰，开通百渎，以分散来水。因所论切中实际，故明永乐中夏原吉、正统间周忱治理太湖时，多从其说。

（六）马令《南唐书》

马令，北宋宜兴（今属江苏）人。其祖元康，世家金陵，多知南唐旧事，未及撰次。令承先志，于北宋徽宗崇宁四年（1105）撰成《南唐书》三十卷。纪传体。记五代南唐史事。有先主李昪、嗣主李璟、后主李煜《书》五卷，《传》二十四卷，《建国谱》、《世系谱》合为一卷。

及南宋陆游，又以马令《南唐书》未尽善，乃重加编撰，于孝宗淳熙十一年（1184）成纪传体《南唐书》十八卷。计《本纪》三，记李昪、李璟、李煜事；《列传》十五，记宋齐丘等一百十八人事。陆书叙次简洁，颇多史料增补，并删除了马书中细琐、荒诞处，较马书为优。

二书今皆存，有《四部丛刊》本。

（七）范成大与《吴郡志》

范成大（1126~1193），字致能，号石湖居士。南宋平江府吴县（今江苏苏州）人。高宗绍兴二十四年（1154）进士。历官著作佐郎、礼部员外郎兼崇政殿说书、敷文阁待制、参知政事等。出任处州、静江、四川等地方官时，兴水利、恤贫民、除弊政、建良法，颇有政声。孝宗乾道六年（1170），奉使金国，处置应对得当，深得孝宗器重信任。晚居苏州石湖，赋诗著述以终。

范成大是中国古代著名的田园诗人。其诗在当时与陆游、杨万里、尤袤齐名，合称"南宋四大家"。成大兴趣广泛，所涉颇广，著有《石湖集》、《揽辔录》、《桂海虞衡志》、《吴船录》、《吴郡志》等达数十种之多。

《吴郡志》，一作《吴门志》，五十卷。光宗绍熙三年（1192）或四年成书。校官汪泰亨等于理宗绍定二年（1229）增订，后又续有增补。吴郡时称平江府，治所吴县（今苏州）。全书分沿革、分野、户口租税、土贡、风俗、城郭、学校、仓库、坊市、古迹、封爵、牧守、祠庙、园亭、桥梁、水利、人物、方伎、异闻、考证、杂志等三十九门。记载于府城尤详。水利一门保存不少有关太湖流域的重要资料。人物、古迹所占篇幅亦多。征引浩博，叙述古朴简雅，故被称为"地志中之善本"，对研究南宋苏州一带的经济、文化史有一定参考价值。惟汪泰亨等所补，体例殊乖，或为正文，或作夹注，颇嫌淆杂。书今存，版本亦多，近有江苏古籍出版社 1999 年出版的陆振岳校点本，颇便使用。

（八）杨循吉与《辽小史》、《金小史》

杨循吉（1456～1544），字君谦。明吴县（今江苏苏州）人。宪宗成化二十年（1484）进士。授仪部主事。因与郎中不相得，年三十一便谢病归乡，结庐支硎山下，读书著述。年八十九卒。性狷隘，好持人短长。又好以学问穷人，虽至颓赤不顾。好读书，善为乐府、小令。著有《松筹堂集》、《辽小史》、《金小史》等。

《辽小史》一卷，记述契丹自耶律阿保机兴起至辽为金人所灭的史实。书末附耶律大石西迁建西辽政权事，甚简略。是书主要着意于政权的更迭和帝位的争夺，于辽、宋、金、西夏诸政权间的错综关系，多语焉不详。

《金小史》八卷，记女真部兴起，完颜阿骨打建立金国，至哀宗天兴三年（1234）金为元所灭史事。该书于宋、金关系及其交涉过程颇重视，所记女真贵族及其军事民主制较具体，于金主亮荒淫事亦颇多揭露，有一定史料价值。

（九）陈暐与《吴中金石新编》

陈暐，字耀卿。河南人。明孝宗弘治年间（1488～1505），官苏州通判。暐与吴县知县邝璠、举人浦应祥、祝允明等，共同采集郡中石刻，汇录成《吴中金石新编》八卷。按学校、官宇、仓驿、水利、桥梁、祠庙、寺观七类编辑，凡一百余篇，皆具载全文。该书以往昔碑刻多已著录，故主要搜集前人没有发现、他书未曾著录者，特别是明初碑刻入书。入选范围虽不免狭隘，但所选多有关郡中利弊者，颂德碑文和阿谀墓志，并削不登，取舍颇为谨严。如所录之济农、永农仓诸记，备陈积贮之经；许浦、湖川塘诸记，具列疏浚之要，皆事关郡人生计者。不少碑刻，其他书籍均未载，独赖此书才得以流传下来。

书今存，有《四库全书》本。

（十）薛应旂与《宋元资治通鉴》

薛应旂（1500～1575），字仲常，号方山。明武进（今属江苏）人。嘉靖进士。由慈溪知县累迁南京考功郎中，主京察。忤严嵩，谪建昌通判，历浙江提学副使，以大计罢归。精通科举制义，与王鏊、唐顺之、瞿景淳齐名。著有《宋元资治通鉴》、《考亭渊源录》、《甲子会纪》、《四书人物考》、《宪章录》、《方山文录》等。

所著《宋元资治通鉴》一百五十七卷，仿《资治通鉴》体例，以商辂等所编《通鉴纲目续编》为蓝本，而稍摭他书附益之。记宋太祖建隆元年（960）至元顺帝间四百余年史事。内容简略，对王偁、李焘、杨仲良、徐梦莘、刘时举、彭百川、李心传、叶绍翁、陈均、徐自明诸家史书多未采录，辽、金二史削而不书，宋、元二史之表、志亦未参考。所记典章制度，语多暗略，本纪、列传缺乏条贯。凡一人两传、一事互见者，异同详略，无所考证，往往文繁而事复。所记元朝事，尤多疏漏。惟所载道学宗派，颇能采据诸家文集，多出于正史之外。

（十一）王世贞的史学成就

王世贞（1526～1590），字元美，自号凤洲，又号弇州山人。明苏州太仓（今属江苏）人。右都御史王忬之子。少有才名，十九岁中进士。历官刑部主事、员外郎、郎中、青州兵备副使、大名副使、浙江右参政、山西按察使、广西右布政使、太仆卿、应天府尹、南京兵部右侍郎、南京刑部尚书等。因忤严嵩，亦与张居正不和，官场几经沉浮罢起。

世贞长于文章，以辞赋自雄，尤好史学。为文倡复古模拟，与李攀龙同为"后七子"首领。李攀龙死后，更独主文坛达二十年之久，一时士大夫及山人、词客、衲子、羽流，莫不奔走门下。对戏曲亦颇有研究，所撰《艺苑卮言》，论述南北曲产生原因及其优劣，时有创见。在当时影响甚大、以揭露严嵩父子罪行为主题的传奇《鸣凤记》，相传为其所作（一说出于其门客之手）。

由于王文名太盛，其史学成就往往被人忽略。实际上，王又是一位著名史学家。约成书于万历十八年（1590）的《弇山堂别集》一百卷，记述明代典故，分为《皇明盛事述》五卷，《皇明异典述》十卷，《皇明奇事述》四卷，《史乘考误》十一卷，《表》三十四卷（分六十七目，自诸王功臣至内阁、六部、都察院及百官等），《考》三十六卷（分十六目，包括谥法、赏赉、科试、诏令、兵制、中官等）。其中，以《史乘考误》、《诸王功臣百官表》及《中官考》等，较为精深。永乐时，因修太祖实录而湮没的太祖、建文两朝秘事，多赖此书得以保存下来。实录编者每不敢直书宫廷实情，此书则实记宦官等的政治活动，可补实录记载之不足。卷二十至三十之《史乘考误》十一卷，前八卷考国史、野史之误，后三卷考家乘之误。考辨精辟，为王氏考史之力作。史著除《弇山堂别集》外，尚有其门人董复表辑集的《弇州史料》一百卷，及《嘉靖以来首辅传》八卷、《明野史汇》一百卷、《皇明名臣琬琰录》等。《弇州史料》原为史稿，部分已刊于《弇山堂别集》或单行。后门人董复表复加汇辑，分前后二集。前集为表、志、考、世家、史传，共三十卷。后集七十卷为与史学有关的杂著。

上举史著外，王氏尚著有《弇山堂四部稿》、《画苑》、《书苑》、《觚不觚录》等。

（十二）张昶《吴中人物志》

张昶，字景春。明长洲（今江苏苏州）人。生平事迹不详。撰有《吴中人物志》十三卷。是书专辑吴中人物，上至周朝，下迄明代，分孝友、忠义、吏治、荐举、宦绩、儒林、文苑、闺秀、逸民、流寓、列仙、方外、艺术十三门。事迹陈述外，系以论赞。书成于穆宗隆庆四年（1570），同郡皇甫汸为之序。有关吴中人物的事迹遗闻，前此已有王宾、杨循吉、祝允明、朱存理等做过撰述。张书即在此基础上加以增广，内容较诸家略觉丰富、完备，惟引述材料不注明出处，颇难征信、覆案。

三、清　代

（一）顾炎武《日知录》与《天下郡国利病书》

顾炎武（传略及整体学术成就见前《经学》章顾炎武相关条目）的史学著述颇多，且多贴近现实，有所为、所感而作。其中，以《日知录》和《天下郡国利病书》二书最为学者称道。

《日知录》，三十卷。为读书笔记。顾三十岁后，读书有得，辄随手记之，历三十余年，乃整理成编。是编多属考据文字，不分门类，大体按经义、政事、财赋、世风、礼制、科举、史地、兵事、艺文等以类相从，条列子目，举凡政治、军事、经济、哲学、宗教、历史、法律、经学、文学、艺术、语言、文字、典制、天文、地理等，无不涉及。每论一事，必疏通其源流，考正其谬误，以裨益于学术、世道。是书对历史上诸多史事、人物、典制、史书、史家乃至各种史体，都有所论述、评判，是作者一生考史之结晶。顾氏自

己亦对此书甚为看重，谓"平生之志与业，皆在其中。"（《与友人论门人书》）

《天下郡国利病书》，一百二十卷。顾氏从二十七岁开始，即留心于从二十一史、十七朝实录、天下图经，乃至文编、说部、公移邸抄中，撷取有关民生利病的材料，并参以遍游各地实地考察、访问所得，斟酌损益，凡历时二十余年，直到五十岁时方大致编订成书。书原不分卷，分订为三十四册，后来流行的刻本始分为一百二十卷。该书首为舆地山川总论，次以明两直隶、十三布政使司分区。鉴于上述编纂体例，该书历来被视为地理著作。但是书多涉赋役、屯垦、水利、漕运、兵防、马政、盐政、少数民族、农民起义、风俗等，已远非一般地理著作所能涵括，实为一部涵盖社会政治、经济、地理诸多内容的综合性著作，其重点则在"郡国利病"上。如赋役等即为该书关注的重要内容，对各省府（州）县的徭役负担及前后变革等，都有所反映；对全国屯田设置，土地分配，管理和征取制度，及其瓦解等，也都有比较具体的记载。是后人研究明代地理乃至整个明代社会经济、政治状况的重要参考资料。由于本书是未完成之作，撰写时又未先定义例，故内容庞杂，编次既不统一，辑录论点也多异同并列，重复矛盾处颇多。

流行的百二十卷分卷本外，尚有商务印书馆《四部丛刊三编》中的不分卷原稿影印本。原稿（原三十四册，后佚第十四册）藏江苏昆山市图书馆。

（二）计六奇与《明季北略》《明季南略》

计六奇（1622～?），字用宾，号天节子，别号九峰居士。明清之际常州无锡（今属江苏）人。明诸生。入清后，两应乡试不第，从此放弃仕途，教书糊口，专心著述。著有《明季北略》、《明季南略》、《南京纪略》、《粤滇纪闻》、《金坛狱案》等。

《明季北略》，二十四卷。记述了上起明神宗万历二十三年

（1595）努尔哈赤初起，下迄崇祯十七年（1644）清兵入关占领北京五十年间北方史事大略，故名。是书以编年为纲，杂以纪传、本末诸体，记事有序，采取颇广。特别是对李自成大顺农民军进入北京之事，按日记载，较他书为详。《明季南略》，旧抄足本原作十六卷，通行本改作十八卷。记述了上起明崇祯十七年（1644）弘光帝即位南京，下迄清康熙四年（1665）洪承畴病死福建二十余年间南明弘光、鲁监国、隆武、绍武、永历诸朝史事大略，故名。亦以编年为纲，杂以纪传、本末诸体，属杂记性质。

二书始作于清康熙五年（1666），缀草四载，誊次二年，至十年（1671）始告竣。由于作者亲历明清之际的兴亡鼎革，所记或据目睹，或据传闻，记述比较具体、详细、切近，有一定参考价值，然囿于见闻，所记又每有与史实不符处，使用时须与他书参校。

由于清初文禁森严，二书皆未能付梓。至嘉庆、道光间，始有北京琉璃厂半松居士木活字本刊行问世，然多删改。旧抄足本一藏杭州大学图书馆，一为江苏常熟曹大铁收藏。现常见者有1936年商务印书馆铅印之《国学基本丛书》本，1984年中华书局魏得良、任道斌点校本。

（三）顾祖禹与《读史方舆纪要》

顾祖禹（1631～1692），字瑞五，号景范，学者称宛溪先生。明末清初无锡（今属江苏）人。父柔谦，赘于常熟谭氏，故或自署常熟顾祖禹。顺治元年（1644），清军入关，随父徙居常熟，躬耕于虞山之野。家贫，弱冠为塾师。从清顺治十六年（1659，时29岁）起，于教学之余，开始撰写《读史方舆纪要》。康熙十三年（1674），三藩兵起，弃家南游入耿清忠幕，欲图反清复明之业。失败后北归，馆昆山徐氏，得遍览传是楼藏书，复理旧业。康熙二十六年（1687），徐乾学奉诏修《大清一统志》，顾受聘与阎若璩等同在京师志局。后徐氏南下开局洞庭东山，仍与共事。在局时曾谢绝徐乾学荐举，书成又不肯列名，乃至以死相抗。

毕生精力贯注于《读史方舆纪要》的撰写，前后历时三十余年始成书。全书共一百三十卷，附《舆图要览》四卷，二百八十余万言。书首为所附《舆图要览》四卷。正文前九卷为历代州域形势，按历史顺序记述从唐虞三代至明各朝的政治区划及沿革；中一百十四卷为两直隶、十三布政使司，分述各地情况，是全书的主要部分；后七卷为山川原委异同（六卷）及天文分野（一卷）。每卷卷首，冠以总叙一篇，论述其历史地位。每府亦仿比例，论析更为详密。县下则记辖境主要山川、关隘、桥、驿及城镇等。各卷叙述，均采朱子纲目之法，有大纲，有分注。编写体例别具一格，历代州域，以朝代为经，地理为纬，经纬互持，纵横并立，构成一部眉目清晰、体例新颖的舆地著作。顾氏为撰此书，不仅博览了正史及职方广舆诸书，尤重实地考察，所谓"舟车所经，亦必览城郭，按山川，稽道里，问关津，以及商贩之子，征戍之夫，或与从容谈论，考核异同。"（《读史方舆纪要·总叙》）足见其著述态度之严谨及用力之勤。

是书不同于一般沿革地理著述，地理沿革外，于交通变迁、城市兴废、漕运增减，以及经济中心的转移等，均有论列，而尤详于山川险易，及古今战守成败之迹，而景物名胜，皆在所略，带有突出的军事地理著作色彩（说详后《兵学》节《顾祖禹〈读史方舆纪要〉中的军事思想》条）。其友魏禧读之叹曰："此数千百年所绝无而仅有之书也！"（《读史方舆纪要·魏叙》）语虽过誉，亦足见此书在当时学者心目中地位之高。不过，由于条件所限，作者不可能亲赴各地作实地考察，主要还是依据书本知识，错误之处也就在所难免了。

（四）徐乾学与昆山三徐的史学成就

康熙间，昆山徐乾学、徐秉义、徐元文三兄弟，并跻通显，博于学，时谓"昆山三徐"。

徐乾学（1631～1694），字原一，号健庵，学者称玉峰先生。清江南昆山（今属江苏）人。康熙九年（1670）进士。历官编修、日讲起居注官、侍讲学士、詹事、内阁学士、教习庶吉士、礼部侍郎、左都御史、刑部尚书等。乾学早年工古文诗赋，后博涉经史百家，又得其舅父顾炎武熏陶，广交多学之士，学益进。其为学，于义理则宗程、朱，而黜陆、王；于训诂虽宗古注却不废宋元经说。康熙时钦定官书，什九皆乾学监修总裁，发凡起例，以总其成。如《修明史条例》、《古文渊鉴凡例》、《大清一统志凡例》等，皆其手定，条分缕析，辨析精审。晚年引疾归里，尤命以一统志局自随，一时名家若阎若璩、万斯同、顾祖禹、胡渭等，咸集其庐，相与讨论，纂成《资治通鉴后编》一百八十四卷。其他著述方面尚有《读礼通考》一百二十卷、《憺园集》三十卷等。《读礼通考》始撰于康熙十六年（1677），二十九年（1690）续加订正。亦多赖阎若璩、万斯同、胡渭等协助，三易其稿乃成。书虽名《读礼通考》，实仅完成丧礼，原所拟续修之吉、军、宾、嘉四礼，方事排纂而卒。后秦蕙田继其未竟，成《五礼通考》。

晚年，因嘱托苏州府贡监等请建生祠，纵子侄辈交结江苏巡抚洪之杰倚势竞利，招权纳贿等，一再被劾，始则解官，继而夺职。

徐秉义（1633～1711），字彦和，号果亭。乾学弟。康熙进士，官至内阁学士兼礼部侍郎。康熙十八年（1679），其弟元文为《明史》监修总裁官，他亦被召入明史馆。二十一年（1682）通籍后，以兄弟三人并在枢要，议者纷纭，乃乞假归里，杜门谢客，购求古书，时与黄宗羲、万斯同、胡渭、钱秉镫等讨论经史大义。鉴于易代之际死事者多湮没不传，因广搜记载，著为《明末忠烈纪实》二十卷。康熙三十八、九年（1699～1700），出为《明史》总裁。个人尚著有《耘圃培林堂代言集》等。亦因子侄辈在家乡交结官府，招权竞利，颇多物议。

徐元文（1634～1691），字公肃，号立斋。顺治十六年（1659）状元，授修撰。康熙十三年（1674）擢内阁学士，充重修《太宗实录》副总裁。次年，改翰林院掌院学士。十八年（1679）为《明史》监修总裁，疏荐明遗老耆儒，延入史馆。时又纂修《平定三逆方略》、《政治典训》、《一统志》，命并充总裁官。二十九年（1690）诏修三朝国史，亦为总裁官。旋因与满大臣忤，及收受贿赂、纵子侄家人扰害地方等被劾。次年卒，年五十八。著有《含经堂集》若干卷。

（五）黄仪与《水经注图》

黄仪（1636～?），字子鸿（一作子弘）。清江苏常熟人。曾与顾祖禹、阎若璩、胡渭等一起与修徐乾学所主《大清一统志》。黄博通群籍，尤长舆地之学。尝以班固《汉书·地理志》所载诸川，但言其所出所入，而中间经历之地不可得闻，惟《水经注》备著之，然非绘图读者又不能了然于心，乃反复寻玩，为《水经注》作图。每水各为一图，如某水出某县，向某方，流经某县、某方，至某县合某水，某县入某水，无一不具。阎若璩见之，不忍释手，叹曰："郦道元千古以下第一知己也！"（江藩《国朝汉学师承记》卷一）

《水经注图》外，尚订正过《晋书·地理志》，著有《绅兰集》等。

（六）顾栋高与《春秋大事表》

顾栋高（1679～1759），字复初，一字震沧，号左畲。清江苏无锡人。康熙六十年（1721）进士，授内阁中书。雍正元年（1723）时引见，以奏对越次，罢职。归田后，惟日以穷经著述为事。其间，曾应邀与修《河南省志》、《淮阴志》。乾隆十五年（1750），特诏内外大臣荐举经明行修之士，顾氏为大理寺卿邹一桂荐举，授国子监司业，以老病不任职，赐司业衔，后又加衔祭酒。年八十一卒。

顾性倨傲，不合时宜。精心经术，尤嗜《左传》。"遇拂意，家人置《左传》于几上，则怡然诵之，不问他事。"（《清史列传》卷六十八）与秦蕙田、惠栋交最密，秦、惠所著书多有其序。著有《春秋大事表》五十卷，附《舆图》一卷、《附录》一卷。自谓为撰是书，"泛滥者三十年，覃思者十年，执笔为之者又十五年。"（《春秋大事表·总叙》）可谓毕生精力尽瘁于斯。是书将春秋列国之事，分类列表，若时令、朔闰、疆域、爵姓及存灭、都邑、山川、姓氏、世系、刑赏、田赋、军旅、天文、五行、三传异同、阙文、杜注正讹、人物、列女等。对有异议者，皆为之辨论，订旧说之误。所绘舆图，古今地名并举，独树一帜。总起来看，此书虽间失琐细，并不可避免地存在一些疏忽和失误，但其条理详明，数百年间史事厘然在目，且议论精当，多发前人所未发，实为春秋学领域一部集大成之作。梁启超尝誉之曰："复初《春秋大事表》，为治春秋时代史最善之书。"（《中国近三百年学术史》十五《清代学者整理旧学之总成绩》）近有中华书局出版的吴树平、李解民点校本，并附以地名、人名、官名索引，甚便读者。

所著《尚书质疑》二卷，不信梅赜古文，然每有臆断处。学者认为此乃顾氏于《书》用力不多故也。其他著作尚有《毛诗类释》二十一卷、《续编》三卷，《毛诗订诂》八卷、《附录》二卷、《大儒粹语》二十八卷、《司马太师温国文正公年谱》八卷、《王荆国文公年谱》三卷。

（七）王鸣盛与《十七史商榷》、《蛾术编》

王鸣盛（1722~1798），字凤喈，一字礼堂，号西庄，晚号西沚居士。清江苏嘉定（今属上海）人。少从父学，后入苏州紫阳书院读书习经。乾隆十九年（1754）进士，授翰林院编修。历官侍读学士、内阁学士兼礼部侍郎等，后坐滥支驿马，左迁光禄寺卿。二十八年（1763），解官居苏州，闭门读书，不复出仕。

尝从长洲沈德潜受诗。后又从惠栋问经义，遂通汉学，知训诂必以汉儒为宗。曾与修秦蕙田《五礼通考》。所撰《尚书后案》三十卷，专守汉儒家法，主郑氏之学，力斥伪古文《尚书》。致仕后转而治史。曾对宋代前的十七部正史（《史记》至宋代前的正史，宋人习称十七史，因《唐书》、《五代史》各分"新"、"旧"，实际是十九史）进行校勘、考订，即为之改讹文、补脱文、去衍文，又举其中典制事迹，诠解蒙滞，审核踳驳，遂成《十七史商榷》百卷。书成于乾隆五十二年（1787），乃其毕生治史心血之结晶，对后人研究正史有重要参考价值。经、史外，王氏尚长于小学，通《说文》，对金石、目录之学亦颇有研究。晚年，曾将数十年读书治学所得编为《蛾术编》八十二卷。书名取义于《礼记·学记》"蛾子时术之"语。"蛾"同"蚁"，言蚁虽小虫，时时习衔土之事，积渐而至成大垤，借喻为学须经长期积累乃有成就。是书为综合性学术笔记，以论证经义、史地、小学为主，旁及人物、制度、名物、诗文。原分《说录》（论典籍）十四卷，《说字》二十二卷，《说地》十四卷，《说人》十卷，《说物》二卷，《说制》十二卷，《说集》六卷，《说通》二卷，《说刻》十卷，《说系》（叙作者先世旧闻）三卷，凡十类九十五卷。后《说刻》部分已由王昶辑入《金石萃编》，《说系》已入王氏家谱，故为八类、八十二卷。是编内容丰富，知识淹博，嘉、道间学者尝将其与洪迈《容斋随笔》、王应麟《困学纪闻》相比。

上举书外，尚著有《周礼军赋说》四卷，及《练川杂咏》、《耕养斋集》等。

（八）赵翼与《廿二史札记》、《陔余丛考》

赵翼（1727～1814），字云崧，一字耘松，号瓯北。清江苏阳湖（今武进）人。乾隆二十六年（1761）进士。殿试拟为一甲第一状元，第三为陕西人王杰。高宗（乾隆）以"江浙多状元，无足异，陕西则本朝尚未有"为由,将二人卷互易,赵翼遂由"状元"变为"探花",由此名益大噪于朝野。授翰林院编修,预修《通鉴辑览》。后历官广西镇安知府、广州知府、贵州贵西兵备道。后因事被劾降级,遂以亲老乞养归,不复出仕,主讲安定书院,专心著述。

赵工诗善文。其诗,在当时极负盛名,脍炙人口,传留后世的"江山代有才人出,各领风骚数百年","矮人看戏何曾见,都是随人说短长"等名句,即出其手,与袁枚、蒋士铨并称"江左三大家"。尤精于史,与钱大昕、王鸣盛比肩。著有《廿二史札记》三十六卷,附《补遗》一卷。名曰"廿二史",实为"廿四史"。因乾隆初《明史》修成诏刊廿二史时,《旧唐书》《旧五代史》尚未定为正史,而两"旧"史则实已入"札记"研究范围。其考史,不局限于对旧史之发疑读、补缺订讹,而是善于对分散之史料作出比类综合,加以评论。其中,又尤为留心于对历代治乱兴衰之故,古今风会之变的述评。这种贯穿史事,专题归纳,大处着眼,述评结合的考史方法,对后之治史者颇有启发,故其作用与影响决不在钱大昕《廿二史考异》与王鸣盛《十七史商榷》之下。

《陔余丛考》四十三卷,为作者从黔西罢官归田后的读书笔记。赵氏读书有所得辄札记别纸,因其为"循陔"(奉养双亲)时所得,故名。全书编次以类相从,分经义、史学、掌故、艺文、纪年、官制、科举、风俗、名义、丧礼、器物、术数、神佛、称谓、杂考等十余类,共八百九十二篇,涵括之广,不下于《日知录》。其考证,颇能纵贯异说,明辨源流,对文史研究有一定参考价值。

上举书外,尚著有《檐曝杂记》六卷、《皇朝武功纪盛》四卷、《平定台湾述略》一卷、《平定两金川述略》一卷、《粤滇杂记》一卷,及《瓯北诗钞》、《瓯北诗话》等,后大多收入《瓯北全集》中。

(九) 钱大昕与《廿二史考异》、《十驾斋养新录》

《廿二史考异》、《十驾斋养新录》为钱大昕(传略及著述见前

《经学》章《钱大昕的学术成就》条）代表性名著。

《廿二史考异》，一百卷。此书之"廿二史"，指从通常所说的二十四史中除去《明史》、《旧五代史》，与赵翼《廿二史札记》所指略有不同。大昕年轻时即留心于对史部书之研究，每有所得，辄写于别纸，岁月既久，卷帙滋多。乾隆三十二年（1767）起，开始将多年考史所得加以整理编纂，四十七年成书，五十九年开始校刻，至嘉庆元年（1796）全书告成，凡前后历时三十年。此书虽与王鸣盛《十七史商榷》性质相类，但着重于对史书按卷、按篇进行校勘、典制考释和名物训诂等。重点是考订年代、官制、地理沿革和辽金国语、蒙古世系等。有的还列为专题，集中有关资料加以论述，一个专题就是一篇小文章。梁启超尝谓：钱、王、赵三氏书为"清儒通释诸史最著名者"。"三书形式绝相类，内容却不尽从同。钱书最详于校勘文字，解释训诂名物，纠正原书事实讹谬处亦时有。凡所校考，令人涣然冰释，比诸经部书，盖王氏《经义述闻》之流也。王书亦间校释文句，然所重在典章故实。……赵书每史先叙其著述沿革，评其得失，时亦校勘其牴牾，而大半论'古今风会之递变，政事之屡更，有关于治乱兴衰之故者'。……彼不喜专论一人之贤否，一事之是非，惟捉住一时代之特别重要问题，罗列其资料而比论之，古人所谓'属辞比事'也。"（《中国近三百年学术史》十五《清代学者整理旧学之总成绩（三）》）清代学者大抵于三人中最推重钱，王次之，赵为下，实各有所长，难分轩轾。

《十驾斋养新录》，二十卷，又《余录》三卷。为作者读书笔记之汇编。"十驾斋"乃其书斋名。"养新"则沿其祖斋名，以示对先人之怀念。体例仿顾炎武《日知录》，内容偏重于人名、地名、官制、音韵、文字、典籍的考证，亦有对史书、人物的评论。全书不分门目，以类相从，每条冠以标题，以便寻检。

（十）李兆洛的舆地学成就

李兆洛（1769～1841），字申耆，晚号养一老人。清江苏阳湖

（今武进）人。嘉庆十年（1805）进士，授庶吉士。散馆，选凤台知县。七年后以父忧去官，遂不出。曾主讲江阴暨阳书院几二十年。

幼聪慧，好读书。十五岁时，已熟读《资治通鉴》、《文献通考》等书。家富藏书，逾五万卷，皆手加校勘。通经、史，尤嗜舆地之学。又崇尚实学，注重天文等科技知识。知凤台时，曾手纂《凤台县志》十二卷。辑有《皇朝文典》七十四卷、《骈体文钞》三十一卷。成《大清一统舆地全图》、《历代舆地沿革图》，及《历代地理志韵编今释》二十卷、《皇朝舆地韵编》二卷、《纪元编》三卷。自撰书多未就，后经弟子高成钰辑为《养一斋文集》二十卷，佚者尚众。又精天文，曾主持铸造天球铜仪、日月行度铜仪等。

（十一）沈钦韩与《后汉书疏证》、《汉书疏证》

沈钦韩（1775～1831），字文起，号小宛。清江苏吴县（今苏州）人。嘉庆举人，选授安徽宁国县训导。家贫好学，无力购书，假之藏书家，计日以还，辄写其要。尝暑夕苦蚊，置足于瓮，校书至深夜不辍。其学淹通经、史，旁及诸子百家、古今别集，尤长于训诂考证。尝以李贤《后汉书》注杂出众手，粹驳详略不同；梁刘昭《八志》注本，文虽宏富，而殊无统贯，于地理尤疏谬，乃搜集群书有关资料，凡四易稿，成《后汉书疏证》三十卷，以正谬补缺，于地理部分疏证尤详。复病《汉书》颜师古注"浅陋"，"鲜有是处"，又积十数年之力，援据典籍，折中众说，凡旧注是者略之，缺者补之，未足者引申之，成《汉书疏证》三十六卷，唯地理志部分未遑成书。两汉书疏证外，尚著有《水经注疏证》、《春秋左氏传补注》、《春秋左氏传地名补注》，及《幼学堂诗文集》等。

（十二）吴大澂与《说文古籀补》、《权衡度量实验考》

吴大澂（1835～1902），字清卿、止敬，号恒轩，别号愙斋、白云山樵。清江苏吴县（今苏州）人。同治进士，授翰林院编修。后出为陕甘学政、河北道。曾随吉林将军铭安办理边防。光绪七年（1881），授太仆寺卿。会办北洋军务时，曾上书停修圆明园，以加强北洋水师建设。十年（1884），授左副都御史。次年，奉诏赴吉林参与勘定中俄边界，立铜柱于界地，自以大篆勒铭其上。十二年（1886），授广东巡抚，反对将澳门归葡萄牙管辖。十四年（1888），授河道总督。十八年（1892），授湖南巡抚。甲午中日战开，自请率湘军赴前敌，战败被革职。

吴大澂不仅在政治上较有远见，爱国，而且终生不忘学术，在古文字、古器物的收藏、研究方面做出过较大贡献。著有《愙斋集古录》、《恒轩所见所藏吉金录》、《说文古籀补》、《字说》、《权衡度量实验考》、《古玉图考》、《吉林堪界记》、《愙斋诗文集》等。所著《权衡度量实验考》一书，取所藏古器物相互比勘实验，以考证古代度量衡制度的因革变迁。原定分尺、权、量三类，实仅成尺、权二类。所录器物均有图。其中，对黄钟律管和历代尺度的考证最为缜密。《字说》一卷，以六书理论为根据，对见于钟鼎彝器上的古文字加以考释，于其时代之分、音释之异、真伪之别，颇能折中众说，多所创获。《说文古籀补》十六卷，以集录古钟鼎彝器所见文字为主，兼收古石鼓文、古币文、古陶文。光绪九年（1883）初刻本收三千五百余字，二十一年（1895）重刻时又增收一千二百余字。所录文字皆据墨拓原本摹写上板，拓本未见概不收录。所录之字多为《说文》所未收，对研究古文字学贡献颇大。

（十三）洪钧与《元史译文证补》

洪钧（1839～1893），字陶士，号文卿。清江苏吴县人。同治七年（1868）状元，授翰林院修撰。九年，出督湖北学政。光绪初起，历典顺天、陕西、山东乡试。继迁侍读，视学江西。光绪七年（1881），迁内阁学士。十三年，任出使俄、德、荷、奥四国大臣。

后晋兵部左侍郎，在总理各国事务衙门行走。十九年（1893）病逝，年五十五。

嗜学，通经史。从政之余，倾心元史研究。出使四国期间，曾多方搜集蒙古地区和有关成吉思汗及其继承者驰骋欧亚大陆的史料，组织使馆人员翻译、节录。当时，他搜集到的主要资料有俄国人贝勒津所译波斯人拉施特哀丁（拉施都丁）的《史集》、伊朗人志费尼的《世界征服者史》、波斯人瓦萨甫的《伊儿汗史记》、阿拉伯人讷萨怖的《苏丹只剌哀丁传》和亚美尼亚人多桑的《蒙古史》等。遂依靠译员金楷利等的帮助，节译诸书有关章节，主要是《史集》和《蒙古史》，并参照当代有关研究成果，两年中三易其稿，终于大体完成了《元史译文证补》的编纂。书曰"证补"者，意在"证"《元史》之误，"补"《元史》之缺也。不久，洪被召回国，任总理各国事务大臣，公务日繁，已无暇顾及书稿之续写、修订。身后，虽赖陆润庠（陆乃洪钧子洪洛之岳父）、沈曾植的整理、修订，使该书得以面世流传，惜终非完璧，三十卷中竟有十卷有目无文。虽然，由于仅凭译者的口述笔录，致使书名、人名、地名的译音上错误颇多，考证上亦有所不足，但该书的价值仍为世所公认。首先，它是我国史学界利用外国资料研究元史的开端。其次，许多地方可补元史之不足。如《太祖本纪译证》所记成吉思汗及其诸弟、皇子、公主的事迹；术赤、拔都诸补传所记蒙古西征、四大汗国史料；阿里不哥、海都补传所记元代宗室之争；《地理志西北地附录释地》、《西域古地考》所记西北舆地沿革等，皆可补《元史》特别是先元四朝记载之不足。

（十四）缪荃孙的学术贡献

缪荃孙（1844~1919），字炎之，又字筱珊，晚号艺风老人。清江苏江阴人。早年尝入川督吴棠幕。时张之洞主蜀学，乃执贽称弟子，助张撰《书目答问》以教士。光绪二年（1876）进士，授翰林院编修。与修《顺天府志》。尝任国史馆协修、总纂,成《儒林》、《文苑》、《循吏》、《孝友》、《隐逸》、《土司》、《明遗臣》七传。历主江阴南菁、广州广雅、山东泺源、湖北经心、江宁钟山等书院讲习。光绪二十八年(1902),钟山书院改江南高等学堂后,任总教习,并曾奉两江总督张之洞之命,赴日考察学务。光绪三十三年(1907),随张之洞移鄂,任存古学堂教务长。同年,又为江督端方奏派总办江南图书馆。宣统元年(1909),复由学部奏任京师图书馆监督,至辛亥革命始离职南归。晚年,参与《清史稿》、《江苏通志》、《江阴县续志》等书的编纂。

缪终生从事教育、文史研究和图书馆工作,学术成就以史学较为突出。在治学方法上,主要继承乾嘉学派遗风,注重文献资料的搜集和史料的考证整理。但时代已毕竟不同,故其思想又颇受洋务派的影响,主张"中体西用",强调学术研究不分古今中西,要兼收并蓄,在中国近代文化思想转型过程中做出过一定贡献。著述甚丰,上举书外,尚有《续碑传集》、《南北朝名臣年表》、《近代文学大纲》、《辽文存》、《清学部图书馆善本书目》、《清学部图书馆方志目》、《艺风堂文集》、《艺风堂文漫存》、《艺风堂藏书记》、《艺风堂金石文字目》等。

(十五) 屠寄与《蒙兀儿史记》

屠寄(1856~1921),字敬山,一字景山,号结一宧主人。清末民国间江苏武进(今常州)人。早年工诗古文辞,尤长骈偶。光绪十四年(1888),应两广总督张之洞聘,任广州广雅书局襄校,兼广东舆图局总纂、广雅书院教习等职。主修《广东舆地图》。又与缪荃孙同校《宋会要》辑稿,仅成《职官》、《五礼》两门而中辍。后又随张至武昌,执教两湖书院,监督幕文案。十八年(1892),中进士,授翰林院庶吉士。二十年(1894),任工部主事,兼五城团练局总督察等职。二十二年(1896),任黑龙江舆图局总纂,主编《黑龙江舆地图》并《舆图说》。戊戌变法后，主张译洋书、兴教育以开民智，先后任扬州仪董学校总教习、京师大学堂正教习、奉天大学堂总教习、南通国文专修馆馆长等，教授历史、地理和国文。三十二年（1906），任淳安知县，并在该县开办初级师范学堂，任校长。辛亥革命后，在常州组织光复活动，后被推为武进县民政长。1913年袁世凯废各地民选长官制，委派他为武进县知事，遂辞职回乡，专心学术研究。

屠治学严谨，重实地考察，长于史地之学。以《元史》成书潦草，且蒙古史范围广大，《元史》远不足尽括，遂以二十余年功成纪传体《蒙兀儿史记》一百六十卷（内缺十四卷）。是编除在洪钧基础上进一步参引多桑《蒙古史》和美国人乞米亚可丁《蒙古史》外，并对《元史》纪传中散见史实进行梳理、考订，结合实地考察，自撰自注，纠正《元史》不少错误，补充了元朝以外许多史实。虽全书未为完帙，考证、译音方面尚有失误，仍不失为良史。此书外，尚著、辑有《京师大学堂中国史讲义》、《结一宧骈体文》、《结一宧诗略》、《国朝常州骈体文录》、《洛阳伽蓝记疏证》（未刊）等。

（十六）张郁文与《元史地理通释》

张郁文（1863~1938），字壬士，号胥湖居士。清末民国间江苏吴县人。贡生。少馆于木渎冯桂芬家，得览其藏书。好元史，鉴于《元史》多谬舛，而以地理为尤甚，乃于光绪年间搜辑张穆《蒙古游牧记》、何秋涛《朔方备乘》、李光廷《汉西域图考》诸书，考证元代地名、方位、建置沿革，成《元史地理通释》四卷。书分直省、分地、部族、山水四考，于《元史》错误多所是正。间有元代十行省图、岭北行省图、西北三藩图。末附其祖尧阶所撰《辽金元史地略》一篇。有苏州利苏印书社1925年排印本。

四、当　代

（一）孟森的明清史研究

孟森（1868～1938），字莼孙，号心史。江苏武进（今常州）人。光绪二十七年（1901）赴日留学，就读于东京法政大学。回国后，入广西边防大臣郑孝胥幕，利用幕府收藏大量文献，撰《广西边事旁记》十四卷，由严复作序，于1905年8月出版。后随郑孝胥至上海，参与成立预备立宪公会。三十四年（1908）七月，接任《东方杂志》主编，对杂志版面作了全面革新，增辟了讨论立宪政府的专栏，并著文议论君主立宪。宣统元年（1909），当选为江苏省咨议局议员，三次奏请清廷开国会，成立立宪政府，未被理睬。辛亥革命后，大小政党纷纷出现，孟曾任黎元洪为首领的共和党执行书记。1912年秋，与张謇一起建议组织中美银行和改革盐税以减轻政府财政困难，受到袁世凯赏识。1913年1月，当选为国会议员。同年7月，又被选为国会宪法起草委员会委员。1914年，于袁世凯下令解散国会后退出政界，专心学术研究和教学工作。

曾在南京中央大学历史系任教，后应聘到北京大学任历史系教授、系主任。专心于明清史研究，先后发表《满洲名义考》、《金国号考》、《清始祖布库里英雄考》、《清初三大疑案考》、《八旗制度考》等论文，后收入《心史丛刊》一、二、三集中。在北大任教期间，著有《明清史讲义》，于明、清两朝政治大端及兴衰之故，揭示详实，对历史事件原委和人物活动，评述深刻，被学界视为明清史研究领域的权威之作。现有中华书局1981年出版的孟森的学生商鸿逵整理的《明清史讲义》上、下册。在台湾，亦有同为孟森学生的吴相湘编校的《清史讲义》的出版。上举书外，尚著有《新编法学通论》、《心史史料》、《清朝前纪》、《满洲开国史讲义》、《元明清系通纪》等。

1937 年患病期间，伪满洲国总理郑孝胥曾前来探视，他给郑写了几首诗斥责其与日本人合作。后病情日重，于 1938 年 1 月 14 日去世，年 71 岁。

（二）吕思勉的史学成就

吕思勉（1884～1957），字诚之。江苏武进人。出身书香门第，自幼除读经书和做八股文外，还在其父吕誉千及母亲指导下，阅读《四库全书总目提要》、《纲鉴易知录》、《廿二史札记》、《皇朝经世文编》等，很早就对史部书发生了兴趣。十五岁中秀才后，已无心科举，专心研习《通鉴》、《明纪》、《三通》及其他文史古籍。二十岁后更明确以治史为今后主要研究对象。

1905 年起，开始其伴随终生的教学生涯，先后在苏州东吴大学、常州府中学堂、南通国文专科学校任国文、历史、地理教员。辛亥革命后，先在上海私立甲种商业学校教商业经济、商业地理，旋任中华书局、商务印书馆编辑。1920 年，北上任沈阳高等师范学校（后改为东北大学）教授。1923 年复南下江苏省立第一师范专科任教。1925 年，任上海沪江大学教授。1926 年起，任上海光华大学国文系教授，后光华大学增设历史系，遂任历史系教授兼系主任。"一·二八"事变后，曾一度到安徽大学任教，不久，仍返回光华大学。1941 年，上海租界沦陷，光华大学停办，遂携眷返乡，闭门著书，数年间惟恃开明书店稿费勉强糊口，清苦可知。抗战胜利后，重返光华。新中国成立后，高等学校院系调整，吕遂入华东师范大学历史系，为一级教授，并任上海历史学会理事等。1957 年 10 月 9 日去世，年 74 岁。

吕思勉治学勤奋，学风严谨、踏实，著述甚丰。1922 年由商务印书馆出版的《白话本国史》，是中国第一部用语体文写作的中国通史，后几经再版，在当时影响颇大。后又将在各大学任教时历年讲授中国通史的讲义整理成《中国通史》，由开明书店出版。而其最具代表性的学术著作则是《先秦史》、《秦汉史》、《两晋南北朝史》和《隋唐五代史》等四部断代史。前三部于生前由开明书局出版。通史、断代史外，尚有各种专门史以及文学、文字学方面的著述，如《先秦学术概论》、《理学纲要》、《经子解题》、《中国民族史》、《历史研究法》、《史通评》、《三国史话》、《中国制度史》、《吕思勉读史札记》、《燕石札记》、《燕石续札》、《宋代文学》、《中国文字变迁考》、《字例略说》、《章句论》等。

据说，五十年来，吕曾从头到尾把二十四史读过三遍，读书、治学之勤于此可见一斑。他的许多著作，至今仍为治中国古史者案头必备之书，在海内外史学界卓有影响。

（三）顾颉刚的学术成就

顾颉刚（1893～1980），原名诵坤，字铭坚。江苏苏州人。1913年，入北京大学本科哲学门。读大学期间，受康有为《新学伪经考》、《孔子改制考》影响，萌发疑古思想。后听胡适《中国哲学史》课，从周宣王时的《诗经》讲起，遂对三皇五帝的历史产生怀疑。1920年毕业留校任教后，相继标点姚际恒的《古今伪书考》和崔述的《崔东壁遗书》。姚、崔两位南、北疑古代表人物的书，给顾以后的学术研究，特别是疑古辨伪工作以很大影响。他在纂辑《辨伪丛刊》时即已感到，辨伪书必然要要转到辨伪史上，并在1923年写给钱玄同的信中，首次提出了著名的"层累地造成的中国古史"说。1926年，他把当时诸家有关古史讨论的文章汇集为《古史辨》第一册，交朴社出版，并写了一篇长篇自序，全面阐述他研究古史的方法和观点。于是，在当时的中国史学界便出现了一个以"疑古"为宗旨的被称为"古史辨派"的学派，顾颉刚则自然成了这个学派的创始人和领袖。《古史辨》从1926年出第一册起，到1941年出版由童书业、吕思勉主编的第七册止，前后历时十余年，汇辑了当时诸多名家有关古史、古书的考辨文章，为后人留下了一笔宝贵的精神财富。平心而论，古史辨派虽在某些史事、史书的怀疑上不免有些过头，但对其在摧毁旧封建史学体系和动摇儒家经典的神圣不可侵犯性方面所立下的千秋伟业，却是任何人都否定不了的。

1934 年，创办《禹贡》半月刊，并于次年成立"禹贡学会"，在国难日重的情况下，倡导历史地理及边疆地理研究，培养了我国新一代历史地理学方面的人才，如日后皆以治历史地理名家的谭其骧、史念海、侯仁之等，皆出其门。抗战期间，又发起组织"中国边疆学会"，出版《边疆月刊》，要大家注意对边疆问题的研究。

顾颉刚又是我国现代民俗学的奠基人。刘半农在写给顾颉刚的信中说："中国民俗学的第一把交椅，给你抢去坐稳了。"顾颉刚不仅自己动手搜集撰写了《孟姜女故事的转变》等，还曾与何思敬、钟敬文等创立中山大学民俗学会，编《民俗周刊》、《民俗学会丛书》，成立民俗物品陈列室等。顾将自己在古史研究中创建的"层累地造成的中国古史"观运用于民俗学领域所创立的"演变法则"，至今仍被广大民俗学者所借鉴、沿用。

中华人民共和国成立后，顾先在上海复旦大学等单位任教和做研究工作。1954 年，在周恩来总理的亲自过问下调北京中国科学院历史研究所任研究员。此后，顾颉刚主要从事《尚书》研究和《资治通鉴》、《史记》的校点工作，及《二十四史》和《清史稿》校点的总其成之职。

顾颉刚一生研究领域广阔，著述甚丰，上举书外，尚有《中国上古史研究讲义》、《中国历史地图集·古代史部分》（与人合作）、《尚书通检》、《尚书文字合编》（与顾廷龙合辑）、《中国疆域沿革史》（与人合作）、《汉代学术史略》（后改为《秦汉的方士与儒生》）、《当代中国史学》、《浪口村随笔》、《史林杂识初编》（大部分文章取自《浪口村随笔》而有所增减，与文字上的修订），以及1990 年由台湾联经出版公司出版的十卷 400 余万言的《顾颉刚读书笔记》等。近有中华书局版《顾颉刚全集》八集（《古史论文集》、《民俗论文集》、《读书笔记》、《书信集》、《日记》、《宝树园文存》、《清代著述考》、《文库古籍书目》），五十九卷，六十二册，计2500万字。

顾颉刚不仅自己治学成绩卓著，还善于通过办学会、办刊物发现、培养人才，其弟子如童书业、杨向奎、谭其骧、史念海、侯仁之等，多已是中国古代史、历史地理等研究领域的著名学者乃至大师级人物，谓顾氏为培养大师的大师，并非过誉。

（四）钱穆的史学成就

钱穆（1895～1990），原名恩鑅，字宾四。江苏无锡人。常州府中学堂毕业后，曾在常州、厦门、无锡、苏州等地的中、小学和师范学校任教。1930年秋，经顾颉刚推荐，到北平燕京大学任讲师。后又任北京大学、清华大学、北平师范大学教授，讲授中国上古史、秦汉史、中国近三百年学术史、中国通史等。抗战期间，随北大南迁，先后在昆明西南联大、成都齐鲁大学、遵义浙江大学、四川大学等校主讲文史课程。抗战胜利后，先后执教于昆明五华书院、云南大学、无锡江南大学、广州私立华侨大学。1949年，移居香港，与唐君毅等创建新亚书院，任院长，兼研究所所长。期间，曾应邀赴美国耶鲁大学、马来西亚大学讲学，并获耶鲁大学名誉人文学博士称号。1967年离港，定居台北，为台北"中研院"院士，台北"中国历史学会"理监事，台北中国文化大学教授，台北"故宫博物院"特聘研究员等。1990年在台北病逝，年96岁。

钱博通经史，著述达70余种，另有大量学术论文，共约1700万字。于中国历史和中国文化史造诣颇深，尤其在先秦学术史、两汉经学史、宋明理学、清代与近世思想史等领域，多有创获。其早期著作，如《刘向歆父子年谱》、《先秦诸子系年》、《中国近三百年学术史》、《国史大纲》等，深为学界所重。《刘向歆父子年谱》引用大量史料，系统驳斥康有为《新学伪经考》谓古文经为刘歆伪造的观点，解决了近代学术界一大疑案。《先秦诸子系年》，自孔子至李斯，各家排比联络，一以贯之，为清代以来考证诸子之学之总结。《国史大纲》配合抗日，宣扬爱国主义，1940 年出版后很快风行全国，成为各大学通用的中国史教科书。定居台北后，先后整理出版了《文化学大义》、《中国历史精神》、《中国思想史》、《宋明理学概述》、《中国文化精神》、《中国历史研究法》、《中国学术思想史论丛》等。其著述后经夫人与弟子整理，辑为《钱宾四先生全集》，由台北联经出版公司出版。

钱毕生以阐发和弘扬中国传统文化为己任，在海内外卓有影响，为当代著名国学大师。

（五）芮逸夫的民族学、人类学研究

芮逸夫（1899~1991），号慕城。江苏溧阳人。东南大学外语系毕业。1930 年 9 月入中央研究院，任社会科学研究所民族学组助理员。1934 年，转历史语言研究所人类学组，先后任助理员、副研究员、编纂、研究员。1947 年，兼任国立中央大学边政系教授，并由国民政府任命为立法委员。1948 年冬去台湾，任台湾大学历史系教授、考古人类学系教授，兼"中研院"人类学组主任。1957 年赴美，先后在加州大学人类学系、耶鲁大学人类学系人类关系研究所从事研究工作。返台后，兼任台湾大学考古人类学系教授及民族与华侨研究所主任。1964 年赴美，先后任西雅图华盛顿大学人类学系教授，夏威夷大学暑期学校教授，印第安纳大学人类学系客座教授。1966 年返台后，任台湾大学考古人类学系、考古人类学研究所、民族与华侨研究所教授。1981 年，膺选"中研院"人文组院士，兼任"中华文化复兴委员会"委员等。1991 年去世，年 93 岁。

他曾对我国西南地区边界进行勘察，是我国著名的边界史专家。长于民族学、人类学，著有《中国各民族分支及其分布》、《中国民

族及其文化论稿》、《湘西苗族调查报告》（与凌纯声合著）、《川南鸦雀苗的婚丧礼俗》（与人合著）、《廿三种正史及清史各族史料汇编及引得》等。主编有《人类学辞典》（云五社会科学大辞典第十册）、《苗蛮图集》等。撰有《伯叔姨舅姑考》、《苗语释亲》、《记倮倮语音兼论所谓倮倮文》、《九族制与尔雅释亲》、《云南倮黑体质之研究》、《僚人考》、《释甥舅之国》等80余篇学术论文。

（六）凌纯声的民族学研究

凌纯声（1901～1978），字民复。江苏武进人。1919年毕业于常州中学。旋考入东南大学。1923年赴法入巴黎大学研究民族学。1929年获巴黎大学文学博士学位。同年返国。后历任中央研究院社会科学研究所民族学组研究员、历史语言研究所第四组研究员兼主任、国立中央大学边政系教授、国民政府教育部蒙藏教育司司长等。1949年初去台湾，历任台湾大学考古人类学教授、台湾"中研院"第三届院士、台湾"中研院"民族研究所所长等。1978年病逝，年78岁。

凌为我国民族学开创者之一。著有《松花江下游的赫哲族》、《湘西苗族调查报告》（与芮逸夫合著）、《中国边政制度》等。

（七）唐长孺的魏晋南北朝隋唐史研究

唐长孺（1911～1994），江苏吴江人。1932年毕业于上海大同大学文科。曾在上海光华大学、湖南国立师范学院任教。1944年起，一直执教于武汉大学，曾任历史系主任，兼任中国科学院历史所研究员、国家文物局古代文献研究室主任。

治史受吕思勉、李剑农、陈寅恪诸家影响。早年治辽、金、元史，后转攻魏晋南北朝隋唐史。先后出版有《魏晋南北朝史论丛》、《魏晋南北朝史论丛续编》、《三至六世纪江南大土地所有制的发展》、《唐书兵志笺正》等。1964年起，主持点校北朝四史（《魏书》、《北齐书》、《周书》、《北史》），历时十载，被誉为"古籍整理的优秀成果和范本"。20 世纪 70 年代初，亲赴新疆考察吐鲁番出土文书，凡十易寒暑，终于完成《吐鲁番出土文书》（10 册）的整理出版工作，使沉睡地下千年的古代遗文得以面世，嘉惠中外学人。

1980 年受聘为中国大百科全书编委，任隋唐五代史分卷主编。又主持"中国三至九世纪研究所"，创办《魏晋南北朝隋唐史资料》年刊，出版《敦煌吐鲁番出土文书初稿》一、二编，撰有《魏晋南北朝史拾遗》、《山居存稿》等。晚年，又对长期从事的研究工作做了理论性总结，成《魏晋南北朝史三论》，给后人留下一份颇为珍贵的学术遗产。

（八）吴泽的史学研究

吴泽（1913～2005），原名吴瑶青，笔名哲夫、宋鱼、陈弢。江苏武进（今常州市）人。幼丧父，家境贫寒，刻苦读书。1933 年考入北京中国大学经济系，师从著名马克思主义理论家李达、吕振羽。在校期间，参加过"一二·九"爱国运动，并加入民族解放先锋队。"七七"事变后，先在家乡常州创办《抗敌导报》，宣传抗日，后到重庆，任教于复旦大学等高等院校。解放战争期间，积极参加反内战民主运动，并于 1946 年加入中国共产党。新中国成立后，先在上海复旦大学任文学院院长，后任华东师范大学教授、历史系主任、中国史学研究所所长，国务院学位委员会历史学科成员和召集人，《中国历史大辞典》主编等。尤为可贵的是，在古稀之年，仍勤奋耕耘，不断开拓华侨史、客家学等新研究领域。

主要著述有《中国历史简编》、《中国原始社会史》、《中国历史大系·古代史——殷代奴隶制社会史》、《康有为与梁启超》、《地理环境与社会发展》、《中国通史基本理论问题论文集》、《史学概论》、《华侨史研究论集》、《东方社会经济形态史论》等。对中国马克思主义史学建设作出过一定贡献。

（九） 胡绳的中国近代史研究

胡绳（1918～2000），原名项志逖，笔名蒲韧、卜人、李念青、沈友谷等。江苏苏州人。早年曾就读于北京大学哲学系。1938 年加入中国共产党，此后主要在党的领导下从事文化、宣传工作，先后任《全民抗战》编辑、《鄂北日报》主编、《读书月报》主编、香港《大众生活》编委、生活书店总编辑等。中华人民共和国成立后，历任政务院出版署党组书记、人民出版社社长、中共中央宣传部秘书长、《学习》杂志社主编、《红旗》杂志副总编、中央马列主义学院副院长、中国社会科学院院长、香港特别行政区基本法起草委员会副主任等。并曾参加过《毛泽东选集》的编辑工作，党和国家许多重要文件的起草和宪法修订工作。是中国共产党第十二届中央委员会委员，第四、第五届全国人大常委会委员，政协第七、第八届全国委员会副主席。

胡绳既是一位无产阶级革命家，马克思主义理论家，又是国内外享有盛誉的学者和历史学家。1990 年，欧洲科学艺术与文学科学院曾授予他院士称号。代表作有《帝国主义与中国政治》、《从鸦片战争到五四运动》、《中国近代历史的分期问题》等，对中国近代史的研究和教学产生了很大影响，形成了中国近代史研究的特色体系。

第三章　哲学、经济学、政治学、社会学、兵学

在秦汉以后的中国长期封建社会中，基于维护封建统治的实际政治需要，在历代封建统治者的大力倡导呵护下，特别是在察举征辟、九品中正、科举等官吏选拔制度的利益驱动下，经学、史学、诗文一直占据着中国学术文化主流的位置，是广大士人赖以安身立

命、谋求显达的必修之学。因此,经学、史学、诗文的极度繁荣昌盛也就再自然不过了。相比之下,需要更依赖理性思维(经、史、诗文主要是一种阐释、记述之学,抒发情感之学)且与现实政治更为贴近的哲学、经济学、政治学,既不太适合始终把稳定放在第一位的封建统治者的胃口,又常常会给探求者带来灾难,甚至杀身之祸,故很少有人问津。在中国,虽早就有人留心于民族、风俗、妇女、人口等社会学范畴的问题,但严格意义上的社会学还是近代的产物,并从西方引入中国。兵学虽是统治者始终关心的,但它从来都不是随便什么人都可进入的领域,也不需要多数人的进入。因此,相对于经学、史学的繁荣,哲学、经济学、政治学、社会学、兵学等要显得冷清许多。从全国范围来讲是这样,吴地自亦不能例外。虽说,吴地还曾出现过武圣孙武一类的世界级顶尖学者。

这种状况,随着封建社会的崩溃瓦解,西学特别是马克思主义的传入才有了质的改变。吴地濒海,在中西交通中既得风气之先,复有深厚的传统文化积淀,故在上述诸学科领域又相继涌现了一批开路人和领军人物,如龚自珍、魏源(二人均在吴地长期生活和从事学术活动)、潘序伦、薛暮桥、孙冶方、顾准、孙本文、费孝通等。唯当时新学初入,诠释介绍者居多,生吞活剥者间亦有之,中国学者自己原创性的东西则相对显得不够,这也是毋庸讳言的。

一、哲　　学

(一) 王充与《论衡》

王充(27～约97),字仲任。东汉会稽上虞(今属浙江)人。后徙家丹阳(今属江苏)。出身"细族孤门"。年轻时曾入太学师事班彪,博通群籍。后虽曾出任过功曹等小官,终因与权贵不合,辞官不仕,专心著述。一生穷困潦倒,贫病以终。著有《论衡》、《讥俗》、《节义》、《政务》、《养性》等，惜除《论衡》一书传世外，余皆不存。

据《后汉书·王充传》，王充著有"《论衡》八十五篇，二十余万言"。今《招致》一篇，有目无文，实存八十四篇。

王充在《论衡》中坚持唯物主义的气一元论，反对天命、鬼神和天人感应、祥瑞谴告、谶纬迷信，认为"元气"乃天地万物之物质基础，"天地合气，万物自生，犹夫妇合气，子自生矣。"（《论衡·自然》）又说："人之死犹火之灭也"，"天下无独燃之火，世间安得有无体独知之精?"（《论衡·论死》）在认识论上，反对有所谓"不学自知，不问自晓"的"圣人"，主张"学知"，既强调"须任耳目以定情实"（《论衡·实知》），又重视"心意"，即思维的作用，并主张以"效验"作为检验知识可靠性的标准。在社会历史观上，反对当时儒者"好信师而是古"的风气，提出"汉高于周"的历史进化思想。尤为难能可贵的是，王充能在汉武帝"罢黜百家，独尊儒术"后的政治环境下，写下《问孔》和《刺孟》等篇，大胆提出"追难孔子，何伤于义?""伐孔子之说，何逆于理?"甚至目孟子为鄙陋"俗儒"，实在很不容易。虽然，由于时代条件等的限制，王充思想中仍必不可免地会保留有宿命论、命定论和唯心主义的成分，但从主流看，王充仍不失为中国哲学史上不多见的伟大的战斗唯物论者。

（二）范缜与《神灭论》

范缜（约450～515），字子真。南朝齐梁间南乡舞阴（今河南泌阳西北）人。少孤贫，曾从学于著名学者刘瓛（南朝齐经学代表人物，精于《礼》，著有《三礼大义》等），博通经、史。仕齐，累迁尚书殿中郎、领军长史。史称他"性质直，好危言高论"，即性耿直，不畏权贵，敢于坚持自己观点。齐武帝永明七年（489），与竟陵王萧子良作因果之辩，认为"人生如树花同发，随风而坠"，"或坠于茵席之上"，或"落于粪溷之中"，富贵贫贱，纯属偶然，并无因果，使萧子良无言以对。又为《神灭论》，子良集众僧难之而不能屈，使王融威胁利诱亦不为动，且宣称绝不"卖论求官"。明帝建武元年至四年（494～497）任宜都太守时，曾下令禁祀夷陵神庙。入梁，任尚书左丞，因替友人王亮辩解，贬官广州。后诏还，任中书郎、国子博士。梁武帝天监六年（507），公开发表《神灭论》。主张"形存则神存，形谢则神灭也；形者神之质，神者形之用。""神之于质，犹利之于刃；形之于用，犹刃之于利。"即形体是精神赖以存在的物质基础，精神不过是形体的属性、作用罢了。又进而指出，并不是所有有形之物都有知（神）的，如人之"质"有"知"，木之"质"则无"知"，二者"质"殊异，因有"知"与"不知"之别，从而论定精神乃人体所特有之属性。范缜还提出人的体、目、耳、心等生理器官在认识外界事物中的不同功能，以及"知"（知觉、感觉）和"虑"（思维）的差别性和统一性问题，把唯物主义世界观和认识论推向新的高度。

范缜不仅在理论上坚持"神灭论"，还立足现实公开指斥佛教的流行"使兵挫于行间，吏空于官府，粟罄于惰游，货殚于土木"的种种危害。为对付范缜，信佛近于痴迷的梁武帝曾发动王公大臣六十余人写出七十五篇文章围攻范缜，但范缜辩摧众口，始终未被折服。这在当时信佛之风甚炽的情况下，的确不易。

《神灭论》未单行传世，其内容保存于《梁书·范缜传》及南朝梁僧祐辑录之《弘明集》卷九中。

（三）六朝士人的人生哲学

六朝时期，战乱频仍，儒学衰落，佛教盛行，玄学兴起。在这个儒学不再独尊，没有思想权威的时代，不少士人开始重新思考个人与社会的关系，开始从儒家传统纲常礼教的束缚下解脱出来，开始个人自我意识的觉醒。一时间，个性自由和思想解放成为时代精神，从而使六朝成为春秋战国后中国古代历史上一个罕见的思想大解放时代。

过去，人们普遍重视社会特别是权威人士对自己的评价、议论。这时，有的士人开始从自我角度评价自己，而对社会、他人的评价表示蔑视。如东晋时，殷浩即谓："我与我周旋久，宁作我。"（《世说新语·品藻》）即"我最熟悉我自己，我宁可做我"。有的士人还一反传统谦虚礼让之风，毫不掩饰自己的自负、自信。如东晋孙绰写成《天台赋》后，曾当面对名士范君说："卿试掷地，要做金石声！"（《世说新语·文学·金石之声》）名士刘惔和王濛久别重逢，王濛称赞刘惔长进很快，刘却说："此若天之自高耳！"（《世说新语·言语·天之自高》）即自己本就高明，并非现在才有长进。不少士人还主张返归自然，随心所欲，无拘无束，追求身心自由。如王徽之半夜醒来看到下雪，便打开房门，喝酒吟诗。又忽然想起友人戴逵来，便连夜坐小船造访。等到了戴家门口，却又不进，复调头返回山阴。有人问他其中缘故，他回答说：我本是乘兴而来，兴致没了就回去，何必一定要见到老戴呢？（《世说新语·任诞·兴尽而返》）类似这种只注重个人情感得到满足，丝毫不考虑外在评价与功利，不掺杂任何虚伪矫饰的所谓的"怪异"行为，在当时实屡见不鲜。

传统儒家注重集体利益、群体意识和群体价值，相对轻视个人利益和个体生命的价值，如孟子的"杀身成仁"、"舍生取义"之类，便是典型的代表。不少六朝人士反对当权者的这类虚伪说教，反对以名教束缚自我，在保持灵魂高洁的同时，也十分重视肉体生命的价值，力避杀身之祸，并往往用饮酒、服药、放浪形骸来逃避祸乱丛生、虚妄欺诈的现实。如东晋人撰著的《列子·杨朱篇》，在新的历史条件下，把先秦杨朱的"为我"思想发挥到新的极致，以惊世骇俗的过激之论，唤醒人们对"重生贵己"的关注，强调个体的生命价值是无差别的，没有上下、贵贱之分的，公开宣扬享乐主义、利己主义的人生哲学。《列子》认为，肉体的感官快乐是人生最重要的东西，要摆脱那些世俗的礼法、人为的规范、儒家的虚伪说教，解脱束缚人身心的一切精神桎梏，及时去享受人生。认为人只有不被外界的功名利禄、权力地位、名声荣誉、是非毁誉等所纠缠，听任自己的本性去追求当前的实在欢乐，才能获得人生幸福；人生的意义和价值，不在身外的浮名、死后的余荣，甚至也不在生命的长短，而在于当前的生活中有没有欢乐，有没有"从心而动，从性而游"。这在我国向以儒家群体意识和群体价值为主导的思想史上，具有发现、张扬个人意识和独立人格的启蒙意义，也在一定程度上弥补了中国古代人生哲学和伦理思想中提倡禁欲主义、忽视个人合理欲求的缺陷。当然，这种享乐主义和纵欲主义也带来一些消极影响，某些贵族子弟纵情声色，以追求肉欲享受为"放达"，失去了玄学反抗礼教束缚，"越名教而任自然"的本旨。这在当时思想大解放的情势下，实属泥沙俱下，鱼龙混杂，在所难免的。

以《列子》思想为代表的六朝部分士人的人生哲学中又充满"命定论"。面对局势动荡、政权更迭、忧患重重、朝不保夕的生存环境，他们认为"生生死死，非物非我，皆命也。"既然是命中注定，一切抗争都无济于事，只能顺从和满足于"命"的安排，享受人生快乐，度过自认为适合人性的生活。六朝时期在士人中普遍流行的逍遥论、养生论和纵欲论，是"命定论"之必然结果。

（四）龚自珍、魏源的哲学思想

龚、魏生平事迹见本节后"政治学"类龚、魏相关条目。这里，仅介绍其哲学思想。

严格说，龚自珍并没有形成自己的完整唯物主义世界观，其哲学思想是驳杂而矛盾的。如龚自珍一方面认为日食、月食和彗星的出现都是"可步"（"步"，或称"推步"、"步天"，指天文推算）的，同人事吉凶无关（《与陈博士笺》、《乙丙之际箸议第十七》），并痛斥京房《易传》、刘向《洪范五行传》、班固《汉书·五行志》诸书宣扬天人感应、天降灾异的谬说（《与陈博士笺》、《非五行传》）；另一方面，却又宣扬"人之初，天下通，人上通，……天与人，旦有语，夕有语。万人之大政，欲有语于人，则有传语之民，传语之人，后名为官。"认为"政不道"（政治混乱）则天人相绝；一旦"有大圣人出"，便能沟通天人（《壬癸之际胎观第一》）。晚年，更沉醉于佛学，笃信佛教的因果报应、生死轮回谬说。

魏源在哲学上与龚自珍相类，同样表现出其驳杂和矛盾的一面。在认识论上，他坚持王夫之、颜元等的朴素唯物主义认识论路线，反对程、朱理学的"知先行后说"，认为"及之而后知，履之而后艰，乌有不行而能知者乎？"并形象地举例说："披五岳之图，以为知山，不如樵夫之一足；谈沧溟之广，以为知海，不如估客（商人）之一瞥；疏八珍之谱，以为知味，不如庖丁之一啜。"（《古微堂内集》卷二《默觚中·学篇二》）他还针对孔子的"生而知之"说质问道："圣其果生知乎？安行乎？孔（孔子）何以发奋而忘食，姬（周公）何以夜坐而待旦，文（周文王）何以忧患而作《易》，孔何以假年而学《易》乎？"（《古微堂内集》卷二《默觚中·学篇三》）但同一个魏源却又有着浓厚的鬼神迷信思想。认为"圣人敬鬼神而远之，非避鬼神而无之也。"并谓"鬼神之说，其有益于人心，阴辅王教者甚大。王法显诛而不及者，惟阴教足以慑之。"（《古微堂内集》卷一《默觚上》）终不脱"神道设教"之窠臼。

（五）《实践是检验真理的唯一标准》的发表及其意义

《实践是检验真理的唯一标准》一文，刊载于《光明日报》1978年5月11日第一版，署名《光明日报》特约评论员。作者胡福明，无锡人，1936年生，时任南京大学哲学系教师，后曾任中共江苏省委常委、中共江苏省委党校校长等。文章发表前，曾由中共中央原党校副校长胡耀邦组织有关专家进行过修改。文章发表后，《人民日报》《解放军报》和许多省、市报纸相继转载，并由此在全国范围内掀起了一场关于真理标准问题的讨论。此文的发表及由此引发的讨论，对于当时全党全国人民政治上拨乱反正，解放思想，恢复实事求是、一切从实际出发的思想路线，起了巨大的推动作用。该文曾受到中共十一届三中全会的高度评价，获《光明日报》优秀论文特别奖及江苏省首次哲学社会科学优秀成果评奖一等奖。

（六）匡亚明与《中国思想家评传丛书》

匡亚明（1906～1996），原名匡洁玉、匡世，曾用笔名何畏、何晨、梦苏等。江苏丹阳人。早年在苏州第一师范读书。后入上海大学。1928年9月加入中国共产党后，先后在上海、江苏、山东等地从事党的青年工作、工会工作和宣传工作。新中国成立后，历任中共中央华东局宣传部常务副部长，吉林大学校长兼党委书记，南京大学校长兼党委书记，江苏省第五、六届人大常委会副主任，第三届全国人大代表等。离休后，任南京大学名誉校长、中国孔子基金会会长、吉林大学名誉教授、国家古籍整理出版规划小组组长等。

匡亚明于从政和主持校政之余，倾心学术，著有《孔子评传》、《孔子教育思想的现代价值》、《孔子反对侵略战争的和平思想》等专著、论文。所著《孔子评传》一书，对孔子的生平、时代背景、思想及其在历史上产生的深远影响做了较为全面的论述，并就孔子研究中如何贯彻"古为今用"提出了"三分法"的重要见解，即批判其封建糟粕；借鉴其进步性、人民性的成分；弘扬其反映教育学习客观规律的科学思想。

匡亚明曾任南京大学中国思想家研究中心名誉主任，《中国思想家评传丛书》主编。该丛书从20世纪80年代中期起开始组织编撰，至2006年9月由南京大学出版社全部出齐，凡200部，6000余万言。是一项具有较高学术品位和意义的跨世纪学术研究工程。有学者曾盛誉之曰："它是一次思想家的'盛会'，是世纪之交学术上的

一座丰碑。"（瞿林东语）

二、经 济 学

（一）南朝沈庆之和孔觊的货币思想

南朝时期，政局动荡，统治者不时在通货膨胀与紧缩间徘徊，货币制度颇为混乱。在这样的历史背景下，一些与之相关的货币思想亦应运而生。

首先是刘宋时人沈庆之（386～465）自由铸币思想的提出。沈仕武帝、少帝、文帝、孝武帝、前废帝诸朝，历任殿中员外将军、建威将军、太子步兵校尉、镇远将军、南兖州刺史、司空、侍中、太尉等，后因屡谏忤前废帝，被赐死。孝武帝刘骏孝建三年（456），沈庆之尝建言曰："宜听民铸钱，郡县开置钱署，乐铸之家，皆居署内，平其准式，去其杂伪，官敛轮郭，藏之以为永宝。去春所禁新品，一时施用，今铸悉依此格。万税三千。严检盗铸，并禁剪凿。数年之间，公私丰赡，铜尽事息，奸伪自止。且禁铸则铜转成器，开铸则器化为财，靡华利用，于事为益。"（《宋书·颜竣传》）沈庆之的"开署放铸"，颇类近代所谓自由铸造概念。但他的百分之三十的铸造税显然太高了。这样，铸造者如不能在税后仍有利可图，是绝不愿意请求铸造的；而要牟利，则新币的面值必大大高于其金属内容，进一步刺激货币贬损，其结果必然是官方所规定的铜币的大小、重量和成色均无法维持。故沈的自由铸币思想本身虽无可厚非，但其具体措施，特别是高课税这一层，却是不合理的，难于贯彻实施的。

萧道成建立南齐政权后，为纠正前代造成的严重通货紧缩现象，决定另铸新币。在这种背景下，又有建元四年（482）孔觊（416～466）"铸钱均货议"的提出。时为奉朝请的孔觊（本或做孔顗）认为："铸钱之弊，在轻重屡变。重钱患难用，而难用为累轻；轻钱弊盗铸，而盗铸为祸深。"在他看来，货币价值的稳定至关重要。而经常变更金属货币的含铜量使其较面值过轻或过重，实为以往一切货币问题产生的根源。他这里所谓的"过重"，在某种意义上即现代所谓的通货紧缩，而"过轻"即通货膨胀。孔觊又指出："民所盗铸，严法不禁者，由上铸钱惜铜爱工也。惜铜爱工者，谓钱无用之器，以通交易，务欲令轻而数多，使省工而易成，不详虑其为患也。"这里，孔觊已明确认识到货币具有它自己的内在价值，这种价值是由一定的劳动和铜所形成，是不应任意偷工减料的。由是孔觊的"惜铜爱工"说遂成为后世学者经常提到的名言。孔觊还认为只应一种货币流通，其最理想的单位货币便是西汉以来已流行了五百余年的"五铢"钱制，故建议由政府铸造五铢钱以统一货币形式并稳定其价值。（《南齐书·刘悛传》）

（二）范仲淹的"以工代赈"救荒思想

范仲淹，生平事迹见本章"政治学"类范仲淹相关条目。沈括《梦溪笔谈》卷十一《官政一》载范仲淹任杭州太守时所施行的救荒措施云：

皇祐二年，吴中大饥，殍殣枕路。是时范文正领浙西……吴人喜竞渡，好为佛事。希文乃纵民竞渡。太守日出宴于湖上，自春至夏，居民空巷出游。又召诸寺主首谕之曰："饥岁工价至贱，可以大兴土木之役。"于是诸寺工作鼎兴。又新仓吏舍，日役千夫。监司奏劾杭州不恤荒政，嬉游不节，及公私兴造，伤耗民力。文正乃自条叙所以宴游及兴造，皆欲以发有余之财以惠贫者。贸易饮食、工技服力之人，仰食于公私者，日无虑数万人。荒政之施，莫此为大。是岁两浙唯杭州晏然，民不流徙，皆文正之惠也。

范仲淹的上述救荒措施，颇类20世纪30年代中期以来被西方许多经济学家奉为至宝的所谓公共工程政策，即通过兴建大工程和鼓励消费以刺激生产，增加就业，也大体相当于我们今天所实行的"以工代赈"政策。范在当时能有此类思想并付诸实施，颇具胆识和政治远见。

（三）魏源的重商思想和崇奢论

魏源的生平事迹见本章"政治学"类魏源相关条目。其经济思想，除众所周知的带有浓烈政治色彩的"师夷长技以制夷"外，尚有如下诸点值得注意：

一是宣扬"货先于食"的重商思想。在《圣武记》中，魏源已提出过"货先于食"的反传统观点。在另一篇著作中，他更具体论述道：

天下有本富，有末富，其别在有田、无田。有田而富者，岁输租税，供徭役，事事受制于官，一遇饥荒，束手待尽。非若无田富民，逐什一之利，转贩四方，无赋敛徭役，无官吏挟持，即有与民争利之桑、孔，能分其利而不能破其家也。是以有田之富民可悯更甚于无田。(《古微堂内集》卷三《治篇十四》)

魏源还一反传统"均贫富"观点，为富人和私有财产唱赞歌，认为"使人不敢顾家业，则国必亡"，"土无富户则国贫"，富民乃"一方之元气"（同上）。

二是对传统的"崇俭黜奢"观进行重新审视，提出"崇奢"论。他写道："俭，美德也。禁奢崇俭，美政也。然可以励上，不可以律下。可以训贫，不可以规富。"（同上）即这种美德、美政，可在当权者和贫民中提倡，但却不适用于富人。对富人来说，不仅不应崇尚俭节，还要鼓励他们奢侈。他说：

《周礼》保富，保之使任恤其乡，非保之使啬啬于一己也。车马之驰驱，衣裳之曳娄，酒食鼓瑟之愉乐，皆巨室与贫民所以通工易事，泽及三族。王者藏富于民，譬同室博弈，而金帛不出户庭，适足损有余以益不足。如上并禁之，则富者益富，贫者益贫。……三晋之素封，不如吴越之下户，三晋之下户，不如吴越之佣隶。俭则俭矣，彼贫民安所仰给乎？天道恶积而喜散，王政喜均而恶偏，则知以俭守财，乃白圭、程郑致富起家之计，非长民者训俗博施之道也。（同上）

这里，魏源只看到一些人的奢侈会给另一些人带来收入的一面，却不懂得"富是奢侈的原因，但奢侈对于富发生破坏性影响"[①]（马克思《资本论》第3卷）的另一面。

三是在生产经营方式上，极力反对官营而力主私营。魏源认为，举凡采矿、盐业、造船、机械制造、屯垦、漕运等事关国计民生的大的经济部门，皆可鼓励或委托私商经营，而私营的最好组织形式便是"公司"制。虽说他对近代资本主义公司组织形式的理解每有似是而非之处。

四是颇为先进的对外贸易思想。在外贸政策上，魏源同林则徐一样，既坚持禁绝鸦片又提倡正常国际贸易。魏源批评和纠正了一些人所谓"天朝"无所不有，不必仰赖洋货的盲目自大思想，认为对外贸易可以做到双方互利，并提出可以进口"棉米呢羽……铅铁硝布等有益中国之物"（《海国图志》卷二《筹海篇》四《议款》），可以出口丝茶等外洋必需之物以交换外洋船舶火器以"自修自强"（《圣武记》卷十《道光洋艘征抚记》上）。另外，魏源还开始对国际贸易差额（虽然他并未使用这一国际贸易术语）进行分析。如他曾以道光十七年（1837）广东海关报告《粤海关志》提供的进出口贸易品及其价值为依据，分析了当年贸易差额及由此出现的白银进出口问题。经分析发现，中国本应有贸易顺差1494.5万元；可是，由于有了鸦片贸易（当年仅英国即向我国输入鸦片四万箱，价银2200余万元），中国便一反贸易"顺差"而为"逆差"国了（同上）。

五是颇具新意的财政思想。魏源曾对税源的培养作了如下形象

---

① 马克思：《资本论》第3卷，人民出版社2002年版。

化的表述:"善赋民者,譬植柳乎!薪其枝叶而培其本根。不善赋民者,譬则剪韭乎!日剪一畦,不罄不止。"(《内微堂内集》卷三《治篇十四》)魏源又主张扩大关税、盐税等商业税的收入以补农业税收之不足(《淮北票盐志叙》及《海国图志》卷二《筹海篇》四)。这是封建经济正发生质的变化的体现,比龚自珍"国家断断不恃榷关所入"(《定盦文集补编》卷二《送钦差大臣侯官林公序》)之说进步多了。

正如有学者所论:"在中国经济思想的发展过程中,魏源的经济思想是一个巨大的转折点的开始,他作为发轫者的历史作用是不可忽视的。他既是古典的中国旧经济思想的最末一个最值得称述的思想家,也是中国第一个前往近代资产阶级经济学'圣地'朝拜的'香客',尽管尚未升堂,也未像唐三藏那样取来了全部'真经'。"(胡寄窗:《中国近代经济思想史大纲》)

(四)冯桂芬、王韬、薛福成的经济思想

冯、王、薛三人皆吴地人,是 19 世纪 60 年代以来继龚自珍、魏源之后继续提倡向西方学习的先进人士。其生平事迹俱见本章"政治学"类相关条目,这里仅介绍他们的经济思想。

冯桂芬在经济思想上并无多少建树,他的贡献主要有二:一是继续高张魏源的"师夷长技"的大旗,强调"法苟不善,虽古先吾斥之;法苟善,虽蛮貊吾师之"。(《校邠庐抗议》卷下《收贫民议》)二是提出了一个学习西方的原则,即所谓"以中国之纲常名教为本,辅以诸国富强之术"。(《校邠庐抗议》卷下《采西学议》)这一主张,实为后来洋务派所谓"中学为体,西学为用"之张本。

王韬原本也是一个"重农桑而抑末作"传统信条的卫道者,后来才提出"借商力以佐国计",旅英后始进而形成"商富即国富"、"恃商为国本"(《弢园文录外编》卷十《代上广州冯太守书》)的重商思想。在工矿企业的组织形式上,他同魏源一样,主张应采取

"民间自立公司"的形式，并认为"官办不如民办"。（同上）

薛福成1879年写《筹洋刍议》时已认识到要获致富强，必须以"工商为先"，但仍坚持要"耕战植其基"。他说"昔商君之论富强也，以耕战为务；而西人之论富强也，以工商为先。耕战植其基，工商扩其用也。然论西人致富之术，非工不足以开其源，则工又为基而商为其用"。（《筹洋刍议·商政》）及十年后出使四国，在资本主义制度的直接熏陶下，其重商思想进一步发展，认为"欧洲立国以商务为本，富国强兵，全藉于商"（《出使日记》卷二，1890年8月9日记），"夫商为中国四民之殿。而西人则恃商为创国造家、开物成务之命脉，迭著神奇之效，何也？盖有商则士可行其所学而学益精，农可通其所植而植益盛，工可售其所作而作益勤，是握四民之纲者，商也。"（《庸庵海外文编》卷三《英吉利用商务辟荒地说》）在宣扬、提倡股份公司方面，薛福成比魏源、王韬走得更远，以至达到完全无视公司制弊端，把公司制说成能移山填海、驱驾风电、制御水火之无所不能之妙法的地步。薛福成还针对顽固派"机器夺小民生计"的流行观点指出，机器生产不仅不夺小民之利，且能更好地"殖财"、"养民"。（《庸庵海外文编》卷三《用机器殖财养民说》）

（五）潘序伦与立信会计专科学校

潘序伦（1893～1985），又名秩四。江苏宜兴人。早年，先后入南京法政大学、南京海军军官学校、上海圣约翰大学学习。后赴美留学，获哈佛大学硕士、哥伦比亚大学博士学位。回国后，先后任东南大学附设商科大学教务主任兼会计系主任、暨南大学商学院院长等。1927年元月，创办"潘序伦会计师事务所"，后取《论语》"民无信不立"意，将其定名为"立信会计师事务所"，并开办"立信会计补习学校"。由于他在业务活动中讲求信誉和公道，加上他文字、外语功底坚实，中西学兼擅，一时声名远播，深得各界好评。

1937年，潘序伦正式创办立信会计专科学校，后又陆续在桂林、南京、重庆、广州、天津等地设立会计师事务所。校务和事务所业务外，潘序伦又历任中国经济学社常务理事、国民政府主计处筹备委员会委员、主计处主计官、经济部常务次长、全国经济委员会委员等。中华人民共和国成立后，立信会计专科学校并入上海财政学院，潘又把主要精力投入到英、美等国会计书籍的编译上。1979年，任上海会计学会理事及顾问、中国会计学会顾问。1980年，上海立信会计专科学校复校后，任名誉校长。1985年去世，年93岁。

潘序伦著有《高级商业簿记教科书》、《会计学》、《中国政府会计制度》、《公司会计》、《审计学》等，编译有《立信商业丛书》等。是我国当代杰出的会计专家、会计教育家。1985年10月，财政部颁发荣誉证书，以表彰潘序伦毕生献身我国会计事业，为我国会计学研究、教育和实际工作所做出的重大贡献。

（六）薛暮桥的社会主义经济理论

薛暮桥（1904～2005），原名薛雨林。江苏无锡人。1918年，入江苏省立第三师范学校读书。1920年因父病逝辍学，去杭州铁路当实习生，习会计。后任新龙华车站、笕桥车站站长，并投身工人运动。1927年3月，加入中国共产党。"四·一二"反革命政变后被捕入狱，在三年的监狱生活中自学了经济学、哲学和世界语。1930年出狱后，回无锡南柳县立小学任教。1933年，经陈翰笙介绍，到广西师范学校任教，改名薛暮桥。1934年7月回上海，加入陈翰笙等组建的中国农村经济研究会，任《中国农村》月刊编辑、主编，以该刊为阵地，开展中国社会性质论战，批判托派对中国社会性质的认识，批判农村改良主义，对中国共产党领导的土地革命斗争起到了宣传作用。历任新四军直属教导总队训练处副处长、苏北抗日军政大学训练部部长、中共中央山东分局政策研究室主任、山东根据地省政府秘书长兼实业厅长。中华人民共和国成立后，历任政务院财经委员会秘书长、私营企业局局长、国家计划委员会副主任、国家统计局局长、国家财经委员会副主任、全国物价委员会主任、中国科学院社会科学学部委员、国家计划委员会顾问、经济研究所所长、国家经济体制改革办公室顾问、国务院经济研究中心总干事、国务院发展中心名誉主任等。2005 年去世，年 102 岁。

薛暮桥从事经济研究和实际工作达七十余年，是我国老一辈马克思主义经济学家的杰出代表，是国内外公认的经济学大师，是改革开放以来经济决策咨询工作的一位卓越组织者，为改革开放和我国社会主义经济发展作出了重大贡献。著有《中国农村经济常识》、《农村经济底基本知识》、《计划经济与价值规律》、《中国国民经济的社会主义改造》（与人合著）、《社会主义经济理论问题》、《中国社会主义经济问题研究》、《当前我国经济若干问题》、《我国国民经济的调整和改革》、《按照客观规律管理经济》、《论中国经济体制》等。特别是 1979 年出版的《中国社会主义经济问题研究》一书，短短一年时间重印十二次，并被译成英、法、日、西班牙等文字发行，在国内外产生较大影响。一位外国记者称该书"是一个反映和推进中国经济现代化的蓝本"，称赞薛暮桥"不是关在象牙塔内的学者，而是参与制定实际经济政策的行动派。"

（七）孙冶方的经济改革思想

孙冶方（1908～1983），原名薛萼果，曾用名宋亮、一洲、宝山、方青等。江苏无锡人。1923 年初读小学时，加入中国社会主义青年团，同年底转为中共党员，并任中共无锡支部第一任书记，时 16 岁。1925 年 11 月。赴莫斯科大学学习。1927 年毕业后，分配至莫斯科东方劳动者共产主义大学任政治经济学讲课翻译。1928 年，回莫斯科大学任翻译。1930 年回国后，先后任上海人力车夫罢工委员会主席、人力车夫总工会筹备委员会主席、沪东区工人联合会筹备委员会主席。1933 年，与陈翰笙等发起成立中国农村经济研究会。

后又与研究会同志创办新知书店、中国经济资料室，发行《中国农村》月刊，并任月刊编辑。1937 年 5 月，调任中共江苏省文化工作委员会书记。1941 年 6 月，去苏北根据地，任华中局宣传部宣传教育科科长、华中党校教育科科长。其后，又任淮南津浦路西区地委宣传部部长、苏皖边区政府货物管理局副局长、华东财政办秘书长兼山东政府实业厅副厅长等。中华人民共和国成立后，历任上海军事管制委员会重工业处处长、华东军政委员会工业部副部长、国家统计局副局长、中国科学院经济研究所所长等。

1956 年 11 月，孙冶方撰写《把计划和统计放在价值规律的基础上》一文，批评斯大林把价值规律和国民经济计划管理对立起来的观点。同期，他还批评总产值指标妨碍了对企业的科学管理。孙冶方积极探讨社会主义经济理论，并逐步形成了自己的以自然经济论为批判对象，以价值规律内因论和商品生产外因论为基础的理论体系，积极倡导经济体制改革。孙冶方从 1960 年底开始，着手编写《社会主义经济论》，系统清算阻碍社会主义经济理论发展的各种有害倾向。1964 年 8 月，被戴上"中国经济学界最大的修正主义者"帽子，受到全国范围内的公开批判。1968 年 4 月 5 日，被捕入狱。直到 1975 年 4 月 10 日才"无罪"释放。狱中，仍默记《社会主义经济论》里的内容。出狱后，继续投入写作。1979 年 8 月，已患癌症晚期的他，在别人帮助下，又用一年左右时间，完成《社会主义经济论》大纲二十余章。

"文革"后，孙冶方以高昂热情继续写文章、作报告，对社会主义建设中的重大理论问题继续作深入研究，对新时期经济建设方针的确立提出了不少有意义的见解，并为党和政府所采纳。1978 年以来，历任中国社会科学院顾问、国务院经济研究中心顾问、中国社会科学院经济研究所名誉所长、国务院学位委员会评议组成员、第五届全国政协委员、中共中央顾问委员会委员长等。1983 年 2 月 22 日在北京病逝，年 75 岁。

著有《中国社会性质的若干理论问题》、《社会主义经济的若干理论问题》、《关于"资产阶级法权"》、《关于改革我国经济管理体制的几点意见》、《社会主义经济论》等，是我国经济学界对传统经济体制实施改革的最早倡导者，并为此付出过沉重代价。历史将会永远记住他。中国科学院 1985 年设立"孙冶方经济科学奖"，是迄今为止中国经济学界的最高奖。

（八）顾准论社会主义制度下的商品生产和价值规律

顾准（1915～1974），曾用名顾哲云、吴达人、吴绛枫等。原籍苏州，出生于上海。1927 年由黄炎培所办中华职业学校旧制商科初中毕业后入潘序伦创办之立信会计事务所任练习生。从 1927 年到 1940 年，顾准在立信断断续续工作了 14 年。由于勤奋学习，他从刻蜡纸、印讲义做起，很快成长为夜校部主任，之江、沪江等几所大学的兼职教授。此间，他在从事秘密革命活动（1934 年参加革命活动）的同时，在会计专业领域也是收获颇丰。1934 年，商务印书馆出版了他的《银行会计》一书，这一年他才 19 岁。后来，又以他自己的名字，或署名潘序伦，或与潘序伦合作等形式，陆续出版了《银行会计教科书》、《初级商业簿记教科书》、《簿记初阶》、《股份有限公司会计》、《中华银行会计制度》、《中华政府会计制度》等。

顾准 1934 年参加革命活动。次年加入中国共产党。历任中共江苏省委职工委员会书记、江苏省委文委副书记（书记为孙冶方）、澄锡虞工委书记、华中分局财委委员、山东省财政厅厅长等，并曾于 1943 年到延安中央党校学习。新中国成立后，任上海市财政局长兼税务局长、财经委员会副主任，中央建筑工程部财务司司长，洛阳工程局副局长，中国科学院资源综合考察委员会副主任，中国科学院经济研究所研究员等。

1952 年至 1974 年的 22 年，顾准数历磨难坎坷。先是 1952 年的"三反"运动中，他受到撤销党内外一切职务的错误处分。1957 年和 1965 年，又两次被错划为右派分子。从 1957 年到 1974 年被迫害致死的 17 年，顾准基本上是在劳动改造中度过的。

顾准勤奋好学，善于思考，敢于追求、坚持真理。1957 年，他的《试论社会主义制度下的商品生产和价值规律》一文在《经济研究》1957 年第 3 期上刊出。该文认为，社会主义经济不可能没有经济核算，核算工具则只能借助于货币、工资、价格这一公共的价值尺度。社会主义经济是计划经济与经济换算的矛盾统一体，在这个经济体系内，强调哪一方面，都会否定另一方面。社会主义只要是在社会化的生产，价值规律就有其无法抹煞的作用和意义。著名经济学家吴敬琏曾盛誉顾准是"一个才华横溢、具有鲜明个性的奇人"，是"中国经济学界提出在社会主义条件下实行市场经济的第一人"。(《〈顾准日记〉序一》)

顾准是一个具有多方面学术兴趣并对许多问题都有深邃见解的学者、思想家。例如，中国为什么没有如同希腊罗马那样发展起作为欧洲文明滥觞的城邦和共和制度，而是形成了几乎牢不可破的东方专制主义传统；中国的"史官文化"传统是怎样形成的，什么是"史官文化"的本质以及应当怎样对待"史官文化"；在革命胜利前生气蓬勃的革命理想主义为什么会演变为庸俗的教条主义；社会主义革命成功、"娜拉出走以后"要采取什么样的政治经济体制才能避免失误和取得真正的进步等等，顾准都一一给出了自己的解答，虽非不可移易，却发人深省、深思。顾准有关上述问题的探讨，见《顾准文集》、《顾准日记》等。

(九) 薛葆鼎在基本建设经济学科等领域的贡献

薛葆鼎 (1916~1998)，无锡人。1941 年毕业于成都金陵大学化工系。1947 年获美国匹斯堡大学硕士学位。中华人民共和国成立后，历任国家建设委员会、计划委员会重工业局第一副局长，中国基本建设经济研究所所长，国务院技术经济研究中心顾问，中国国际工程咨询公司第一届理事长、专家委员会顾问，国家计委计划经济研究中心顾问，中国基本建设委员会研究会副理事长，中国社会经济系统工程学会理事长，中国社会科学院研究员、研究生院教授、博士生导师等。长期从事工业经济管理和工业经济研究工作，是我国基本建设经济学科和社会经济系统工程学科的主要倡导者和学科带头人之一。进入20世纪90年代后，又主张突出投资倾斜于改进全国生态系统，重点建设应优先安排防洪抗旱、治沙治碱以带动工农业生产与整个社会经济系统，同时也重点安排交通、通信、能源与基础原材料工业。

著有《中国现代化的整体论》、《基本建设投资效果研究》、《再论现代化的整体论》等。

（十）吴地学者关于"苏南模式"的研究

改革开放以来，以吴地苏、锡、常为代表的苏南地区在发展乡镇企业、突破计划经济体制、建立市场经济基本框架、改变传统发展观和传统增长方式、转变政府职能等诸多方面，积极实践、探索、创新，取得了令人信服的成绩，成为万众瞩目的所谓"苏南模式"。

"苏南模式"的出现，引起了各级政府和学术界的极大关注。仅有组织、规模较大的学术研讨会即有1981年12月于无锡县由中国农业经济学会、中国社科院农业经济研究所、农业部人民公社企业管理总局、江苏省社科院、省经济学会、省社队企业管理局联合召开的"全国社队、农工商联合企业学术讨论会"；1985年12月于无锡县洛社镇由江苏省社科联、省政府经济研究中心、省社科院、省经济学会、省农村开发研究中心、省乡镇企业局、中共江苏省委农村工作部、无锡市社科联联合召开的"江苏省乡镇企业经济理论讨论会"；1990年4月于吴江县由中国乡镇企业管理研究会、南京大学国际商学院乡镇企业研究室、苏州大学财经学院乡镇企业研究室、中共吴江县委农村工作部联合召开的"全国乡镇企业管理研讨会"等。

20世纪70年代以来，由吴地学者撰写的有关"苏南模式"的学术论著也陆续涌现。比较重要的有无锡人、曾任江苏省社科院经济研究所所长、研究员的顾松年的《社队企业问题研究》（发表于1980年1月2日《理论研究》第26期）、《乡镇企业经济理论研究在实践中开拓前进》（与人合著。发表于《经济研究》1985年第5期）、《苏南模式研究》（与人合著。南京出版社1990年版）；无锡人、曾任江苏省乡镇企业管理局调研处处长的莫远人主编、顾松年等撰稿的《江苏乡镇工业发展史——兼论农村的未来》（南京工学院出版社1987年版）；溧阳人、曾任《群众》杂志副主编、《外经导报》主编的蒋青萍等执笔的《大有希望的新生事物——江苏无锡县发展社队工业的调查报告》（刊载于《红旗》杂志1975年第10期）；吴江人、曾任中共江苏省委研究室主任的朱通华的《论"苏南模式"》（江苏人民出版社1987年版）等。上述论著，从"苏南模式"的概念、形成的必然性、内涵的多样性、历史地位与作用、同其他经济发展模式的比较、"苏南模式"的局限性及其发展趋势等诸多方面，对"苏南模式"作了比较深入全面的研究，促进了"苏南模式"的健康发展。特别值得一提的是，著名学者费孝通先生于迟暮之年，仍十分关心家乡吴地的经济建设，对"苏南模式"给予了充分肯定，并提出过许多有建设性的意见。

三、政 治 学

（一）葛洪的"有君论"与鲍敬言的"无君论"

葛洪（约284～约364），字稚川，号抱朴子。晋丹阳郡句容（今属江苏）人。出身世族，祖、父世代为官。少时博览群书，尤好神仙导养之术。及长，就学郑隐，受炼丹术。西晋惠帝时，因参加镇压石冰领导的农民暴动有功，受封伏波将军。后"投戈释甲"，流落广州，师事鲍玄，服食养生。东晋开国，元帝追叙旧功，赐爵关内侯，任以咨议参军等职。但葛洪却以"不仕为荣"，率子侄辈在浙江上虞兰风山、杭州保俶山、江苏茅山等地炼丹。后再度南行，以丹鼎生涯终老于广州罗浮山。

葛洪是道教丹鼎派理论体系的奠基人。著《抱朴子》七十卷。其《内篇》二十卷，"言神仙方药、鬼怪变化、养生延年、禳邪却祸之事"，为论道术部分；《外篇》五十卷，论"人间得失，世事臧否"，为论儒术部分。葛洪一方面强调"道者，儒之本也；儒者，道之末也"（《抱朴子·内篇·明本》），置"道"于"儒"上；另一方面，又十分重视儒家的纲常名教在"治国"中的作用，要求道教徒恪守儒家的忠、孝、仁、义，旨在将道、儒统一糅合起来。在社会政治观上，葛洪持"有君"、"尊君"论。尝谓："乾坤定位，上下以形。远取诸物，则天尊地卑，以著人伦之体；近取诸身，则元首股肱，以表君臣之序。降杀之轨，有自来矣。"（《抱朴子·外篇·诘鲍》）即天地有上下之分，五体有主从之义，人伦有尊卑之别，政治有君臣之序，皆天经地义，是自然法则之体现。在他看来，唯有君主制度才能为人群"去害兴利"，调节人际关系，避免愚民无序纷争，"人人相食"惨剧的发生。

葛洪的上述看法并非无故，乃针对同代人鲍敬言的"无君论"而发。

鲍敬言，东晋人，生平事迹不详，其"无君论"观点保存在葛洪的《抱朴子·外篇·诘鲍篇》中。

鲍敬言上承曹魏时人阮籍《大人先生传》中"无君而庶物定，无臣而万事理"的"无君"思想，并予发挥，从而形成了自己的一套有关君主产生、君主祸害和去除君主必要性的系统理论。针对儒家"天生烝民而树之君"的"君权神授"的天命论，鲍敬言指称：天地、万物、人类皆统一于"元气"，不存在尊卑、贵贱之别，且远古本无君、无刑、无法，后来才出现了"强者凌弱"、"智者诈愚"，才出现了"君臣之道"。而君主制恰恰是人间一切祸患的根源。因为，有了君臣，也就有了徭役赋税、兼并掠夺、严刑酷罚、征伐战争，结果"无道之君，无世不有，肆其虐乱"。鲍敬言还针对儒家一向宣扬的明君治国则天下安定的说法指出，即使由最开明的君主实施统治，也不如无君。因为，轻徭薄赋，不如不聚不敛；偃武修文，不如无须征伐；许多君主不是不想治平，可天下实在是越治越乱。总之，"獭多则鱼扰，鹰众则鸟乱，有司设则百姓困，奉上厚则下民贫。"要解决这些问题，唯一的办法就是取消"肆酷恣欲，屠割天下"的君主制度，使人们重新回到"身无在公之役，家无输调之费，安土乐业，顺天分地，内足衣食之用，外无势利之争"的上古无君之世去。

鲍敬言对黑暗的封建君主制的无情揭露，固然有其进步的一面，但他的"古者无君，胜于今世"的复古倒退思想，却是消极的，行不通的。

（二）范仲淹"先天下之忧而忧，后天下之乐而乐"的从政思想

范仲淹（989～1052），字希文，谥文正。祖籍陕西邠州，后徙吴县（今江苏苏州）。北宋真宗大中祥符八年（1015）进士，授广德军司理参军。后调任集庆军节度推官，从八品。仁宗天圣初，任泰州兴化令，主持修筑捍海堰，世称范公堤。不久，经晏殊荐为秘阁校理。后因多次上书言事，先后贬黜河中、睦州、饶州等地。景祐元年（1034），移知苏州，建孔庙，创办苏州府学（后改名文正书院）。后迁吏部员外郎，权知开封府。时陕北用兵，自请行，与韩琦同任陕西经略安抚副使，兼知延州，备御西夏。任内，采取"屯田久守"、"守边域、实关中"的正确方针，又号令严明，爱抚士卒，累建功勋，西夏传称"小范老子胸中有十万甲兵"，终使西夏与宋重订和议。旋拜枢密副使，改参知政事。庆历三年（1043），向仁宗上

《答手诏条陈十事》奏疏，所言十事（明黜陟、抑侥幸、精贡举、择官长、均公田、厚农桑、修武备、减徭役、覃恩信、重命令），皆中时弊。后仁宗采纳了范的改革方案，遂有所谓"庆历新政"出。但仅仅过了一年左右，范的改革便在保守派的一片反对声中以失败告终，范本人亦被迫离开朝廷，先后任陕西、河东宣抚使，邓州、杭州、青州等地知州。皇祐四年（1052），病逝于徐州，年64岁。

范仲淹博通六经，知人善任，是封建社会难得的一名有学问，有识见，勤政廉政，既得民心，又富改革精神的清官、好官。时民谚尝赞之曰："朝廷无忧有范君，京师无事有希文。"庆历六年（1046），改革新败，他仍应友人，时谪守岳州的滕子京之邀，撰写了著名的《岳阳楼记》，抒发其"先天下之忧而忧，后天下之乐而乐"的高尚情怀和"居庙堂之高则忧其民，处江湖之远则忧其君"的忧患意识，实属难得。

范仲淹十分重视教育，尝建议朝廷"劝天下之学，育天下之才"。每至一处，辄大力兴学，延名士如胡瑗等讲学。"庆历新政"施行时，各州县更普遍立学。又与韩琦、欧阳修等鼓励讲学，促进北宋理学之兴。如被称为发端期"理学三先生"之一的胡瑗，就曾应范仲淹之聘在苏州府学讲学五年；理学关派创始人张载学《中庸》，亦曾得范仲淹之指点、启发。

著有《范文正公集》等。

（三）东林党人的社会政治观

东林党兴起于明末神宗万历年间，得名于顾宪成、高攀龙等人创办的"东林书院"及其政治活动。

顾宪成（1550～1612），字叔时，号泾阳，学者称东林先生。无锡（今属江苏）人。万历八年（1580）进士，授户部主事、吏部主事。后因与权臣张居正等相忤，又上疏刺及时政，贬为桂阳州判官、处州推官、泉州推官。因政绩突出，复调京任吏部考功司主事、部员郎、验封司及文选司郎中等。后又因上疏反对神宗"三王并封"和所选阁臣,"忤帝意",于万历二十二年(1594)革职回原籍。万历三十二年(1604),与高攀龙等在常州知府、无锡知县和地方乡绅的支持下,于北宋杨时(龟山)讲学旧址重建东林书院。顾、高等经常讲学其中,讽议朝政,抨击阉党,士大夫多附会,时称东林党。又仿朱熹《白鹿洞规》制订有《东林会约》,规定每年大会一次,除寒暑月份外,每月小会一次。每会,于"讲学之余,往往讽议朝政,裁量人物",形成一个兼具学术和政治色彩的松散士大夫政治集团,成为明末政治舆论的中心。

万历四十年(1612)顾宪成病故后,由高攀龙接主东林书院。高攀龙(1562~1626),亦无锡人。万历十七年(1589)进士,尝任行人司行人。后因得罪权臣贬官,遂以守母丧为由不赴任在家乡讲学,并与顾宪成一起创办东林书院。熹宗天启元年(1621)复起,先后任光禄寺、太常寺、大理寺少卿,刑部右侍郎,左都御史等。后终因反对阉党魏忠贤于天启四年(1624)被削职为民。返乡后仍主东林书院。

东林党人盛时著籍者即达数百人,著名者为无锡顾宪成、顾允成(宪成弟)、高攀龙、安希范、刘元珍、叶茂才,常州钱一本、薛敷教,称"东林八君子"。天启初,以高攀龙为代表的东林党人曾一度在朝廷中执掌部分权柄,颇为得势,但很快就遭到阉党魏忠贤的血腥镇压。高攀龙于被捕前投水自尽,杨涟、左光斗、魏大中、周顺昌、黄尊素等数十人被迫自杀或冤死狱中,数百人遭遣戍,遭革职、蒙冤、株连、通缉打击者达数千人,书院亦被毁。1627年,崇祯帝朱由检即位,处死魏忠贤,惩办阉党,东林党人得平反昭雪,东林书院亦得修复。

在政治上,东林党人是中心地主和商人阶层利益的代表者。他们关心国事,反对神宗派矿监、税使横征暴敛,主张体恤富民、商人;反对黑暗政治,主张"尊经重道",广开言路,任用贤才,整肃吏治。如著名东林党人李三才在疏陈矿税之害时公然指责皇帝"陛下爱珠玉，民亦慕温饱；陛下爱子孙，民亦恋妻孥。奈何陛下欲崇聚财贿，而不使小民享升斗之需；欲绵祚万年，而不使小民适朝夕之乐？"劝诫君主"欲心既去，然后政事可理。"（《明史·李三才传》）徐如珂还主张对贫民和富民采用不同的减税率，以"恤贫民"，"体富民"；批评传统救灾之策，"主于恤贫民，而易于累富民"，甚至"使富者因贫者而倾家"。（《徐念阳公集》卷七）力图在贫民、富民和国家间寻求利益均衡，缓和社会矛盾。

东林党人学宗正统，尊君重道，其政治主张归根到底还是维护纲常名教和大明王朝的稳定。作为儒学圣道的崇拜者和践行者，他们在从政实践中多能爱护百姓，惩治贪吏，为政清廉，但其思想主张却并无多少新意，充其量仍不过先秦儒家"民本"、"仁政"那些老套套。当然，与同时的阉党相比，其"学者应以天下为己任"（高攀龙语），"风声、雨声、读书声，声声入耳；家事、国事、天下事，事事关心"（顾宪成为东林书院题写的对联）的高尚情怀，还是受到了后人的称颂、传扬。

东林党人多能文，有著述。顾宪成著有《四书讲义》、《小心斋札记》、《证性编》、《泾皋藏稿》等，后人集为《顾端文公遗书》。高攀龙著有《周易易简说》、《周易孔义》、《春秋孔义》、《四书讲义》、《正蒙释》等，门人集为《高子遗书》。其他重要成员亦多有文集传世。较全面反映东林书院事迹的有清许献（乡三）、高延珍、高陛等编撰的《东林书院志》第四稿。东林党人的一些有代表性的篇章，又曾由清人顾沅辑为《乾坤正气集》。

（四）顾炎武对"私天下"政治体制的批判

顾炎武（传略及整体学术成就见前《经学》、《史学》章相关条目）不仅是著名经学、小学、史学大家，也是政治活动家和政治学者。早年即留心时政，参加过复社反对宦官专权的斗争。明亡后，曾在家乡参加过抗清斗争，并矢志永不仕清。

在政治体制上，顾炎武颇留恋三代的分封制，指斥建立在郡县制基础上的专制君主集权制。尝谓"古之圣人，以公心待天下之人，胙之土而分之国；今之君人者，尽四海之内为我郡县犹不足也"。专制君主出于"专大利"的目的，视天下为私产，集大权于一身，由此造成了维护私天下的一整套法律制度和官僚制度。在这种制度下，帝王既要依靠百官，又怕百官弄权。由于权在君上，拘束太甚，致贤者唯唯诺诺，不肖者又上下其手，贪赃枉法。总之，君主集权是各种政治弊端的总根源。（《顾亭林诗文集·郡县论一》）但顾炎武也知道，恢复三代的分封制已不可能，于是作为变通，他又提出"寓封建之意于郡县"的政治设计方案。他说："所谓天子者，执天下之大权者也。其执大权奈何？以天下之权，寄之天下之人，而权乃归之天子。自公卿大夫，至于百里之宰，一命之官，莫不分天子之权，以各治其事，而天子之权乃益尊。"（《日知录》卷九《守令》）又谓："封建之失，其专在下；郡县之失，其专在上。"（《顾亭林诗文集·郡县论一》）当今制度的最大弊端是郡县无权，唯有天子将天下之权分配给百官，才能真正实现"执天下之权"。其基本构想是：从中央到地方层层分权；赋予县令"生财治人"之权和选聘县丞以外其他吏职之权；尊令长之职，改七品知县为五品县令，并选拔熟悉风土人情的贤才担任；经三年试用和十二年考察，凡称职的县令晋级益禄且得为终身之任；获终身留任的县令，年老退休时可传子或荐贤为新县令。顾炎武的出发点是用"分"和"放"的办法限制君权，试图以兼取郡县与封建之长的办法改革现行权力配置，合理分配中央和地方权力。这些固然有其合理的一面，但他之过分放大县令权力，甚至恢复世袭制，又不免失之偏颇了。

顾炎武又尖锐批判与君主专制的郡县制密切相关的科举和生员制度。他在《日知录自序》中提出"明学术，正人心，拨乱世，以兴太平"的心愿，指斥空谈心性、八股取士危害极大，其对学术、人才的摧残甚于秦始皇的焚书坑儒。针对当时官僚、胥吏、生员同滥同腐的种种弊端，顾炎武大声疾呼："废天下之生员而官府之政清，废天下之生员而百姓之困苏，废天下之生员而门户之习除，废天下之生员而用世之才出"。（《顾亭林诗文集·生员论》）又谓八股取士的科举制度，"败坏天下之人才，而至于士不成士，官不成官，兵不成兵，将不成将。"（《日知录》卷十七《生员额数》）顾炎武主张大幅度改革国家的育才和选官制度。一是要改革现行考试制度，限制生员人数，主要选拔兼通"五经"、"二十一史"和当世之务的人才。二是仿照古代的乡举里选的做法，以"辟举"制度代替现行的生员科举制度。三是实行买爵办法，允许用钱买取功名、地位。看来，顾炎武对科举弊端的批判虽称尖锐、深刻，但他所给出的解决方案，却多是陈旧的，已被历史淘汰的。

顾炎武政治思想最精彩处实在于他对君权绝对性的批判，对"国家"（政权）、"天下"（社会）的区分。顾炎武认为，君主只是一种职务，"而非绝世之贵"（《日知录》卷七《周室班爵禄》）。又辨析"天下"与"国家"、"亡天下"与"亡国家"之别曰："有亡国，有亡天下。亡国与亡天下奚辨？曰：易姓改号，谓之亡国；仁义充塞而至于率兽食人，人将相食，谓之亡天下。……保国者，其君其臣，肉食者谋之；保天下者，匹夫之贱与有责焉耳矣。"（《日知录》卷十三《正始》）即"国家"乃一人一姓之王朝；天下才是天下人的天下。"天下"高于一家一姓之"国家"。这一思想，后来被梁启超概括为"天下兴亡、匹夫有责"。长期以来，统治者无不把自己一家一姓之私利冒充为全民利益，蒙骗民众为其卖命。顾炎武否定君权的绝对性，把"君权"与天下社会区分开来，把孟子的"民贵君轻"论发展到新的高度。

（五）龚自珍的变法思想

龚自珍（1792~1841），又名巩祚、易简、自暹，字璱人，又字爱吾、伯定，号定盦、羽琌山民、观实相之者。清浙江仁和（今杭州）人。12 岁随外祖段玉裁习《说文》。及长，从刘逢禄受《公羊春秋》，转治今文经，欲由通经而致用也。后又从江声孙江沄学佛。尝游昆山，购徐秉义故宅，因卜居，名“羽琌山馆”。道光九年（1829）进士，历官内阁中书、宗人府主事、礼部主事。道光十九年（1839）辞官归，安顿眷属于羽琌山馆，自己则往来吴越间，就江苏丹阳书院、杭州紫阳书院讲席。二十一年（1841），拟赴沪入江苏巡抚梁章钜幕参与抗英，未及行即暴卒于丹阳县署馆舍，年五十岁。死因一直众说纷纭。

其治经，始由训诂，后转好今文之学，意在经世致用。经、史外，又熟悉掌故，通蒙古文，旁及诸子，道释，金石、术数，莫不贯通。随着沙俄向中国不断扩张，颇重视西北地理等的研究。著述颇丰，惜多不传，主要有《明良论》、《古史钩沉论》、《西域置行省议》、《羽琌山馆金石墨本记》、《太誓答问》、《春秋决事比》、《定盦诗文集》等。今人辑有《龚自珍全集》。

与乾嘉学派为经学而治经学不同，龚早年持论即已着眼于世风时政，有经世之志。后来，更一反当时经学家媚古之习，留心当代治教，首倡变法之论。如谓：“一祖之法无不敝，千夫之议无不靡，与其赠来者以勃改革，孰若自改革？”（《乙丙之际著议》第七《劝豫》）希望才识之士站出来，打破这“万马齐瘖”的局面。时去乾嘉盛世未远，举世方酣嬉醉饱，而龚氏独能有此“将败”之忧患，实属难得。鸦片战争前，龚即忧虑沙俄觊觎我国领土，致力于边疆史地之研究，主张移民实边，开发西北，保卫边疆，抗御外侮。鸦片战争前夕，又积极支持林则徐禁烟，激励林决不要“游移万一”，要“修整军器”以对付侵略者。无奈，当时清廷已日趋腐败，龚不惟看不到希望，且遭排挤，遂渐入颓唐，“从兹礼佛烧香罢”，“甘隶妆台伺眼波”（《己亥杂诗》其二七五、二五二），日逃于禅、遁于色了。此固龚自身之不幸，亦时代之大不幸。

（六）魏源的"师夷长技以制夷"思想

魏源（1794～1857），原名远达，字默深，法名承贯。清湖南邵阳人。父邦鲁，尝任江苏巡检、宝山主簿。源自幼即随其父，在江苏时多。嘉庆十八年（1813）举拔贡，次年入都，从胡承珙问汉儒家法，从姚学塽问宋儒之学，学《公羊》于刘逢禄。道光二年（1822）中举人，入赀任内阁中书舍人候补。与龚自珍、林则徐友善，切磋学问，谈论时政。六年（1826），为江苏布政使贺长龄辑《皇朝经世文编》，益留心经世之学。继为江苏巡抚陶澍筹议漕运、水利、票盐三大政，撰《筹漕篇》、《筹鹾篇》、《筹海篇》等。鸦片战争期间，为两江总督裕谦幕僚，参与浙东抗英战役。道光二十四年（1844）中进士，以知州用，权江苏东台、兴化县事。咸丰元年（1851），补高邮州知州。三年（1853），于高邮州组织团练，对抗太平军。后为忌者以迟误驿报劾罢，遂侨居兴化，礼佛之余，手订平生著述，不与人事。咸丰七年（1857）卒于杭州，年63岁。

魏源学识渊博，湛深经术，尤精史地。著有《诗古微》、《书古微》、《公羊古微》、《董子春秋发微》、《两汉经师今古文家法考》、《默觚》、《老子本义》、《孙子传注》、《庸易通义》、《元史新编》、《圣武记》、《海国图志》等。自编有《古微堂内外集》，汇辑有《净土四经》。今人辑有《魏源集》。

后之论者每诋毁魏氏空疏少实，殊不知魏氏治学之旨趣本不在考据，而在经世致用。如《圣武记》十四卷，于道光二十二年（1842）《南京条约》签订之年成书并刊行，又于二十四年、二十六年于苏州、扬州两次修订，便是魏源心忧国事，有所感而作。同年，又刊行《海国图志》五十卷（后陆续增至六十卷、一百卷）。该书系以林则徐主持编译之《四洲志》为蓝本，复兼采历代史志及明以来岛志中有关资料，扩充、编撰而成。是书不仅叙述了世界各国历史、地理，介绍了西方先进的科学技术，尤其是战舰、火器等的生产技术，且阐述了魏氏自己的见解，认为英国之强盛，是由于"不务行教而专行贾，且佐行贾以行兵，兵贾相资，遂雄。"斥责顽固派反对"师夷"是"夏虫"、"井蛙"之见，继《圣武记》"以夷制夷"、"以夷攻夷"、"以彼长技御彼长技"之后，进一步明确提出了"师夷长技以制夷"的完整主张。明确认识到要想真正抵御外国侵略，必须迅速学习西方制造战舰、火器及其练兵之法。此外，还表达了对西方近代资产阶级民主政治的羡慕之意。是书不仅对中国政治和学术思想有重要影响，还曾于道光三十年（1850）传入日本，日本学者、政界人士竞为翻译、训解、刊刻、阅读此书，并由此初获有关国际法和立宪政治的知识，对明治维新运动有一定影响。

（七）冯桂芬的改良主义思想

冯桂芬（1809～1874），字林一，号景亭。清江苏吴县（今苏州）人。道光进士，授翰林院编修。咸丰三年（1853），在苏州以在籍京官身份奉诏办团练，升右春坊右中允。咸丰十年（1860），太平军克苏州，避居上海。同治元年（1862），参加组建中外会防局，主张由英、法军队代守上海，借洋枪、洋炮"以复宁、苏"。又尝上书曾国藩，为其镇压太平军出谋划策。李鸿章率淮军到上海时，又入其幕，参与谋划镇压太平军。同治二年（1863），李鸿章奏请清廷批准，仿北京同文馆例，在上海设立上海广方言馆，冯得参与创建工作。又先后主讲金陵、上海、苏州诸书院。

冯桂芬博学能文，重经世致用，传统旧学外，颇重西学研究，关心盐铁、河漕诸政。认为当时中国"受制"于外国，乃"天地开辟以来未有之奇愤"。（《校邠庐抗议·制洋器议》）要自强，就必须"采西学"，"制洋器"，"以中国之伦常名教为原本，辅以诸国富强之术"。（《校邠庐抗议·采西学议》）建议学习西方军事技术，并广泛采用机器生产。尝谓："农具、织具、百工所需，多用机轮，用力少而成功多，是可资以治生"。（同上）主张发展丝、茶等生产，争取对外贸易出超。又曾提出在苏、松、太地区减赋与"折南漕"、"改土贡"等有利于国内商品流通的建议。对清廷的腐败统治颇为不满，曾多次建议改革。其思想对洋务派和资产阶级改良派均有影响。著有《校邠庐抗议》。书以"抗议"名，取"位卑言高之意"（《自序》）。内容涉及政治、军事、经济、财政、教育、取士用人等诸多方面。强调当下弊政丛生，"夷患不已"，如不自强，势必为"夷"所制，故"驭夷为今天下第一要政"。为此，必须革除弊政，振刷纲纪，罢关征，汰冗员，减兵额，改科举，采西学，制洋器，及设立同文馆等。是中国近代较早带有改良主义思想倾向的一部政论集。是书外，尚著有《说文解字段注考正》、《弧矢算术细草图解》、《显志堂集》、《梦奈诗存》等。

（八）王韬的君主立宪思想

王韬（1828～1897），初名利宾，字紫诠，号仲弢，别号天南遁叟，弢园老民。清江苏长洲（今苏州）人。父为塾师，自幼随父读四书、五经，于传统旧学根底颇深。十八岁中秀才。道光二十九年（1849），以家贫赴上海，任教于英国人所办的墨海书馆前后达十三年之久。在太平天国革命和第二次鸦片战争期间，曾多次上书清廷"御戎"、"和戎"、"平贼"，均未获采纳。咸丰十一年底（1862年初），奉命于家乡办团练时，曾化名黄畹向太平军刘肇钧投书献策，事发，被通缉，远逃香港。同治六至九年（1867～1870），随英人理雅各到英国"佐译经籍"，得遍访法、俄等国。同治十三年（1874），在香港办《循环日报》，宣传变法。光绪五年（1879），赴日本。十年（1884）在得到李鸿章默许后返居上海，任格致书院掌院以终。

由于久居香港和遍游英、法、俄、日诸国，广泛接触西方资本主义思想、制度，故多变法自强之言。尝指责顽固派"动循古昔，不知变通"，认为"变古以通今者势也。"（《弢园文录外编·变法上》）批评"重农而轻商"，提出"富强即治之本"。（《弢园文录外编·兴利》）反对外国经济侵略，建议"握利权"，使"中国之利权仍归诸中国"。主张"行泰西之法"，兴"开矿"、"织纴"、"造轮船"、"筑轮车铁路"等"利"，大力发展新式工商业，并"许民间自立公司"，"令富民出其资，贫民殚其力"（《弢园文录外编·重民中》），以推行资本主义雇佣关系。王韬早年曾反对"君民同治"（《弢园尺牍·与周弢甫征君》），后又转而认为"惟君民共治"，"犹有中国三代以上之遗意"（《弢园文录外编·重民下》），主张行君主立宪政体。

著述甚丰，总数约在四十种左右，主要有《弢园文录外编》、《弢园尺牍》、《瀛壖杂志》、《瓮牖余谈》、《扶桑游记》、《普法战纪》、《法国志略》、《西古史》、《俄罗斯志》、《美利坚志》、《西事凡》、《台事窃愤录》、《春秋左氏传集释》、《春秋朔闰至日考》、《春秋日食辨正》、《皇清经解校勘记》、《国朝经籍志》等。

（九）薛福成的变法图强思想

薛福成（1838～1894），字叔耘，号庸盦。清江苏无锡人。咸丰八年（1858）中秀才。之后乡试屡不第。同治四年（1865），撰《上曾侯书》呈曾国藩，建议改革科举，裁减绿营。又曾于曾国藩北上攻打捻军时，拜见曾国藩，并再次上书，终于受到曾的赏识，被召入幕。后以劳绩授直隶州知州，赏加知府衔。复追随李鸿章，为北洋幕府办理外交事务的重要谋士，参与了一系列军国大事的谋划。光绪二年（1876），在清廷就马嘉理案与英交涉时，曾作为随员参与其事，遂以办洋务出力，升任知府。光绪八年（1882），朝鲜发生"壬午兵变"，日本政府借口"平乱"，派兵入侵朝鲜。薛奉命协助直隶总督张树声应对得当，挫败日本侵吞朝鲜的阴谋。光绪十年

（1884）中法战争时，任浙江宁绍台道，加强海防，参与击退法舰对镇海的进攻。光绪十四年（1888），任湖南按察使。次年，任出使英、法、意、比四国大臣。任期六年间，曾于新加坡、槟榔屿、缅甸等地设立护侨领事，废除不准华侨归国禁令，与英国议定《续议滇缅界务、商务条款》等方面做出努力，并取得成功，成为当时公认的著名外交家。光绪二十年（1894），奉召回国，病逝于上海天后宫行辕，年 57 岁。

著有《筹洋刍议》，主张变法图强。认为"天道数百年小变，数千年大变"，处当今之世，"环大地九万里，罔不通使互市，虽尧舜当之，终不能闭关独治。"主张"取西人器数之学，以卫吾尧舜禹汤文武周公之道"。（《筹洋刍议·变法》）在政治体制上，主张君主立宪。认为此制"无君主、民主偏重之弊，最为斟酌得中"，"英、德两国之制颇称尽善。"经济上，主张效法西方"以工商立国"。认为"工商之业不振，则中国终不可以富，不可以强"。又认为人口过多虽是造成人民贫困的原因，但若"能浚其生财之源"，则人满亦可富裕。在道器之辨中，提出"其风气所趋，不能不然者，道也。而道之中未尝无器，器之至者亦通乎道。"（《代李伯相答彭孝廉书》）上书外，尚著有《庸盦文编》、《庸盦文续编》、《庸盦文外编》、《庸盦海外文编》、《庸盦别集》、《庸盦日记》、《出使英法义比四国日记》、《出使日记续刻》、《出使奏疏》、《出使公牍》、《浙东筹防录》、《续瀛环志略》等，后大多收入《庸盦全集》中。

四、社　会　学

（一）明清吴地学者的人口思想

自古以来，为政者多奉行"人者帮之本也"（唐陆贽《陆宣公奏议集·论两河及淮西利害状》）的治国方针，鼓励人口增殖。明清以降，一些学者，包括吴地学者，对人口的过度增殖逐渐有了新的认识。兹简介如下：

冯梦龙（1574～1646），字犹龙，又字子犹、耳犹，号龙子犹，又号墨憨斋主人。明长洲（今江苏苏州）人。著名文学家，著有《喻世明言》、《警世通言》、《醒世恒言》等。文学作品外，尚撰有《甲申纪事》、《中兴伟略》等，阐述自己对时政问题的看法。在人口问题上，明确提出节制生育、控制人口过度增长的主张。认为"人生二男二女"，势必造成人口大量膨胀，无法养育。"不若人生一男一女，永久增减，可以长久。""若生二男二女，每生加一倍，日增不减，何以养之？"（《太平广记钞·古元之》批语）对"多子多孙为福"的传统观念表示了不同看法。

洪亮吉（1746～1809），清代著名经学家，著有《春秋左传诂》等（生平事迹见前"经学"章相关条目）。其人口思想主要见于成书于 1793 年的《意言》一书的《治平篇》和《生计篇》。他曾针对清代前期人口激增的情况指出："田与屋之数常处其不足，而户与口之数常处其有余"，"为农者十倍于前而田不加增"，致"终岁勤动、毕生皇皇而自好者居然有沟壑之忧"。认为要解决人口过剩，不外"天地调剂法"与"君相调剂法"两种。前者指借助自然灾害和疾病流行来减少人口；后者指政府通过发展生产，移民开荒，减轻赋税，反对奢侈浪费，抑制兼并和赈济贫困等以减轻人口增长过快带来的压力。但又认为，不管是前者还是后者，都不可能真正解决问题。洪亮吉的人口观，与马尔萨斯的人口按等比数列增加、生活资料按等差数列增加的观点颇相类似，但比马尔萨斯早 5 年，故曾在 20 世纪 20 年代被一位中国学者称为"中国的马尔萨斯"。

薛福成（1838～1894），晚清著名改良派思想家（生平事迹见本章"政治学"类相关条目）。在薛福成看来，中国二千多年来人口最多的汉平帝、元世祖、明神宗等时代，不过六千万以内，而道光二十八年（1848），除台湾外，已达四亿二千六百七十三万余人。康熙以来，"户口蕃衍，实中国数千年所未有。然生计之艰，物力之竭，亦由于此。"（《庸盦文外编·许巴西、墨西哥立约招工说》）为缓和"人满之患"和纾解人民的贫困，薛福成认为最重要的办法有二：一是"导民生财"，即大力发展资本主义的机器工业、采矿业和铁路运输。他说："欧洲人满实倍于中国矣。……以逊于中国之地养倍于中国之人，非但不至如中国之民穷财尽，而英、法诸国多有饶富景象者何也？为能浚其生财之源也。"（《庸盦海外文编·西洋诸国导民生财说》）二是"海外移民"。薛福成认为，西方人"善寻新地，天涯海角，无阻不通，无荒不垦，其民远适异域视为乐土者，无岁无之。噫！彼以此法治民，虽人满何尝不富也！"（同上）因此，中国亦应效法西方国家大规模向海外移民，特别是向巴西、墨西哥移民。这样做，"不啻于中国之外，又辟一、二中国之地，以居吾民，以养吾民也。于以张国势、厚民生、纾内忧、阜财用、广声气，一举而五养备焉。救世之要，莫切于此。"（《庸盦文外编·许巴西、墨西哥立约招工说》）薛福成还认为，人口质量的高低，不但表现在才智上，还表现在形体上。凡长得"文秀"、"白生"、"魁健"者高，"面目黝黑，形体短小"者低。造成人口质量高低的原因主要有二：一是自然条件的不同。"大抵地球温带，为人物精华所萃"。"南洋诸岛，皆在赤道下"，"人之筋力不能勤，神智不能生，颓散昏懦，未由自振"。（《庸盦海外文编·赤道下无人才说》）二是"人之种类""贵贱不同"。"大抵中国之民，皆神明之胄"，"欧洲人类之始，颇有谓由亚入欧者，故其人聪明秀拔，足与中国相颉颃，外此无能及者"。（《庸盦文外编·檀香山土人日耗说》）自然条件和遗传因素，固然会影响人口的质量，但并非决定因素，薛福成把自然条件和人种"贵贱"之分绝对化，显然是不成立的。

（二）孙本文与当代中国社会学的创立

孙本文（1892～1979），原名彬甫，号时哲，曾用名孙共。江苏吴江人。青少年时期在家乡和苏州读书，并曾任小学教员数月。
1915 年 8 月，入北京大学哲学门学习。毕业后，任南京高等师范附
属中学国文和哲学教员。1920 年秋，考取江苏留美公费生。次年 4
月赴美，先后入伊利诺斯大学研究院、哥伦比亚大学研究院、纽约
大学研究院、芝加哥大学研究院学习，获社会学硕士、博士学位。
1926 年回国后，先在大夏大学任教，不久转入复旦大学任社会学系
教授。1928 年，与游嘉德、吴景超、潘光旦、吴泽霖等发起组织
"东南社会学会"于上海，作为沪宁各大学教授共同研究社会学的学
术团体。1929 年，赴南京任中央大学社会学系教授、系主任。1930
年 5 月，任教育部高等教育司司长，仍兼中央大学等校教职。1931
年，在北方学者陈达、陶孟和、许仕廉等的建议下，"东南社会学
会"改组为全国性社会学团体"中国社会学社"，孙本文被推选为理
事、理事长，并出版《社会学刊》，出任主编。1932 年初，朱家骅
出任教育部长，孙辞去司长职务，先后任中央大学社会学系主任、
教务长、师范学院院长、兼理附中校务等职。期间，并曾在社会上
出任中央庚款董事会协助科学工作人员委员会委员、国立编译馆社
会学名词审查委员会主任委员、国民政府社会部社会行政计划委员、
考试院典试委员、《社会建设》（由"中国社会学社"和国民政府社
会部合办）总编辑、国民党中央文化运动委员会"文化戡乱委员会"
委员等。1949 年春，南京国民政府土崩瓦解，中央大学校长周鸿经
逃往上海，教授会议决定组织校务维持委员会，孙本文等三人被选
为常务委员，维持校务。4 月，南京解放。8 月，中央大学改为南京
大学，市军管会发表梁希等所组成的校务委员会，孙本文代表维持
会办理校务移交后被聘为专任教授。中华人民共和国成立后，南京
大学的社会学系、社会学课程被取消，孙所撰论著、讲演，也基本
被否定。1952 年院系调整后，孙被调至地理系任统计学教授，讲授
《统计学与统计图表》、《国民经济计划》课。1957 年鸣放中，北方
一些学者提出应恢复社会学。搞了一辈子社会学并卓有成就的孙本

文竟表示反对，并作过《坚决反对资产阶级社会学复辟》的专题发言。1962 年调政治系（后改哲学系）任教，着重进行现代资产阶级社会学的介绍与批判，并进行国民经济计划与统计学的研究。1952年起，历任江苏省哲学社会科学联合会理事、南京市经济学会副会长、《江海学刊》编委，及江苏省第一、二、三、四届政协委员等。1979 年 2 月 19 日病逝于南京，年 88 岁。

孙本文著有《社会学上之文化论》、《社会问题》、《社会学ABC》、《人口论 ABC》、《社会学的领域》、《社会的文化基础》、《文化与社会》、《社会变迁》、《社会学大纲》（主编）、《社会学原理》、《中国社会问题》、《现代中国社会问题》、《社会思想》、《社会心理学》、《近代社会学发展史》、《当代中国社会学》、《现代社会科学趋势》等。又曾与人合作，进行社会调查，撰有《湖南长沙崇礼堡乡村调查》（与陈倚兴合著）、《南京市的工厂劳工》（与赵二喜合著）、《南京市五十二教员家庭生活费用的分析》（与凌楚璇合著），以及《南京市人口的分析》等。

孙本文是我国社会学的主要奠基人之一，在社会学界长期居于首领地位。其学术思想属社会学中的文化学派。孙本文的主要贡献在于将欧美社会学理论与中国实际相结合，从而构建了以文化立国为中心的中国化社会学理论体系。其代表作《社会学原理》自 1935年出版至新中国成立前夕，共重印十一次，为各大学用作教材，不仅是当时最具代表性和研究水平的一部学术著作，其影响甚至延续到中国社会学的恢复和重建时期。

（三）吴文藻的社会学、民族学研究

吴文藻（1901～1985），江苏江阴人。年轻时在家乡读书，后考入当时作为官办留美预备学校的清华学堂。1923 年赴美，入达特茅斯学院社会学系学习。1925 年，入哥伦比亚大学研究生院社会学系攻读博士学位。1928 年，获博士学位，并获哥伦比亚大学"最近十年内最优秀的外国留学生"奖状。1929 年回国后，任教于燕京大学，并担任社会学系系主任、法学院院长等职。期间，吴文藻针对当时中国社会学基本上还处在一种模仿、照搬西方模式的状况，联合社会学界同仁，积极寻找一种有效的理论架构（吴文藻在反复比较后选取了英国的"功能学派"），并把它同中国的国情结合起来，以使"中国式的社会学扎根于中国的土壤之上"，实现社会学的"中国化"。吴文藻十分重视并实地组织了一系列社会调查，如曾派林耀华到福州附近的义序乡调查宗族组织问题，派费孝通考察江苏农村经济问题等。

1938 年，不愿做亡国奴的吴文藻不顾司徒雷登的再三挽留，毅然辞去燕大社会学系系主任、法学院院长的职务，偕同妻子著名作家冰心（谢婉莹）离开北平南下，任云南大学社会学系系主任、文学院院长。1940 年底，赴重庆任国民政府国防最高委员会参事室参事，主要负责研究边疆民族、宗教和教育问题并提出处理意见。期间，并兼任蒙藏委员会顾问、边政学会常务理事，主持《边政公报》的编辑发行工作。又曾赴印度考察民族和宗教冲突问题，利用赴美参加太平洋学会年会的机会了解美国社会学、人类学和心理学的发展状况等，在抗战烽火中继续为我国的社会学和民族学的发展作出贡献。

抗战胜利后，吴文藻于 1946 年被南京国民政府委任为中国驻日代表团政治外交组（第二组）公使衔组长和出席盟国对日委员会中国代表团顾问职务。从此，直到 1951 年回到新中国这段时间，吴文藻暂时脱离了对民族学和社会学的研究。

由于对美扶植日本和对国民党腐败无能的不满，对新中国的向往，1950 年，吴文藻辞去驻日代表团的一切职务，脱离国民政府。在以新加坡《星槟日报》驻日记者的身份在东京继续留居了一年后，吴文藻终借应邀赴美国耶鲁大学任教的机会，于 1951 年秋回到新中国的怀抱。

回国后的头两年，主要是参观、学习。1953 年，至中央民族学院任民族研究所"国内少数民族情况"教研室主任和历史系"民族志"教研室主任。期间虽曾对中国民族学的教学和研究工作提出过不少建议、设想，但由于"左"的思潮的影响，多未付诸实施。1957 年，被划为右派。此后的二十多年，主要是校订几种少数民族史志和自治区概况（即"三套丛书"）；为中宣部提供西方社会学新书名作的评价和资料摘编；审阅和修订《辞海》第一版民族类词目；多次为外交部提供有关边界问题的资料和意见；参加翻译并校订《六次危机》、《世界史》、《世界史纲》等，在逆境中继续做了大量具体而有价值的工作。

粉碎"四人帮"后，任中国社会学会、中国民族学会、中国世界民族学会、中国人类学会顾问，并不顾年老多病，在助手的帮助下，完成《英国功能学派人类学今昔》、《战后西方民族学的变化》、《新进化论试析》等论文，受到学术界的一致赞扬。1985 年，吴文藻在参加完最后一名研究生论文答辩后终于一病不起，不久辞世，年 85 岁。

吴文藻论著虽为数不多，但在民族学、社会学、历史学界却甚有影响。其博士论文《见于英国舆论与行动中的中国鸦片问题》，原文为英文，由纽约学术出版社出版。书中搜集有一般人接触不到的大量资料，至今仍有重要参考价值。其他著述，散见各处，1990 年民族出版社出版的《吴文藻人类学社会学研究文集》一书，精选了其中一部分，书后附有《吴文藻著译目录》，可资参考。

（四）费孝通与他的《江村经济》等

费孝通（1910～2005），江苏吴江人。20 岁前，在东吴大学附中及东吴大学医预科读书。1930 年，入北平燕京大学社会学系，师从著名社会学家吴文藻。1933 年，入清华大学社会学与人类学系为研究生，师从俄国著名人类学家史禄国。1936 年 10 月赴英留学，入伦敦经济政治学院，师从著名社会人类学家马林诺斯基。1938 年，获博士学位。回国后，先后在云南大学、清华大学社会学系任教授、系主任。期间，曾分别于 1943 年、1946～1947 年赴美、英访问。1945 年加入民盟。1949 年 9 月，参加第一届中国人民政治协商会议。中华人民共和国成立后，历任中央人民政府文教委员会委员、民盟文教委员会副主任、中苏友协理事、中国人民外交学会理事、《新建设》杂志编委会委员、中央民族学院副院长、北京市政府文教委员会委员、中国政治法律协会理事、第一届人民代表大会代表、民盟中央委员、政协第三届全国委员会委员。1957 年，被划为右派。"文革"中受到迫害。粉碎"四人帮"后，历任中国社会科学院民族研究所副所长、民族研究学会副会长、社会学研究会会长、中国社会科学院社会学研究所所长、民盟中央副主席、全国政协常务委员、全国评定学衔委员会委员、民盟中央主席等。

费孝通著述甚丰，主要有《禄村农田》、《内地农村》、《江村经济——中国农民的生活》、《初访美国》、《重访英伦》、《美国人的性格》、《生育制度》、《乡土重建》、《乡土中国》、《皇权与绅权》、《民主、宪法、人权》、《民族与社会》、《迈向人类的人类学》（英文），及《费孝通民族研究文集》、《费孝通选集》、《费孝通学术精华录》等。

费孝通是我国当代著名社会学家。早年，曾创造性地把人类学的方法运用到农村的社会调查与研究中去，所写《江村经济——中国农民的生活》一书于 1939 年以英文在伦敦出版后，被国外一些大学人类学系定为入门必读参考书之一。20 世纪 80 年代以来，仍不顾年老体弱，深入各地，广泛进行社会调查和参与国内外学术交流活动，并在对中国小城镇的研究上取得新的成就。费孝通的学术研究，享有很高国际声誉。1980 年，曾赴美接受国际人类学学会授予的1980 年度马林诺斯基奖。1981 年，赴英接受皇家人类学会授予的赫胥黎奖。1988 年，在联合国接受当年"大英百科全书"奖。

五、兵　　学

（一）伍子胥"兵法"

伍子胥（？～前484），名员。春秋楚人。在楚国的一次内战中，其父伍奢、兄伍尚均被楚平王杀害，伍子胥逃奔吴国。后因助阖闾刺杀吴王僚、夺取王位有功，深受阖闾重用，拜为相（一谓任为"行人"）。夫差当国之初，亦颇倚重，后因在是否允越请和问题上与夫差意见不同，再加上伯嚭从中离间、挑唆，渐失信任，被迫自杀。

伍子胥深有谋略，曾向阖闾提出"立城郭，设守备，实仓廪，治兵库"的施政方针，并帮助阖闾营建吴都"阖闾大城"（今苏州）。史载，伍子胥也著有兵法。《汉书·艺文志》于"杂家类"著录有《五子胥》八篇外，复于"兵家技巧类"著录有《五子胥》十篇、图一卷。王先谦《汉书补注》谓："官本五作伍"，"监本讹五"；又引钱大昕曰："五，古伍字。"另，《文选》卷二二颜延年《侍游曲阿后湖》、卷三五张景阳《七命》李善注，《太平御览》卷三一五《兵部》四六、卷七七〇《舟部》三引《越绝书》亦有《伍子胥水战兵法内经》、《伍子胥水战法》的记载，并谓伍子胥曾设计了多种战船，有大翼、中翼、小翼、楼船、桥船等种种名目，大的长达十余丈、宽丈余，可容纳近百人。惜《文选》李善注及《太平御览》引《越绝书》所言《伍子胥水战兵法内经》等，为今本《越绝书》所无，故其具体内容已无从细究了。

（二）孙武与《孙子兵法》

孙武，字长卿。春秋齐乐安（今山东惠民）人。生卒年不可确考，约生于公元前535年（或前547年），约卒于公元前480年。出身齐公族，其祖田书因战功被赐姓孙。后齐国发生"四族谋乱"，孙武乃"避乱奔吴","辟隐深居",潜心研究兵法。有人认为,其隐居著兵法处在吴都(今苏州)西之穹窿山。隐居期间,结识了好友伍子胥,经伍"七荐",遂于公元前512年以所著兵法十三篇晋见吴王阖闾。阖闾"尽观之",极为赏识,因任以为将。在孙武、伍子胥等人的辅佐下,吴国兵强势盛,"西破强楚,入郢;北威齐晋,显名诸侯。"(《史记·孙子吴起列传》)在政治上,孙武颇具远见。他力主改革图强,指出当时晋国六卿进行的改革,亩大而税轻者可以成功。(银雀山竹简《孙子兵法·吴问》)

《孙子兵法》由出生于齐国的孙武在吴国完成绝非偶然。从一个方面说,《孙子兵法》的形成与孙武的家学渊源有一定关系。孙武的祖父田书,有军事指挥才能,屡立战功。叔祖田穰苴,为齐大司马,是位著名的军事家,著有《司马穰苴兵法》一书。可以说,没有这种家学渊源,年纪轻轻的孙武是不可能在隐居的山林间闭门造出什么兵法来的。但从另一个方面讲,没有在吴的长期军事斗争实践(书中涉及吴越战争及水战诸问题可证),《孙子兵法》也绝不可能达到它成书时(《孙子兵法》绝不是他刚来吴国隐居期间一下子编就的,而应有一个逐步丰富、完善的过程)的那种高度。

现存《孙子兵法》虽只有短短的数千言,却深刻揭示了军事学的一般规律,提出了许多战略上的卓越命题和一系列战术原则,奠定了中国传统兵学的基础,是我国古代最著名的军事理论著作,被后世列为《武经七书》之首。同时,它也是现存世界最古老、最具价值的兵书,被举世公认为"东方兵书鼻祖"、"百代宗师"、"兵圣"、"武圣"。唐代,《孙子兵法》即已传入日本,后又传入朝鲜、越南。18世纪后半叶,传入欧洲,继而传入美洲、大洋洲及世界各地。如今,《孙子兵法》已被译成30多种语言文字在世界范围内广为传播,其"知己知彼,百战不殆"和"不战而屈人之兵"等名言,已被广泛应用到军事、外交、政治、经济诸领域。

《孙子兵法》之高于一般兵书的地方在于,它是站在政治的、全局的角度论兵。在孙武看来，"道"（道义）、"天"（天时）、"地"（地利）、"将"（将帅）、"法"（军队编制和制度）五事是决定战争胜负的基本条件（《孙子兵法·计篇》）。孙武十分重视对战争中敌我双方状况的了解、把握，提出了"知己知彼，百战不殆"的著名论断。重视主客观条件的相互依存和转化，提出战争中敌我、主客、众寡、强弱、攻守、进退、胜败、正奇、虚实、安动、勇怯、治乱、佚劳等诸多矛盾方面作为研究对象，并作出精辟分析。

《孙子》一书，最早著录于《汉书·艺文志》，作《吴孙子兵法》八十二篇、图九卷，今传十三篇，为曹操整理并注释。前此，流传中可能有散佚，或经曹操删削。1972年，山东临沂银雀山汉墓出土《孙子兵法》竹简二百余枚，其中有今本《孙子兵法》所不见的《吴问》、《四变》、《黄帝伐赤帝》、《地形二》、《见吴王》五篇（另有《程民》一篇，仅五字，未计入），为研究《孙子兵法》提供了新的材料。

（三）许洞与《虎钤经》

许洞（约976～约1017），字洞天，又字渊夫。北宋苏州吴县（今江苏苏州）人。父仲容，官太子洗马。洞性疏隽，幼时习弓矢击刺之技，及长，折节励学，尤精《左氏传》。真宗咸平三年（1000）进士，为雄武军推官。不久即因事触怒知州马知节。马本来就"怒其狂狷不逊"，再加上许洞自己在经济上也不太检点，"辄用公钱"，遂被罢归乡里。返乡后，于"酣饮"之余，用四年时间（1001～1004）撰成《虎钤经》二十卷、二百十篇。景德二年（1005），献所撰《虎钤经》，以其才复被任为均州参军。大中祥符四年（1011）祀汾阴，献《三盛礼赋》，召试中书，改乌江县主簿。数年后卒，年四十二。

《虎钤经》前十卷论述实际用兵问题，后十卷为各种杂式杂议。该书"汇辑前人之说而参以己意"，虽不失为"一家之言"，有一定价值，但"其间亦多迂阔诞渺之说，不足见诸施行。"（《四库全书总目提要》）这当同其经历，特别是缺乏应有军事斗争实践有关。

又，许洞"平生以文章自负，所著诗篇甚多，欧阳修尝称为俊逸之士。"（《四库全书总目提要》）《虎钤经》外，尚著有《春秋释幽》五卷、《演玄》十卷、《集》一百卷，均佚。

（四）沈启与《南船记》

沈启（1491～1568），字子由，号江村。明吴江（今属江苏）人。嘉靖十七年（1538）进士，授南京工部营缮司主事，旋调刑部主事。后出任绍兴知府，政绩甚佳。升任湖广按察副使，多为善政，解民疾苦。后终因得罪缙绅坐事罢归。晚居仙人山，潜心著述，年七十八终。赠都御史。沈启博览群籍，举凡阴阳、律历、五行、水利、军事诸学，无不探究。著有《吴江水利考》、《南厂志》、《牧越议略》、《南船记》等。

《南船记》四卷，以战船及各型船为主线，论述与造船有关事项。第一卷记黄船、战巡船、桥船、后湖船、快船等船的图形、各部构件与船只尺寸，以及用料数量、裁革等内容。第二卷记明代前期各卫所驻军所配战船的数量、修造规定，及历代裁革、增造情况。第三卷记南京工部都水清吏司与龙江造船厂等部门的编制，以及船厂所属地产等内容。第四卷记造船、收船、料余与考核等规章制度，保留了古代造船工料的精确数据、造船定额等珍贵资料。

《南船记》与稍后出现的李昭祥《龙江船厂志》，是中国古代不可多得的有关战船建造的专著，学者们历来很少将之目为兵书，但从书中所记多为战船，及对船只建造的管理方式与船只用途的论述看，无不具有鲜明的军事特色，故该书实为名副其实的兵书中一个分支——军事技术类之专著。

（五） 郑若曾与《筹海图编》

郑若曾（1503～1570），字伯鲁，号开阳。明苏州昆山（今属江苏）人。出身于书香门第，自幼受到良好家庭教育。长大后，又受到魏校、王守仁、湛若水等名师教诲，常与归有光、唐顺之、茅坤等学者讨论问题，对天文、地理、地图、军事、政治等皆有研究。嘉靖十四年（1535）贡生，后两次科举不中，遂专心学术，著述甚丰。所著《郑开阳杂著》，含《万里海防图论》、《江防图考》、《日本图纂》、《朝鲜图说》、《安南图说》、《琉球图说》、《海防一览图》、《海运全图》、《黄河图议》、《苏松浮粮议》等十种，大都与海防有关。

嘉靖三十一年（1552），倭患猖獗，唐顺之劝郑若曾撰述海防图籍。郑遂以十年之功，撰成我国第一部海防专著《筹海图编》。是编旧题胡宗宪辑，实出时为胡氏幕僚的郑若曾之手。该书凡十三卷，约 26 万言，记明代抗御倭寇事。记事以嘉靖朝为主，上溯明初及明以前中日交通情况。首列沿海和日本地图、日本事略；继以分省御倭事宜，并列年表、寇踪图谱；再次记述重大战役；最后为朝臣和将帅所提海防御倭方略。书中对用兵、城守、剿抚、互市等，均有详细记述，并附有沿海布防形势及战船、武器图 173 幅（其中沿海布防形势图 114 幅、战船图 18 幅、兵器图 41 幅）。

因御倭有功，朝廷曾晋封其官爵，不受；荐修国史，亦不就。郑一生但求学问精深，淡于仕途进取。上举《郑开阳杂著》、《筹海图编》外，尚著有《江南经略》、《四隩图论》、《尚书集义》等。

（六） 唐顺之与《武编》

唐顺之（1507～1560），字应德、义修，号荆川。明常州武进（今江苏常州）人。嘉靖八年（1529）进士，选翰林院庶吉士，历兵部主事、吏部主事、春坊右司谏、职方员外郎、郎中等。曾以兵部郎中身份督兵浙江，与胡宗宪等共同抗倭，以功升右都御史。嘉靖三十九年（1560）年泛海巡视军情，归途中病死于通州（今江苏南通），年五十四岁。

唐学识渊博，于学无所不窥，通天文、历算、乐律、地理、兵法等，著述达五十余种、四百多卷。传世有《荆川先生文集》、《广右战功录》、《两汉解疑》、《两晋解疑》等。治学上强调经世致用，反对空谈心性。在文学上，反对复古，主张文学创作要直抒胸臆，要有真精神，要体现出本色。其学术主张和文学创作态度，对后世黄宗羲、顾炎武等很有影响。

所辑《唐荆川纂辑武编》一书，分前后两集，各六卷，共十二卷（四库本作"十卷"），是继北宋《武经总要》之后又一部综合性兵书。该书略仿《武经总要》例，广为辑录历代兵书和其他典籍中涉及军事问题者，以资后人借鉴。该书对古代军事技术记载较多，且大多为《武经总要》以后之内容，具有鲜明的时代性。对军事技术的记述，则侧重于对传统火药理论及诸多火器的形制构造与使用方法的阐发。虽有相当一部分内容被其后问世的兵书所辑录，亦有一部分内容为其他兵书所不载，具有一定的补缺作用。《武编》辑于嘉靖年间，作者生前未刊行，只有抄本传世，为江宁焦竑收藏。万历四十六年（1618），始由武林徐象枟曼山馆雕版刊行。

（七）顾祖禹《读史方舆纪要》中的军事思想

顾祖禹（生平事迹见前"史学"章相关条目）《读史方舆纪要》虽向以一部重要的历史地理著作闻名于世，但它又带有突出的军事地理学色彩。张之洞在《书目答问》中径将之列为"兵家"是不无道理的。梁启超在《中国近三百年学术史》中亦谓："景范之书，实为极具别裁之军事地理学"。

该书《总叙二》集中体现了作者深邃的军事地理思想。如谓："且夫地利亦何常之有哉？函关、剑阁，天下之险也，秦人用函关却六国而有余；迨其末也，拒群盗而不足。诸葛武侯出剑阁，震秦陇，规三辅；刘禅有剑阁而成都不能保也。故金城汤池不得其人以守之，曾不及培塿之丘、泛滥之水。得其人，即枯木朽株，皆可以为敌难。……故曰：不变之体，而为至变之用；一定之形，而为无定之准。阴阳无常位，寒暑无常时，险易无常处。知此义者，而后可与论方舆。"即地理环境等外在因素固然是影响战争胜负的重要因素，但不是决定因素；决定因素是人，而不是地理环境。

对北部边防，顾氏有自己的见解、考虑。在他看来，朱元璋经营的北部边防，基本上是正确的。他说："明初边备，自辽东而大宁，而开平，而宣府，而丰胜，而大同，而宁夏，而甘肃，东西延亘，指臂相依，称全盛焉。故合边卒之数，不过四十万，较之宋人备西夏一路犹七十万者，盖倍蓰也。"（《方舆全图总说》卷四《九边总图》）而对朱棣以后诸朝放弃大宁及河西等地防务，缩短防御纵深的措施，认为是战略上的重大失策。他说："都燕京而弃大宁，弃开平，委东胜于榛芜，视辽左如秦越，是自剪其羽翼而披其股肱也，欲求安全无患，其可得哉？"（卷十《直隶方舆纪要序》）顾祖禹还对明王朝长期奉行的分兵把口的兵力部署深为不满。在他看来，应重点设防，并建立强大的各级机动部队。如他在论及直隶蓟州地理形势中曾引录郭造卿（一作郭遇卿，曾从戚继光戍蓟镇，官都指挥使）的如下议论以表达自己的见解。郭的看法是："守边者宜专要害，而以余兵备策应。故兵虽省而不乏，常聚而不分。今不论要害奇正，而徒议摆守。夫蓟边山川盘旋，道路崎岖，几二千里，就使增兵，岂能遍守？备者多则战者寡，兵分势弱，其何以支？积而不改，有各守汛地之虚名，无相机策应之实用，声援隔绝，首尾衡决，必不免矣。"（卷十一《直隶二》）据此，顾主张在真定等地建立战略性机动部队。认为真定"控太行之险，绝河北之要"，"列重兵于真定，远可以张折冲，近可以固门户，无事则为唇齿之形，有急即为根本之备也。"（卷十四《直隶五》）顾氏的上述见解，曾被有的研究者概括为"以军事据点构成纵深地带的边防战略思想"和"反对分兵把口,主张重点防御和建立机动部队的防御作战思想"。(中国军事史编写组:《中国历代军事家》)

(八) 魏源的军事思想

魏源(生平事迹见前"政治学"类相关条目)的主要贡献固然在放眼看世界,"师夷长技以制夷"的政治主张上,但亦不能忽视其与其开放的政治主张密切相关的开放的军事思想。

魏源的《圣武记》,于道光二十二年(1842)《南京条约》签订之年成书并刊行。《道光洋艘征抚记》,为其生前未刊稿,未署名,以抄本流转,名《夷艘寇海记》、《夷艘入寇记》、《夷舶入寇记》、《英夷入寇记》等(亦有人认为此书非魏氏著,但理由尚不充分)。光绪四年(1878)申报馆新排《圣武记》时始将其附入。从内容看,亦当是鸦片战争失败后不久作者所作。《海国图志》,与《圣武记》一样,同于道光二十二年成书并刊行。是鸦片战争失败后的严峻时局使魏源暂时放下了手中的学术研究,发愤著成上述三部有强烈时代感、使命感的书。

《圣武记》十四卷,记述清开国至道光年间的军事历史和各项军事制度,"筹划海防之策和练兵筹饷之道",阐述对有关"城守"、"水守"、"军政"、"军储"等问题的见解。认为反对外国侵略,"必先洞其情",批评历来"儒者著书,惟知九州以内"。(卷十二)并主张"汰去冗兵之饷额,并为精兵之饷额",及"粮艘由海运,以师艘护海运"(卷十四)等,以增强抵御外侮之军事实力。

《道光洋艘征抚记》,比较详细地记述了鸦片战争的经过,对道光帝的虚骄昏聩,主和派大臣琦善、耆英等的腐败无能、屈辱投降进行了揭露,对三元里及沿海沿江人民的反侵略斗争给予了赞扬。主张购买和自制洋艘洋炮,师敌之长技以制敌,尽转外国之长技为中国之长技。

《海国图志》，道光二十二年初刻本仅五十卷，二十七年扩为六十卷，咸丰二年（1852）又增补为一百卷。作者在《叙》中坦言："是书何以作？曰为以夷攻夷而作，为师夷长技以制夷而作。"故是书于介绍世界各地历史、地理知识外，十分注意介绍西方先进的科学技术，尤其是战舰、火器等的生产技术。明确提出要想抵御外国侵略，必须迅速学习西方制造战舰、火器的技术和西方的练兵之法。斥责顽固派反对"师夷"是"夏虫"、"井蛙"之见。魏源还根据外国侵略者船坚炮利、具有海上作战优势等实际情况，提出"守外洋不如守海口，守海口不如守内河"（《海国图志》卷一）的海防思想，主张选择有利地形，扼守内河，坚壁清野，选练精兵，备好火攻，埋伏奇兵，诱敌深入，以克敌制胜。

魏源的军事思想虽还很不系统、成熟，但毕竟是新历史条件下的产物，有新视角、新思路，其于世人的启迪、鼓舞作用，自不容忽视。

附记：

此稿原为应江苏省地方志编纂委员会《江苏吴文化志》第十章《学术文化》之约而写。有关方面原说全书篇幅可控制在一百三、四十万言左右，撰稿人内部分工时，我所负担的作为全书重点章节之一的"学术文化"章可控制在八至十万言左右。书稿写出来后，相关人士又说篇幅过大，要压掉一半。当时我因故要在原工作单位青海师范大学逗留一段时间，手边资料不便，无从动笔，于是按一半规模删减书稿的艰巨任务便落到了本书的一位主编身上。这样，我原所撰十万余言的书稿便被削减为六万三千余言，最终纳入江苏科学技术出版社2013年版《江苏吴文化志》中（为该书《第十章学术文化》）。付印前，那位主编朋友虽将清样邮寄我过目，却一再强调说，付印在即，版面已定，只能作个别文字上的订正，内容上不得作大的变动。看过清样后，虽然我发现这位我素所敬重的主编朋友奉命删减拙稿时，由于事出仓促，在条目的取舍和文字的压缩上多有可商榷处，但为顾全大局，只好签字同意。事情虽已过去好多年了，心中却一直为拙稿的未能以全貌面世而引为憾事。现将原稿稍做技术处理并易名为《江苏吴地学术文化志》收入本书。这样，既可为关心这个问题的研究者和一般读者提供一个相对来说更为完整些的资料，也算了却了自己多年的一桩心愿吧。

夏、商、西周时期江苏史

目　　录

由于可靠文献材料和考古发掘材料的匮乏，这段历史缺失、断裂之处甚多，故本文所能提供给读者的只能是这一时段江苏实际历史中的某些局部、片断。

第一章　夏、商时期

一、江苏境内的夏、商文化遗存及甲骨文所见与江苏相关史事

在今江苏徐州铜山高皇庙，连云港市区的二涧、朝阳、藤花落，赣榆下庙墩，灌云大伊山，沭阳万北等地，皆发现有岳石文化遗存。考古学者大都认为，这是一种上承山东龙山文化并吸收了良渚文化诸多影响而产生的新文化遗存。这种文化，主要分布在山东、苏北地区，豫东、皖北亦有发现。其年代约与文献记载中的夏代相当，可视为夏代时段东方夷人的一种文化遗存。

在宁镇地区，相当于夏代时段的考古文化是点将台文化。在南京江宁点将台、昝庙，句容城头山，丹徒团山，高淳朝墩头等遗址中，均有这种文化遗存的发现。

商代的文化遗存，在金坛市薛阜镇，泗洪赵庄，句容城头山，无锡仙墩、许巷，丹徒团山，仪征甘草山，铜山高皇庙、丘湾，以及广泛分布于宁镇地区属于湖熟文化序列的诸多遗址中皆有发现。

发现于 2005 年的金坛市薛阜镇早商遗址，约距今 3500 多年前，时代比出土甲骨文的殷墟还要早，出土物颇丰，对研究殷商时期江南历史文化有重要价值。

丘湾遗址商文化层中发现有当时人们的居住基址及大量生产、

生活用具，特别是著名的杀人祭祀场所的发现，为商代史的研究提供了新的材料。

因首次发现于上海闵行区马桥镇而得名的马桥文化，在吴县澄湖，苏州越城，无锡许巷诸遗址中皆有发现。这是一种晚于良渚文化的考古文化，在年代上约与中原地区的夏、商时代相当。

宁镇地区的湖熟文化遗址，迄今已发现300余处。这是一种相当于中原商周时代而又具有地方特色的青铜文化。由于这种文化遗存于1951年在南京江宁湖熟镇首次被发现、发掘，故名。当时的人们已有青铜工具的使用，过着以农业为主、畜牧渔猎为辅的生活，普遍饲养牛、羊、猪、狗等家畜，房屋地面用火烧过，光滑而平整，并有用牛、羊骨进行占卜的习俗。

商代的甲骨文中，有"王越于上矞"、"在上矞"、"涉 （漏）于虞"等记载。郭沫若谓："上矞当是国名，……疑即上虞"，"乃水名，疑是漏字。虞乃地名，上矞如果为上虞，则虞疑即吴也。"① 甲骨文又有"吴于……供王臣"、"吴弗其以王臣"② 的记述，说的是吴向商王朝供奉王臣，联系到吴地出生的巫咸、巫贤父子皆曾为商之贤臣（见后），则甲骨文中所言之"吴"很可能指的就是太湖地区的吴地、吴人。

甲骨文又屡有"命人方"、"征人方"③ 一类的记述。作为商代重要方国之一的人方究竟在哪里？早先，郭沫若、董作宾、陈梦家、李学勤、邓少琴及日人岛邦男等甲骨学者，或主淮水流域说，或主山东境内说，或主陕西眉县说，或主江汉说，分歧颇大，后渐一统于郭沫若的淮水流域说，即认为人方应在殷之东南的今淮水流域。④

若上述郭氏虞"即吴也"、甲骨文中的"吴"系指太湖地区的吴

① 《卜辞通纂》，《郭沫若全集·考古编》第二卷，科学出版社1983年版，第475～480页。
② 《甲骨文合集》5566、5567。
③ 《甲骨文合集》20249、36482。
④ 参见王宇信、杨升南：《甲骨学一百年》，社会科学文献出版社1999年版，第497～498页。

地，以及"人方"在淮水流域诸说皆不误的话，可证殷商时中原王朝已同江苏地区有着较为密切的交往、联系，殷商王朝的势力已波及这个地区了。

二、关于禹"别九州"及"震泽底定"

《尚书·禹贡》《序》及文谓：

禹别九州，随山浚川，任土作贡。

海、岱及淮惟徐州。……厥贡惟土五色，羽畎夏翟，峄阳孤桐，泗滨浮磬，淮夷蠙珠暨鱼，厥篚玄纤缟。

淮、海惟扬州。……三江既入，震泽底定。……厥贡惟金三品，瑶、琨、篠、簜、齿、革、羽、毛、惟木，岛夷卉服，厥篚织贝，厥包橘柚，锡贡。

按《禹贡》九州，今江苏地以淮河为界分隶徐、扬二州，皆已入夏之版图，并需按规定向夏王朝缴纳贡赋。不仅如此，连大禹本人还亲临震泽（太湖）治过水呢。这些，当如许多学者早已指出的，或非当时真实情况，非信史。因为，即使到了西周时期，中原王朝都还无力完全控制住江淮一带，何况夏初。

三、夏、商两代中原王朝与夷人的斗争、交流

夏、商、西周三代，中原王朝虽不断与周边蛮、夷、戎、狄诸族斗争、交流，共同创造着中华民族的早期文明史，但在这一时段历史舞台上真正唱主角的主要还是夏、夷二族。

可以毫不夸大地说，夏、夷的斗争从夏王朝建立前后便已开始了，并贯穿着夏王朝的始终。

按原来的所谓"禅让"制，禹的继承者本是东夷族的益，可到头来却是禹的儿子启接了班。此举，意义非同一般，它界划了"禅

让"与"世袭",界划了"大同"与"小康",标志着国家时期的正式到来。

启是如何得到政权的?传统的说法是:"禹崩,虽授益,益之佐禹日浅,天下未洽。故诸侯皆去益而朝启,曰'吾君帝禹之子也'。于是启遂即天子之位。"即所谓"益让帝禹之子启,而辟居箕山之阳"。(《史记·夏本纪》)而据《古本竹书纪年》,则是"益干启位,启杀之"。《战国策·燕策一》亦谓:"禹授益,而以启人为吏。及老,而以启为不足任天下,传之益也。启与支党攻益而夺之天下,是禹名传天下于益,其实令启自取之。"应当说,后一种说法更贴近历史事实些。到了启的儿子太康头上,夏政权曾一度被颠覆,而颠覆者又是个叫羿的夷人。后来,太康的侄孙少康战败夷人寒浞,才把夏政权"中兴"起来。此后,东夷"世服王化","宾于王门,献其乐舞",夏、夷间颇为安定了一阵。至桀时,随着夏王朝控制力的减弱,又出现了"诸夷内侵"(《后汉书·东夷列传》)的局面。

入商,夷与商王朝间基本上保持着时战时和、叛服无定的态势、局面,一如《后汉书·东夷列传》所谓:"至于仲丁,蓝夷作寇,自是或服或畔,三百余年。"到了纣的头上,更是连年同夷人作战,终于耗尽了国力,为周人所乘,故史有"纣克东夷而陨其身"(《左传》昭公十一年)之说。

四、吴地走出的商之贤臣巫咸、巫贤父子

巫咸、巫贤父子,分别为商王太戊、祖乙时辅政大臣。《尚书·君奭》载周公之言曰:"在太戊,时则有若伊陟、臣扈,格于上帝;巫咸乂王家。在祖乙,时则有若巫贤。"乂,辅助也,相也。《史记·殷本纪》谓:"巫咸治王家有成,作《咸艾》,作《太戊》……殷复兴,诸侯归之,故称中宗。""帝祖乙立,殷复兴,巫贤任职。"又,武丁及后期卜辞有"贞,惟咸戊"、"贞,侑咸戊"、"咸戊巷

王"、"丁巳卜，侑咸戊"①，甲骨学者认为，此"咸戊"即巫咸②。惜文献及甲骨记载皆甚简略，其具体政绩今已难以知其详了。又据《晋书·天文志》，巫咸还是个善观天象的天文学者，盛誉其"格言遗记，于今不朽"，为"后代所宗"。

巫咸、巫贤父子是从吴地走出的我国早期历史上著名的名相、贤臣。《越绝书·越绝外传记吴地传》谓："虞山者，巫咸所出也。"虞山，一名海隅山、海巫山，在今江苏常熟市西北。巫咸、巫贤父子为吴人之在商王朝供职者，故死后仍归葬吴地。"冢皆在苏州常熟县西海虞（隅）山上，盖二子本吴人也。"（《史记·殷本纪》《正义》）

第二章　西周时期

一、江苏境内的西周文化遗存

江苏境内的西周文化遗存，在泗洪县赵庄，句容县城头山，丹徒团山、磨盘墩，高淳县朝墩头，苏州市越城，无锡市仙蠡墩，铜山县高皇庙、丘湾，仪征市甘草山，南京浦口区曹王塍子，东海县焦庄诸遗址，以及在宁镇地区广为分布的湖熟文化诸遗址的西周文化层中，多有发现。

曾入选 2005 年中国十大考古新发现的句容、金坛周代土墩墓群的发掘，对进一步了解土墩墓的营造过程、形制结构、丧葬习俗乃至该时期江南地区的社会面貌有重要价值。

---

① 《甲骨文合集》1822 正、952 正、10902、19946 正。
② 参见孟世凯《甲古学辞典》"巫咸"、"咸戊"条，上海人民出版社 2009 年版，第 280、395 页。

1954 年丹徒烟墩山出土的著名的《宜侯矢簋》铭，对研究吴国史乃至整个西周史都有着极为重要的价值。

二、西周时期的吴国

（一）太伯奔吴

太伯奔吴事见于多种文献记载。《史记·吴太伯世家》载：

吴太伯，太伯弟仲雍，皆周太王之子，而王季历之兄也。季历贤，而有圣子昌，太王欲立季历以及昌，于是太伯、仲雍二人乃犇荆蛮，文身断发，示不可用，以避季历。季历果立，是为王季，而昌为文王。太伯之犇荆蛮，自号句吴。荆蛮义之，从而归之千余家，立为吴太伯。

《吴越春秋·吴太伯传》载：

古公三子，长曰太伯，次曰仲雍，雍一名吴仲，少曰季历。季历娶妻大任氏，生子昌，昌有圣瑞。古公知昌圣，欲传国以及昌，曰："兴王业者，其在昌乎？"因更名曰季历。太伯、仲雍望风知指，曰："历者，适也。"知古公欲以国及昌。古公病，二人托名采药于衡山，遂之荆蛮，断发文身，为夷狄之服，示不可用。古公卒，太伯、仲雍归。赴丧毕，还荆蛮，国民君而事之，自号为勾吴。

旧文献所记奔吴事大体就是这个样子。但围绕着"太伯有没有奔吴"、"何以奔吴"和"奔向哪里——路线、行程"等等，却又有着种种不同看法。

对历史上是否存在"太伯奔吴"一事，清儒崔述在《丰镐考信录》中即持否定态度。20 世纪 30 年代，卫聚贤在《太伯之封在西吴》中说："中国在古代称'吴'之地有三：一曰西吴在陕西陇县，二曰东吴在江苏吴县，三曰北吴在山西平陆县。""实际太伯之封在西吴，而云太伯之封在东吴者，由于春秋末年致误；北吴亦为太伯之后所封者，亦系因东吴之误而误，惟西吴为太伯的封地"，"太伯的封国在陕西陇县的吴山。""太伯、仲雍两个人由陕西岐山至江苏吴县，又回去奔太王的丧，再到苏州……实非当时社会所能有，而为后人所虚构。"那么，这种"虚构"又是缘何生发出来的呢？卫聚贤亦有言："吴居东南，在中原人目之为夷，时边地各民族多思与周室发生关系，楚以熊鬻为文王师，秦、赵以非子为穆王赶过马车。吴是无所借口，适中原人站在封建社会的立场上，不明氏族社会的兄终弟及制，将太伯、季札之事误而为一（因季札亦有避让王位的善举——引者），吴人乘此机会也就承认了他们是太伯之后。是以在黄池之会公然说'于周室我为长'，周天子也竟然称吴王为'伯父'。"又谓："北吴之虞始终为姚姓，而周武王当无封周章之弟于北吴之事。有之，是因东吴之误而误。"卫聚贤还认为："江苏在古有民族名吴，吴民族一部分北上，至河南安阳小屯村建都，周人呼之为殷，而殷人自称曰余。""殷人原在江苏吴县时称吴，至黄河流域仍称吴，故其后居于山西平陆县的称吴国，亦名虞国"，"一部分至陕西陇县亦称吴……太伯对（此"对"字疑为"封"之误——引者）于吴人在陕西陇县吴国之地，仍名为吴。……是三吴之所同名，由于吴民族迁徙于三地之故。而以同名之故，致使太伯的封地有三处之误。"① 即是说，吴的大本营、总根子本在江苏，北吴、西吴全是由东吴派生出来的，太伯之封为晚后之事，且地在西吴，与后来江苏地区的吴国无涉。刘节则认为："吴即虞，太伯所奔之地，在今山陕之交。"但同样认为，附会太伯奔吴同季札有一定关系，如谓："春秋二百余年间之大事，乃继踵西周以来殷周两民族之斗争史；而晋、楚两国实为之主。中叶以后楚人之势日强，汉阳诸姬楚实尽之，周人益觉岌岌不能自保；当时识者若子贡之流，尚知联吴以存鲁。且吴自季札以来，辄思依附中原故国以自重；其间必有人焉，附会

---

① 《江苏研究》第三卷第 5、6 期，1937 年 6 月。

太伯奔吴之事以游说工㪍之王，思引其族以牵制楚人。"① 著名历史学家童书业亦认为："大（太）伯、虞仲皆虞国之初祖，大（太）伯、虞仲所奔为山西之虞，而非'荆蛮'或江苏之吴。"② 陈桥驿更直斥"吴为周后说"为无稽之谈，是吴国在成为中原大国之后为了抬高自己的身价"编造"出来的。③ 周国荣亦认为："太伯、仲雍奔东吴于历史实际上是不可能的"，句吴立国之君仲雍乃"土著民族"，"与太伯弟虞仲非同一人。"④ 唯此"太伯奔吴"之否定说，近已为多数学者所不取。

关于太伯奔吴的原因，传统看法是所谓"让国说"，即太伯至德高风，为大局主动让贤。

第二种说法是"被逼逃亡说"。《左传》僖公五年载宫之奇之言曰："大（太）伯、虞仲，大（太）王之昭也。大（太）伯不从，是以不嗣。"已隐含父子间的某种不谐。朱熹《论语集注》明谓："大（太）王因有翦商之志，而泰伯不从。大（太）王遂欲传位季历以及昌。泰伯知之，即与仲雍逃之荆蛮。"崔述《丰镐考信录》尝针对《韩诗外传》所言"太王薨，季之吴告伯、仲，伯、仲从季而归。群臣欲伯立季，季遂立"诘之曰："古者列国各有疆界，岐之去吴数千余里，使命所不能通，王季安能捐社稷而远去！果群臣皆欲立王季，则是太伯不得已而让之，又岂足为贤哉！"当代学者傅斯年更明谓："太伯入荆蛮，我疑心是伦常之变。……因太伯不得已而走，或者先跑到太王之大仇殷室，殷室封他为子爵，由他到边疆启土。"⑤

还有一种说法，即徐中舒提出的"经营南土说"。徐氏认为："大（太）王之世，周为小国，与殷国力复乎不侔。当其初盛之时，

---

① 《说攻吴与禹邧》，收《古史考存》，人民出版社 1958 年版。
② 《春秋左传研究》，上海人民出版社 1980 年版，第 32 页。
③ 《"越为禹后说"溯源》，收《吴越文化论丛》，中华书局 1999 年版。
④ 《说吴族》，载于《苏州大学学报》1991 年第 1 期。
⑤ 《与顾颉刚论古史书》，收《傅斯年选集》，天津人民出版社 1996 年版。

决不能与殷商正面冲突。彼必先择抵抗力最小而又与殷商无什关系之地经略之，以培养其国力。此兼弱攻昧之道，其例正多。如秦于并吞六国之前，必先伐灭西戎、巴、蜀；清于入关之前，必先服属朝鲜、蒙古。若此之类，史不绝书。且周人之经营江、汉流域，据现存史料言，其可征者至迟已在武王之世（说另详）。以此余疑大伯、仲雍之在吴，即周人经营南土之始，亦即大王翦商之开端。《史记》谓大（太）伯、仲雍逃之荆蛮者，或二人所至，即江、汉流域，其后或因楚之兴盛，再由江、汉而东徙于吴。"①

上述诸说，或坚守旧文献的传统说法（"让国说"），或借旧文献记述中的漏洞、不足别作揣度，由于年代久远，材料不足，今已实难判定诸说之长短得失了。长期以来，学者们似已习惯于作非此即彼的单向思维判断，把复杂的历史事件、过程简单化，忽视历史事件、过程的发生、演化无不是多种因素合力作用之结果。上述诸说，为什么不能作一兼容性的考虑呢？为什么不能设想太伯、仲雍的奔吴，从一个方面来说，确是基于"经营南土"的翦商战略考虑（这是主要的、基本的方面），而从太伯、仲雍、季历三兄弟关系的层面讲，又包含着"让国"成分和"让国"背后的某种不平和无奈呢？

关于奔吴的路线、行程，传统的说法很简单，似乎就是直奔吴地，一站到底。这种说法，早已为研究者所不取，实际上也是不可能的。

如上文所引，徐中舒的看法是太伯、仲雍之弃吴，很可能是分两步走的，即先到荆蛮所在的江、汉流域，后遭强楚逼压，再徙吴地。

清乾隆年间，者减钟于江西临江府出土，铭有"工𫚉王皮難之子者减"字样。郭沫若谓："'工𫚉'即是句吴，《攻敔王元剑》作'攻敔'、《攻吴夫差监》作'攻吴'，均音近之翻译。《史记·吴太

---

① 《殷周之际史迹之检讨》，收《徐中舒历史论文选辑》，中华书局1998年版。

伯世家》叙自太伯以降至第十五世为转，《索隐》引谯周《古史考》作柯转。柯转即此皮龑也。柯、皮古同歌部，转、龑古同元部。龑，古然字。柯转之子为颇高（《索隐》云'《古史考》作颇梦'），颇高之子为句卑（《古史考》云毕轸）。句卑时晋献公灭周北虞公（《春秋》僖五年）。此者减与颇高为兄弟，大约当春秋初年，鲁国桓、庄之世也。"[①] 顾颉刚进而谓："吴之名，当由陕西之吴岳来。此名东移则为山西之虞，南移则为苏、赣之吴。" "春秋初年吴尚都江西"，"其迁江苏殆在春秋中叶"，"江西新建县北一百八十里有吴城镇，当赣江入湖之口，疑当时吴都即在是。"[②]

若把徐中舒、顾颉刚的说法糅合起来，则太伯奔吴之路线，应是由陕西而江、汉，而江西，而江苏。

即进入江苏，在一些学者看来，也不是一下子就进抵无锡、苏州一带，而是经历了一个由宁、镇而常州，而无锡、苏州的过程。

如杨善群即认为："太伯远奔所至之地，不在许多地理志所指的今江苏苏州、无锡一带，而是在其西一二百公里的宁镇地区，具体说来应在今江宁县附近。因为近数十年来，在古代吴国疆域内考古发掘所得的约六百件青铜器中，有四百余件是在今江苏西南部出土的，且它们的时代大多属于西周和春秋早期；而在无锡、苏州一带和太湖周围发现的吴国铜器仅一百余件，其时代又都属春秋中晚期或春秋、战国之交。特别是在宁镇山脉和秦淮河流域的'许多台形遗址的文化层中，出现了殷末周初形式的铜器'（尹焕章、张正祥：《宁镇山脉及秦淮河地区新石器时代遗址普查报告》，《考古学报》1959 年第 1 期），这正和太伯、仲雍亡奔到此地的历史事实相合。而在无锡、苏州一带，绝没有这一类的考古发现。由此，吴国最初的建立之地，可以得到大致的考定。"清同治年间编纂的《上（元）江（宁）两县志》载："周武王有天下，封周章于其地，国号吴。"（卷

① 《两周金文辞大系图录考释》，上海书店出版社 1999 年版，第又 153～又 154 页。
② 《苏州史志笔记》，江苏古籍出版社 1987 年版，第 12～13 页。

二上《考》）更明指周章时的吴国在今江苏江宁县一带。《宜侯夨簋》所记"侯于宜"，当指周康王徙封周章子熊遂于宜地事。这样，吴地统治中心便"由武王时所封地今江宁县地迁至今丹徒县，向东移动了百余里。"西周晚期，吴又东向灭掉了周公"践奄"后由南下奄人所建立的淹国，扩地至今常州一带。后又乘胜东进，"向同为东夷的干族人聚居的太湖东北地区挺进，与干国发生长期的激烈的战争。""大约到春秋前期，太湖以北以东地区，就全部为吴国所占领。""可见自太伯居于今江宁县，康王徙封熊遂至今丹徒县，以后又经过寿梦、诸樊、阖闾三次迁徙，才定都于今苏州市。"①

近年来，赵建忠等亦根据宁镇地区屡有《宜侯夨簋》（1954年丹徒烟墩山出土）、《伯作方座簋》（1982年丹徒母子墩出土）等一批明显带有中原地区特征高等级西周青铜礼器的出土，近年又在南京江宁区陶吴镇发现了周代大型土墩墓，而苏州、无锡一带的商周时期文化遗存却找不到春秋以前的非常明显的商周文化因素等事实，认为太伯奔吴地路线应是：翻过秦岭，沿汉水顺流而下，再沿长江向东，最后来到了现在南京江宁横溪小丹阳一带。因此，吴文化的早期活动中心不在太湖流域的苏州、无锡，而是在宁镇丘陵山脉和秦淮河流域。②

杨善群、赵建忠等的上述看法，细节上虽尚待作进一步的深入研究，但所论太伯及其后人进入江苏后的由南京而镇江，而常州，而无锡，而苏州的迁徙走向，应该是可信的。

（二）《宜侯夨簋》及相关历史问题

《宜侯夨簋》于1954年在江苏丹徒烟墩山出土。口径22.5厘米，高15.7厘米，方折沿，浅腹，有四兽首耳，高圈足。簋内有铭文一百二、三十字，因出土后遭毁，经修复成器后可辨者约一百一

---

① 《吴国在西周至春秋前期的发展》，载于《学术月刊》1992年第3期。
② 《南京江宁是吴文化源头》，载于《金陵晚报》2006年7月3日。

十余字。铭文记载着宜侯夨受封及为谢王恩作此器的情况。此器是迄今发现具体记载周初分封情况的唯一重器,堪称国宝。兹参照诸家说,将铭文释文如下:

惟四月辰在丁未,王省珷王、成王伐商图,遂省东或(国)图。王卜于宜□土南乡。王令虞侯夨曰:□侯于宜。锡鬯卣一卣,商瓒一□,彤弓一,彤矢百,旅弓十,旅矢千。锡土:厥川三百□,厥□百又□,厥宅邑卅又五,〔厥〕□百又卌。锡在宜王人□又七生(姓)。锡奠七伯,厥□□又五十夫。锡宜庶人六百又□六夫。宜侯夨扬王休,作虞公父丁障彝。(大意为:四月丁未这天,王察看了武王、成王伐商图,又察看了东方各国图,终于选定了宜这个地方,于是命虞侯夨说:"就把你封在宜这个地方了!"王赐给夨香酒一罈,商瓒一枚,红弓一件,红箭百支,黑弓十件,黑箭千支。又赐疆土,计河流三百条,……邑落三十五处,……百四十。还赐给民众,计王人……七姓,管理官吏七个,……又五十名,庶人六百余人。宜侯夨为了宣扬王的美德,并纪念自己的父亲,便铸造了这件宝器。)(中国社会科学院考古研究所编:《殷周金文集成》(修订增补本全八册)04320,中华书局 2007 年版。下引该书,仅注简称《集成》及器号)

短短百多个字,所涉问题颇多。这里,姑抛开授民授疆土的具体内容不谈,仅讨论一下铭文中周王指谁,夨指谁,以及夨原封地虞和徙封地宜又各指哪里这样几个问题。

黄盛璋认为:"虞侯夨与父虞公皆为北虞君主,即春秋虞国祖先,国都在大阳之北五十里,大阳后改河北与平陆"。康王将虞侯夨改侯于宜之"宜","不在丹徒一带吴国境内,而在东方通道之上近畿之内","当即后来之宜阳"。《虞侯夨簋》等器"是后来带到丹徒"的。① 即是说,虞侯夨原封、徙封之地均与江苏之吴无涉,器物

---

① 《铜器铭文宜、虞、夨的地望及其与吴国的关系》,载于《考古学报》1983 年第 3 期。

是后来流入江苏的。郭沫若主编的《中国史稿》认为："周朝在东南方最远的同姓诸侯是吴国（今江苏无锡东南）。传说吴国是季历之兄太伯、仲雍率领一部分周人跑到那里，和当地居民相结合而建立的。"在吴国"附近还有一个宜国，是成王把西部的虞侯改封到那里的。江苏丹徒出土的一批周初青铜器中有一件矢簋，在铭文中详细地记载了虞侯矢被改封为宜侯的事迹。"①即在今无锡一带本已有个吴国，成王时又把虞侯矢改封于宜，在吴国附近建立起宜国，吴、宜乃相毗邻的两个国家。

周书灿认为：周章所封，"其地似亦不当超出江汉一带，故有康王之世将虞侯徙封于宜，亦即吴地。"②即是说，江苏地区的吴国历史是从虞侯矢徙封于宜才开启的。

尹盛平认为：在今宝鸡渭水两岸到凤县一带曾经存在过一个外族方国——弜国，其国名从弓从鱼，应当是弜氏。弜氏是巴族的一支，原居于江汉之间的荆山地区，商代晚期迁到宝鸡的渭水两岸。因为弜氏原来是荆山地区的巴族，所以被称为"荆蛮"。太伯奔荆蛮，就是向西逃到了弜国。《汉书·地理志》说："吴山在西。古文以为汧山，《国语》所谓虞也。"吴山又名岳山，位于汧河以西，在今宝鸡以北 35 公里，地近陇县。而据考古发现证实，今陇县、千阳县的汧水两岸到宝鸡一带正是矢国所在地。正因为太伯、仲雍奔到此地，所以后世才有吴山之名。吴山地处矢地，所以"虞"字从矢，而虞字的读音则来自于弜。康王把虞侯矢改封到宜，于是就改称为"宜侯矢"。一直到寿梦时吴才改用祖先的族号，称"工敔"、"攻敔"等。③

刘启益认为："自汉代以来，一直到近代，都认为春秋时吴越之吴，就是太伯建立的吴国，地点在今江苏无锡一带"，这是"很难让

---

① 《中国史稿》第一册，人民出版社 1976 年版，第 228~229 页。
② 《西周王朝经营四土研究》，中州古籍出版社 2000 年版，第 172 页。
③ 《关于太伯、仲雍奔"荆蛮"问题》，收《吴文化研究论文集》，中山大学出版社 1988 年版。

人置信的"。事实上,"太伯在岐山以西建立了吴国,太伯死后无子,由其弟仲雍继任,仲雍三传到虞仲,武王灭纣以后,虞仲被封到晋南去做虞国的君长去了"。后来"虞侯矢在康王时被封于宜,他的子孙就在这一带定居下来。宜在今天的丹徒,……有理由判定,句吴是虞侯矢的子孙建立的,而虞侯矢就是句吴在江苏的第一代祖先(他应是仲雍后裔的一支,很可能与晋南的虞国发生关系)。"①

王晖认为:"宜"字应隶定为"俎"。吴太伯至周康王封虞(吴)侯于俎之前,吴国所居的确已在长江南北一带,康王时,虞(吴)侯被封在今江苏邳县北略偏西的"加口",或作"泇口",称"俎侯",春秋时为"租"地。"从西周康王时到西周晚期吴国一直以俎为其国都。""春秋初期,吴取邗(干)国而建都于邗,此即今扬州一带。邗为吴都一直到吴王诸樊时代。"后诸樊为避楚国锋芒,才不得不把都城迁到今无锡西南间江乡一带。明洪武《无锡县志》说今无锡市间江乡境内的阖闾城(小城)是阖闾派伍子胥所筑的,同时还在今苏州筑了一座大城,并迁都于此。其地本名"姑苏"或"姑胥",直到夫差亡国之时,苏州一直为吴国都城。因此,"谓吴国从太伯到寿梦时一直居于常州无锡县东南 60 里的梅里,以及寿梦时仍居此地并改号为'句吴',则是错的。"② 即认为康王封虞侯的俎(宜)地,在今江苏最北端的邳县境,并且终西周之世,这里一直是吴国的都城。

沈长云认为:"宜"字应隶定为"俎","矢"字应隶定为"夨",故此器应定名为《俎侯夨簋》。"虞侯夨"之"虞"国,始居今陕西宝鸡一带,也就是太伯、仲雍所奔之"吴"。"夨"徙封之"俎"地,在今江苏丹徒境。丹徒古称朱方(《汉书·地理志》),朱方可单称朱,实际上丹徒二字的急读就是朱。而朱、俎二字古代的发音是很相近的。俎之古音属庄纽鱼部,朱则在章纽侯部。侯、鱼

---

① 《西周矢国铜器的新发现与有关的历史地理问题》,载于《考古与文物》1982 年第 2 期。
② 《西周春秋吴都迁徙考》,载于《历史研究》2000 年第 5 期。

二部音近。庄纽虽属齿音，与章纽属舌音似有别，但上古发齿音的字多读舌音，其中的庄纽字即有此种情形。故俎地实即丹徒的古称。①

唐兰认为：《宜侯夨簋》为康王时器，记康王改封虞侯夨于宜地事。"虞公父丁可能是《史记》的叔达，是周章和虞仲的父亲。""虞侯夨应该就是周章，'夨'和'周章'的声母是很接近的。周章在武、成之间封为虞侯，隔三十多年到康王时封为宜侯。"并认为"虞侯夨"原封地"虞"和新封地"宜"，均在今苏南地区，"宜""可能就在丹徒或其附近地区"。②

李学勤基本赞同唐说而有所发挥，亦谓"虞侯夨"原封、徙封之地均在今之苏南，因为，"徙封不过是改换了都邑"，"移动未必很远"。不过，李学勤却认为"周章是吴国事实上的始封之君，簋铭'虞（吴）公'很可能是他，而夨是辈分相当康王的熊遂。"这是与唐说的不同处。后来。李在另一篇文章中又对自己的说法作了修正，认为："虞公、父丁"，"应该是两代"。周章"是吴国始封之君，当即铭中的虞（吴）公，父丁是他的儿子熊遂，作器者就该是熊遂之子柯相。""无论如何，作器者推为康王时的柯相是合适的。我以前认为是熊遂并不妥当。"③

上引诸家说，虽都有一定根据，成一家之言，但相比较而言，唐兰、李学勤二位的说法似更妥切些。因为，二氏的说法不仅兼顾到了器物的出土地点，铭文内容，也与《史记》等传世文献的记述相照应，故已为不少学者所接受。

当然，据现有传世文献、考古发掘材料以及《宜侯夨簋》铭，要判定江苏地区的吴国史究竟是从商末的太伯奔吴时写起，还是从

---

① 《〈俎侯夨簋〉铭文与相关历史问题的重新考察》，载于《人文杂志》1993年第4期。
② 《宜侯夨簋考释》，载于《考古学报》1956年第2期。
③ 《宜侯夨簋与吴国》，载于《文物》1985年第7期；《宜侯夨簋的人与地》，收《走出疑古时代》（修订本），辽宁大学出版社1997年版。

康王徙封虞侯矢于宜时写起——即判定太伯及其后裔是何时进入江苏的？尚存在不少困难。

由于在丹徒烟墩山、母子墩，仪征破山口，溧水乌山，江宁横溪等地都有西周早、中期青铜器的出土，而在无锡、苏州一带所发现的吴国青铜器大都属春秋中晚期，迄无西周早中期青铜器的发现，故一个时期以来太伯及其后人的进入江苏是先宁镇，再常州，最后才进入无锡、苏州一带的看法颇占优势。然而，近年来江阴佘城古城址和大型建筑遗址的发现，又使人感到问题远没有那么简单。佘城呈圆角长方形，南北长约 600 米，东西宽约 300 米，面积约 20 万平方米。在北城墙中段的内侧约 50 米处发现了一处大型建筑遗址。主体建筑进深约 22 米，分为前后两进，前间宽 10 米，进深 8 米，后间宽 15 米，进深 11 米。辅助建筑有廊和露台等。据测定，遗址的年代约距今 3600～3000 年，与商代相当。佘城遗址的发现，又不免"引起人们无穷的遐想，会不会这个城址就是太伯、仲雍留下来的呢？佘城地处长江南岸，长江江阴段的江面相对比较狭窄，太伯、仲雍会不会就是在这里渡江的呢？佘城会不会是太伯、仲雍来到江南之后所居住的？这些都是非常有意思的问题。"自然，"现在证据还嫌不够充分，还有待于进一步的考古发掘提供更多的资料来回答。"①

（三）吴国的建立和初步发展

《史记·吴太伯世家》在记述了太伯奔吴事后接着写道：

太伯卒，无子，弟仲雍立，是为吴仲雍。仲雍卒，子季简立。季简卒，子叔达立。叔达卒，子周章立。是时周武王克殷，求太伯、仲雍之后，得周章。周章已君吴，因而封之。乃封周章弟虞仲于周之北故夏虚，是为虞仲，列为诸侯。

---

① 叶文宪：《吴国历史与吴文化探秘》，文物出版社 2007 年版，第 35 页。

周章卒，子熊遂立。熊遂卒，子柯相立。柯相卒，子彊鸠夷立。彊鸠夷卒，子余桥疑吾立。余桥疑吾卒，子柯卢立。柯卢卒，子周繇立。周繇卒，子屈羽立。屈羽卒，子夷吾立。夷吾卒，子禽处立。禽处卒，子转（《索隐》引谯周《古史考》作"柯转"）立。转卒，子颇高（《索隐》引谯周《古史考》作"颇梦"）立。颇高卒，子句卑（《索隐》引谯周《古史考》作"毕轸"）立。是时晋献公灭周北虞公，以开晋伐虢也。句卑卒，子去齐立。去齐卒，子寿梦立。寿梦立而吴始益大，称王。

自太伯作吴，五世而武王克殷，封其后为二：其一虞，在中国；其一吴，在夷蛮。十二世而晋灭中国之虞。中国之虞灭二世，而夷蛮之吴兴。大凡从太伯至寿梦十九世。

《吴越春秋·吴太伯传》所载略同，惟"余桥疑吾"作"余乔疑吾"、"转"作"专"，又析"熊遂"为二，作"章子熊，熊子遂，遂子柯相"。《吴地记》所载，出入较多，且云"周繇王在位三十七年"，不知何所据，学者多疑之，恐不足凭信。

吴寿梦元年，当周简王元年，鲁成公六年，公元前585年，已是春秋中期了。上述记载昭示，寿梦前的吴国史，在《史记·吴太伯世家》中，除了世系外，几乎是一片空白，别说具体事迹了，就是西周、春秋间从哪位吴君头上断开都还搞不清楚。故本小节只能根据相关史籍结合考古发掘材料，粗略勾勒一下西周时期吴国历史的大体轮廓。

首先需弄清，吴的立国究竟应该从什么时候算起？

《史记·吴太伯世家》载："太伯之犇荆蛮，自号句吴，荆蛮义之，从而归之千余家，立为吴太伯。"既使用了"自号"、"立为"等字眼，显然在太史公心目中，吴自太伯始已算立国了。这是吴国国家时期到来的起始点。自然，这时作为"国家"的吴，是十分粗简的。周章之封，或虞侯矢之封，则标志着吴已被周王朝承认，列为诸侯。这可视为"国家"时期的吴发展的第二阶段。至寿梦，"吴始益大，称王"，"始通于中国"，则标志着吴进入迅速发展、崛起时期，不过，那已是春秋中期的事情了。

太伯君吴后的事迹、功业，《吴越春秋·吴太伯传》有如下记载：

荆蛮义之，从而归之者千有余家，共立以为勾吴。数年之间，民人殷富。遭殷之末世衰，中国侯王数用兵，恐及于荆蛮，故太伯起城，周三里二百步，外郭三百余里，在西北隅，名曰故吴，人民皆耕田其中。

记的是太伯修城池、劝农耕的绩业。所谓"外郭三百余里"，自然不会是事实，而当是根据山川形势连缀而成的某种带有疆界性质的东西。至于说到太伯的劝农耕，《吴越春秋·吴太伯传》用"数年之间，民人殷富"来形容，今之论者亦每以"那时江南农业水平与中原地区相比极其落后，处于'刀耕火种'的原始状态，人们过着'半生为食，以棚为窝'的生活，文化上更是不值一提"，是太伯"把中原地区的先进科学文化和农业生产经验传授给荆蛮部落"，引导人们改"半生为食"为全熟为食，改"以棚为窝"为建村立巷等等为说，不免过分夸饰了。虽然，太伯的为人、主政自有其过人之处，他在后人心目中的地位也是崇高的，后人在无锡梅村建有太伯庙、苏州建有"让王庙"，吴县有地名"三让乡"，无锡人迄今奉太伯为"田神"、"种田老祖"等，就是最好的说明。但是，也大可不必靠贬低吴地原有的社会发展水准来反衬太伯的功绩。因为，谁都知道，在良渚文化时期，吴地在物质文明与精神文明的诸多领域并不比中原地区落后。后来，随着良渚文化的衰落，特别是进入国家时期后，吴地与中原地区的差距逐渐被拉大，但亦不至于那么落后，更何况，当时偏处西方的"小邦周"，在商代也还算不上发达地区呢！

至西周后期，吴国的疆土很可能已涵括今无锡、常州、宁镇一线的部分地区。在开疆拓土过程中，吴自然会同当地的一些方国部落发生冲突，如由今山东地区南下至常州一带的奄人，很可能就是西周后期被吴人灭掉的（奄国事见下章）。

西周时期吴国的社会制度，从《宜侯夨簋》的授民授疆土看，可能一如中原地区，处在封建社会早期阶段。

相当于这一时段的考古文化，主要是宁镇地区的湖熟文化。

湖熟文化是一种广泛分布于宁镇地区，在时间上相当于中原商周时期的考古文化，因1951年首次发现于江苏南京江宁区湖熟镇而得名。目前已发现300余处，经过科学发掘的亦有十多处。代表性的遗址有南京北阴阳营、锁金村、西善桥等。该文化遗址的一个共同特征是，都有突出地面的大型土台，一般高出地面5～10米，面积多在7000～8000平方米，大的可达20000平方米以上，呈圆形或椭圆形，顶部平坦，故被称为台形遗址。湖熟文化已进入青铜时代，炼铜用的陶钵、陶勺、炼渣等多所发现，铜器已发现有刀、斧、镞、鱼钩及鼎耳等，农业生产工具仍以石器为主。遗址中有居住基址、稻谷遗存和牛、羊、猪、狗等骨骼和龟壳、鳖骨、螺蛳壳的发现，说明当时居民已过着定居的，以农业为主，畜牧、渔猎为辅的经济生活。房屋地面经火烧过，光滑而平整。

湖熟文化作为商周时期宁镇地区的一种土著文化，自有其自身的风格、特征，但在它身上又不难发现中原商周文化的因素，最典型的就是鬲和鬲式甗的发现。大家知道，江南地区除赣鄱地区的吴城文化因受南下商人影响以鬲为炊器外，都不用鬲或鬲式甗而用鼎，可湖熟文化的中晚期却以鬲为主要炊器，其中期的折沿宽唇分裆袋形圆锥足鬲与二里岗的同类型器十分相似，晚期的侈口高弧裆鬲又具有明显的西周鬲风格。以鬲为炊器是湖熟文化中晚期的一个突出特征，这既与该文化的早期有所不同，亦与太湖地区的马桥文化有别。之所以会出现这种情况，除不同文化间的正常交流、交互影响外，是否也同太伯奔吴有着一定的联系？湖熟文化西周时段的某些文化遗存是否吴国居民留下来的？所有这些饶有兴趣的问题，尚有待作深一步的研究探索。

三、徐国的兴衰

徐人若从夏初若木被封于徐算起，至公元前 512 年灭于吴，大约在历史舞台上活跃了一千五六百年之久。

徐人的历史，在春秋时期由于有《春秋》、《左传》等的记载作凭依，其与齐、鲁、楚、吴、越、宋、郑、陈、蔡、许、邾、滕、莒、郯、顿、沈、胡、申、舒、英诸国间的冲突、交往（攻伐、会盟等）及最后为吴所灭，虽说不上详尽，但大体上还是可以稽考的。至于西周及更早时期徐人的活动情况，由于历史记载的缺失，我们所能知道的不仅十分有限，可靠性也相对差些。下面，拟对徐人的缘起及西周时期徐人与周王朝的斗争、交往情况作一简略考察、叙述。

（一）徐人的来源和南迁

徐人的根子在哪里？他们是否一直生活在今苏、皖两省北部的淮水一带？在这个问题上，学者间是存在着不同看法的。

一种看法认为，徐历来就在今苏、皖北部的淮水流域。如贺云翔即认为：

徐国之国民乃淮河中、下游的土著居民，其疆域主要在今江苏境内的黄淮平原大部，包括和其相邻的安徽境内的一部分，但其曾一度扩地北至鲁、鲁南（鲁、鲁南并列，原文如此，似有误——引者）以及江淮之间，它的晚期国都在今泗洪和泗县境内。①

董楚平亦认为：

从殷末至春秋前期，徐国的中心位置约在今洪泽湖西北的苏、

---

① 《徐国史初探》，收《历史与文化》，中国人事出版社 1996 年版，第 40 页。

皖交界处、淮河下游地区。……周公东征后，山东的夷人大量的南迁，投入徐人怀抱该是意料中事。此后徐奄并称，但只见徐人的气焰，未见奄人作为。徐可能兼并了南迁的奄人。所谓徐偃王可能就是徐奄王。偃奄古通。[1]

亦有人认为，徐人本居泰山附近[2]，或源自今山东邹县[3]。徐旭生认为："徐国在周初当在今山东东南部曲阜县附近，以后才移到南方数百里外。"[4] 景以恩认为，若木所居之"徐"，即《说文》所云鲁东之"郰"城，也即《史记》所云若木所居之"费"。春秋时之古费邑，在今费县西北十五公里处，在蒙山脚下。新中国成立后，蒙山之阳之费县城北台子沟村又出土了春秋时器《余（徐）子汆鼎》。由此鼎可证，今蒙山即古涂山。这里，正是徐人的发祥地。《余（徐）子汆鼎》便是春秋时泗县徐国君北来蒙山脚下祭祖寻根的遗留物[5]。陈梦家认为，徐人并不起源于山东，而是发源于东北，称为佳夷，后沿海岸南下，止于徐州而得徐夷之名[6]。何光岳认为，徐人的摇篮是在嬴姓始祖生活的燕山一带，徐则是由燕族最早分出来的一支部落，其始居之地在今河北省玉田县北二十里的徐无山，后迁山西榆次，再迁河南温县，河南嵩县的三涂山即因徐族而得名。商代末年，徐族方迁至今山东滕县附近[7]。

我们不赞成徐人为淮河土著说，而倾向于北来说。但北到哪里呢？陈梦家的东北说和何光岳的燕山说，虽都有一定根据，但到目前为止，证据还是略嫌单薄些；山东说，特别是徐旭生、何浩、景以恩等的曲阜说、邹县说、费县——蒙山说，可能更接近事实些。

首先，从历史渊源上看，徐人的根子在山东。《史记·秦本

---

① 徐永生《徐国史研究》书前董楚平《序》，中国文联出版社 2002 年版。

② 程憬：《夷方与徐方》，载于《大陆杂志》1933 年第 1 卷第 8 期。

③ 何浩：《巢国史迹钩沉》，载于《中国史研究》1983 年第 2 期。

④ 《中国古史的传说时代》，广西师范大学出版社 2003 年版，第 195 页。

⑤ 《涂山、涂山氏与大禹、皋陶》，载于《先秦史研究动态》1997 年总第 29 期。

⑥ 《佳夷考》，载于《禹贡半月刊》第 5 卷第 10 期。

⑦ 《徐族的源流与南迁》，载于《安徽史学》1984 年第 2 期。

纪》载：

秦之先，帝颛顼之苗裔孙曰女脩。女脩织，玄鸟陨卵，女脩吞之，生子大业。大业取少典之子，曰女华，女华生大费，与禹平水土。已成，帝赐玄圭。禹受曰："非予能成，亦大费为辅。"帝舜曰："咨尔费，赞禹功，其赐尔皂游。尔后嗣将大出。"乃妻之姚姓之玉女。大费拜受，佐舜调驯鸟兽，鸟兽多驯服，是为柏翳。舜赐姓嬴氏。大业生子二人：一曰大廉，实鸟俗氏；二曰若木，实费氏。

"大费"者，据《索隐》："此则秦、赵之祖，嬴姓之先，一名伯翳，《尚书》谓之'伯益'，《系本》、《汉书》谓之'伯益'是也。"《索隐》又云："若木以王父字为费氏也。"而《正义》则又有言曰："《列女传》云：'陶子生五岁而佐禹。'曹大家注云：'陶子者，皋陶之子伯益也。'按此即知大业是皋陶。"伯益又名大费，当以居费地得名，或费地因大费所居而得名。费地，在今山东费县西北。而传为与大业为一人的皋陶，据《帝王世纪》，"生于曲阜。曲阜，偃地，故帝因之，而以赐姓曰偃。"又据郑樵《通志》卷二六《氏族略》二《徐氏》条："皋陶之后也。皋陶生伯益。伯益佐禹有功，封其子若木于徐。……子孙以国为氏。"景以恩认为："若木所居之徐即《说文》所云鲁东之郯城，也即《史记》所称之'费'氏。伯益名大费，当以居费得名，其子若木继居之，故亦称'费'氏。费即徐、郯。"① "徐"是否即"费"，姑暂置不论，但"徐"即"郯"，"鲁东有郯城，读若涂"（《说文》六下邑部），从而认定若木所封之"徐"在鲁之东，还是有根据的。总之，从根子上说，徐人的先辈们早先主要活动在今山东曲阜及曲阜以东地区，应该是成立的。

其次，从商末周初鲁、奄、徐斗争的大格局上看，徐人早期亦应在今山东曲阜以东地区。众所周知，鲁之曲阜一带，原为奄人所

---

① 《涂山、涂山氏与大禹、皋陶》，载于《先秦史研究动态》1997 年总第 29 期。

居。周初管、蔡、武庚叛乱时，徐、奄等夷人也卷入了。《逸周书·作雒》："周公立，相天子，三叔及殷东徐、奄及熊盈以畔。"及周公东征，"践奄"，其子伯禽被封于奄之故地，才建立了鲁国。奄人既在山东失去了原有的地盘，遂辗转南移，并一直移徙到长江以南的今江苏常州一带去了（见下章）。看来，周公此次东征，主要是重创并最终赶走了奄人，徐人似未遭重创，故伯禽来鲁后不久便遭到了徐人与淮夷的攻伐。《尚书·费誓》《序》及文谓：

鲁侯伯禽宅曲阜，徐、夷并兴，东郊不开。作《费誓》。

公曰："嗟！人无哗，听命。徂兹淮夷、徐戎并兴。……鲁人三郊三遂，峙乃桢榦。……鲁人三郊三遂，峙乃刍茭，……"

表明威胁来自东边（"东郊不开"），战事也主要在曲阜东边的费地进行（誓于费），鲁人几乎是倾全国之力（"三郊三遂"总动员），总算打赢了这场战争。据此，再联系到大费、若木居费；"鲁东有邾城"；《诗经·鲁颂·閟宫》"保有凫绎，遂荒徐宅"。凫，山名，在今山东邹县东南。"荒"，据有也。"遂荒徐宅"，是说这里原先居住着徐人，后来被鲁国据有了。邹县位曲阜南、费县西；以及《余（徐）子氽鼎》在费县的出土等等，皆可证迁淮前徐人确曾长期在今曲阜以东、以南的山东费县、邹县一带居住过。

费之战后，徐人南徙今苏、皖北部的淮河流域一带。由于鲁南、苏北相去不远，又无高山大河阻隔，故这次迁徙很快就完成了，时间当在费之战后不久的西周初年。

（二）徐偃王之败和徐国的由盛转衰

进入淮河流域后，徐人不仅在新居住地站稳了脚跟，且迅速强大起来，于是才有了周穆王时徐偃王率师伐周的壮举。只是由于记载的缺失，此间徐人发展的具体情况我们已无从得知了。

《礼记·檀弓下》载：

邾娄考公之丧，徐君使容居来吊含，曰："寡君使容居坐含，进侯玉，其使容居以含。"有司曰："诸侯之来辱敝邑者，易则易，于则于，易、于杂者，未之有也。"容居对曰："容居闻之，事君不敢忘其君，亦不敢遗其祖。昔我先君驹王，西讨济于河，无所不用斯言也。容居，鲁人也，不敢忘其祖！"

这个驹王是什么时候的人呢？史书没有交待。或谓驹王即徐偃王[①]；或谓驹王是春秋时的徐君，"徐驹王在位及生活年代约在公元前 700 年左右"，"大体上可以确定在周庄王、周釐王之际"[②]；亦有学者认为驹王是一位比徐偃王更早的徐君，如徐旭生即认为：

徐国名王在偃王以外还有一个驹王。《礼记·檀弓下篇》记徐大夫容居说："昔我先君驹王西讨，济于河。"那他的兵力曾到黄河以北。我疑惑驹王的济河或在伯禽东征前后。因为此后徐国或已南迁，离黄河太远，"越国图远"未见可能。[③]

我们认为，以驹王为春秋时徐君，恐难成立。因为，第一，自偃王伐周失败后，徐国已由盛转衰，进入春秋后恐再无力兴师伐周；第二，正如张氏等在反驳以徐偃王为春秋时徐君说法时所正确指出的："徐偃王'率九夷以伐宗周'和他的败逃，无疑是我国历史上的一个重大事件，如果果真发生在春秋之际，《春秋》中是不可能不加以记录的。"[④] 而《春秋》及三《传》中，就恰恰不见"驹王"的踪影。徐氏的说法，是所谓"驹王的济河或在伯禽东征前后。因为此后徐国或已南迁，离黄河太远，'越国图远'未见可能"，并因此认为"《史记》所记周穆王击败徐偃王的说法殊难使人信服"，但徐氏似乎忽视了鲁南、苏北相去无几，何以在鲁南时可以，到苏北就压根不行了呢？这恐怕是说不过去的。唐氏的驹王与偃王为一人说，倒是有几分道理的，因为徐人的"西讨，济于河"一类的壮举，并

---

① 唐兰：《西周铜器断代中的"康宫"问题》，载于《考古学报》1962 年第 1 期。
② 张乃格等：《徐文化研究》，江苏人民出版社 2007 年版，第 39 ~ 40 页。
③ 《中国古史的传说时代》，广西师范大学出版社 2003 年版，第 202 页。
④ 张乃格等：《徐文化研究》，江苏人民出版社 2007 年版，第 35 页。

不是可以经常发生、反复出现的。当然，说驹王与偃王为一人，只是个推测，证据并不充分，这个问题，只能存疑。

徐人历史上真正的名王，并在当时、后世均产生过巨大影响的，首推徐偃王。

关于徐偃王，战国前史籍失载，进入战国，始见于《尸子》、《荀子》二书。然《尸子》仅言"徐偃王有筋而无骨"（《史记·秦本纪》《集解》引），"徐偃王好怪，没深水而得怪鱼，入深山而得怪兽者，多列于庭。"（《山海经·南山经·猿翼之山》条下注引）《荀子·非相》亦仅言"徐偃王之状，目可瞻马"。上二书不仅所记极简，且充满神话色彩，对于认识徐偃王及徐国历史帮助不大。

至《韩非子·五蠹》，徐偃王的事迹始逐渐清晰起来。其文曰：

徐偃王处汉东，地方五百里，行仁义，割地而朝者三十有六国。荆文王恐其害己也，举兵伐徐，遂灭之。

《淮南子·人间训》则言：

昔徐偃王好行仁义，陆地之朝者三十二国。王孙厉谓楚庄王曰："王不伐徐，必反朝徐。"王曰："偃王有道之君也，好行仁义，不可伐。"王孙厉曰："臣闻之，大之与小，强之与弱也，犹石之投卵，虎之啗豚，又何疑焉？且夫为文而不能达其德，为武而不能任其力，乱莫大焉。"楚王曰："善。"乃举兵而伐徐，遂灭之。

《史记·秦本纪》作：

造父以善御幸于周缪（穆）王，……西巡狩，乐而忘归。徐偃王作乱，造父为穆王御，长驱归周，一日千里以救乱。

《赵世家》略同，作：

缪（穆）王使造父御，西巡狩，见西王母，乐之忘归。而徐偃王反，缪王日驰千里马，攻徐偃王，大破之。

至《后汉书·东夷列传》则综合前人，言之愈详：

后徐夷僭号，乃率九夷以伐宗周，西至河上。穆王畏其方炽，乃分东方诸侯，命徐偃王主之。偃王处潢池东，地方五百里，行仁义，陆地而朝者三十有六国。穆王后得骥騄之乘，乃使造父御以告楚，令伐徐，一日而至。于是楚文王大举兵而灭之。偃王仁而无权，不忍斗其人，故致于败。乃北走彭城武原县东山下，百姓随之者以万数，因名其山为徐山。

但诸书所记，问题和矛盾之处实多。

第一，与徐偃王作战的，或言楚文王，或言楚庄王，或言周缪王，或言周穆王指使下的楚文王。这样，徐偃王究竟是什么时候的人，就很难定下来。据《夏商周断代工程 1996～2000 年阶段成果报告（简本）》，周穆王在位时间为公元前 976 年～公元前 922 年①，而楚文王的在位时间是公元前 689～公元前 677 年，楚庄王的在位时间是公元前 613 年～公元前 591 年。周穆王当西周中期，楚文王、楚庄王当春秋中期，相去二、三百年，根本搭不上边，其中必有一个是错的。我们认为，把徐偃王伐周事放在庄文王或楚庄王所在的春秋时代，恐怕靠不住。因为，正如我们在前文已经提到的，如果徐偃王举兵伐周这样的大事件发生在春秋时代，《春秋》及"三《传》"不可能不做一字之交代。所以，在没有新的可靠材料出现前，目前我们还只能沿用《史记》的说法，以徐偃王为周穆王时代的人，其举兵伐周也发生在穆王时代。至于打败徐偃王的是周穆王？还是楚人？或周、楚联军？或周王指使下的楚人？实已无从考究了。

第二，关于徐、周之战到底是谁挑起的问题。传统的、占主流地位的说法是所谓徐夷"僭号"、"作乱"，主动伐周，且一直打到，或渡过了黄河。但如上所引，诸书又皆言徐偃王是个"好行仁义"，"仁而无权，不忍斗其人"的"有道之君"，"作乱"、主动伐周，显然与"仁义"、"有道"格格不入，故又有记载称："徐君偃好行仁义，视物如伤，东夷归之者四十余国。周穆王闻徐君威德日远，乘八骏马，使造父御之，发楚师，袭其不备，大破之，杀偃王。"（《元

---

① 世界图书出版公司 2000 年版，第 88 页。

和郡县图志》卷九《泗州·徐城县》）我们认为，在西周，在周天子的地位还十分隆盛的时候，很少会有什么人敢主动挑战周天子的权威，倒应是徐的强大引起了周穆王的不安，从而招来杀身之祸，更贴近历史事实些。

第三，关于徐偃王时徐国所在方位问题。《韩非子·五蠹》谓"徐偃王处汉东"。如果此"汉东"是指汉水以东，显然不会是事实。因为徐人的势力无论如何也不会发展到汉水流域去。而《后汉书·东夷列传》所谓"偃王处潢池东"，战败后"乃北走彭城武原县东山下"，当大体得之。《后汉书·东夷列传》注引《水经注》云："黄水一名汪水，与泡水合，至沛入泗。自山阳以东，海陵以北，其地当之也。"《水经注》卷二五："（下邳）县为沂、泗之会也。又有武原水注之，水出彭城武原县西北，会注陂南，迳其城西，王莽之和乐亭也。县东有徐庙山，山因徐徙，以即名之也。山上有石室，徐庙也。"咸丰《邳州志》卷一九《古迹》："武原城去今城十五里，汉县，属楚国，后汉属彭城国。"魏嵩山主编《中国历史地名大辞典》：武原县，"西汉置，治所即今江苏邳县西北郇口镇。"张乃格等谓："文献中提到的徐山即今邳州禹王山，禹王山在今邳州市戴庄镇溧王城附近。武原县，故地在今邳州、睢宁一带。武原城，即今梁王城，位于禹王山附近。"①"北走彭城武原县东山下"，当是指偃王伐周失败后，节节败退，最后连都城都被人家攻陷了，于是才向北逃走。若此，则其都必在武原之南了。那么，古徐国的都城究竟在哪里呢？《史记·秦本纪》《集解》引《地理志》曰："临淮有徐县，云故徐国。"《正义》引《括地志》云："大徐城在泗州徐城县北三十里，古徐国也。"《元和郡县图志》卷九《泗州·徐城县》条下记其沿革颇详：

徐城县，本徐子国也。周穆王末，徐君偃好行仁义，视物如伤，

---

① 张乃格：《徐文化研究》，江苏人民出版社 2007 年版，第 137 页。

东夷归之者四十余国。周穆王闻徐君威德日远，乘八骏马，使造父御之，发楚师，袭其不备，大破之，杀偃王。其子遂北徙彭城（武）原东山之下，百姓归之，号曰徐山。按山今在下邳县界。楚、汉之际，项羽置东阳郡。汉诛英布，置徐县，属临淮郡。后汉以临淮郡合于东海，明帝又分东海为下邳国，理于此。晋太康三年，复置徐县，属临淮郡。梁于此置高平郡及高平县。隋开皇十八年改为徐城县，属泗州，理大徐城。……大徐城，在县北三十里。徐君墓，在县北三十二里。

准上，徐都在今江苏泗洪境，当不会有多大问题，具体地点所在，则有种种不同说法，而相当一部分研究者多倾向于在今江苏泗洪县东南大徐台子的说法，如魏嵩山等即认为：徐为"西周、春秋时国，在今江苏泗洪县东南大徐台子"。① 1999 年版《江苏省志·地理志》第二章《建置沿革》沿袭了这种说法。

徐国的疆域问题颇不好说，一来材料有限，再说，古时也没有后世那么严明、准确的此疆彼界的国界划分。一般认为，西周时期当徐作为一个"可以与宗周抗衡的大国"时，"其疆域南至洪泽湖周围，西至安徽东北部，北至山东南部"。② 应该说，这种看法，还是比较稳妥的，接近历史事实的。又，上文已提到过的《后汉书·东夷列传》注引《水经注》谓"黄水一名汪水，与泡水合，至沛入泗。自山阳以东，海陵以北，其地当之也"，似可证徐人的势力已波及今淮安、扬州、泰州的某些地区。至于哪些地方是徐国比较严格意义上的国土，哪些是其势力范围，实难以界划。只可大体上说，其中心统治区当在今泗洪附近的苏、皖两省的淮北地区，其势力范围可波及今苏、皖两省的江、淮地区及河南东部。文献所谓"割地而朝者三十有六国"、"陆地之朝者三十二国"、"东夷归之者四十余国"，说的正是这样一个以徐国为首，一度足以与周室相抗衡的东方各国

---

① 《中国历史地名大辞典》，广东教育出版社 1995 年版，第 927 页。
② 邹厚本主编：《江苏考古五十年》，南京出版社 2000 年版，第 195 页。

部落的联盟集团。

偃王之败，只是徐国由盛转衰的一个转折点，远不是徐的消亡。事实上，在尔后相当长的一段历史时期内，徐人仍作为一支不可忽视的政治力量活跃在淮河流域，活跃在西周、春秋时期的历史舞台上。《班簋》："王令毛公……伐东或（国）痛戎。"（《集成》04341）此器学者多断为穆王时器，故铭中之"王"当指穆王。唐兰谓："痛字疑与偃通，偃戎即徐戎。"①《诗经·大雅·常武》：

赫赫明明，王命卿士，南仲大祖，大师皇父："整我六师，以脩我戎。既敬既戒，惠此南国。"王谓尹氏，命程伯休父："左右陈行，戒我师旅。率彼淮浦，省此徐土。不留不处，三事就绪。"赫赫业业，有严天子。王舒保作，匪绍匪游。徐方绎骚，震惊徐方，如雷如霆，徐方震惊。王奋厥武，如震如怒。进厥虎臣，阚如虓虎。铺敦淮渍，仍执丑虏。截彼淮浦，王师之所。王旅啴啴，如飞如翰，如江如汉，如山之苞，如川之流，绵绵翼翼，不测不克，濯征徐国。王犹允塞，徐方既来。徐方既同，天子之功。四方既平，徐方来庭。徐方不回，王曰还归。（意译为：国威赫赫，天子圣明。宣王在太庙里，命令卿士南仲和太师皇父："整饬六军，备战习武，加强警戒，尽快恢复南国的安宁。"宣王又诏告大臣尹氏传令军帅程伯休父："列阵誓师，令大军沿着淮水前进，到徐国去，诛杀祸首，安抚顺民。三事大夫，要恪尽职守。"军威赫赫，军容堂堂，天子亲征，何等威严。此次出征，为保王室安宁，将士们不得怠慢，不要贪于游乐。徐方闻此雷霆之势，大为震惊。周王奋发震怒，将帅咆哮如虎，搏击淮水边，擒获众多敌人，淮水边许多地方被攻占，成了王师驻扎的地方。威武王师，势盛勇敢，迅如猛禽，坚如大山，势如江、汉，阵容浩大，连绵不绝，神出鬼没，无人能测，大张挞伐，远征徐国。王有谋略，又讲诚信，徐方终于宾服归顺，这都是天子之功。

① 《西周青铜器铭文分代史征》，中华书局1986年版，第351页。

四方平定，徐国来朝，到达王庭。徐方既已不再心怀不轨，王乃下令班师还朝。）

这是宣王几倾全国之力，御驾亲征，对徐国的一次胜利的军事行动，足证直至西周末年，徐人仍是淮水流域一支不可小视的力量。进入春秋后，徐人仍不时出现于政治舞台，只是国势已大不如前了，公元前512年，终为吴所灭。灭国后，徐人大量南徙浙江等地，对当地文化产生过诸多影响。不过，那已是以后的事情了，不在本章论述范围，兹不作赘。

四、西周王朝与夷人的斗争、交流

西周时期周王朝与东方夷人的斗争、交流大体分为两个阶段。周初为第一阶段，主要体现为周公东征和齐、鲁在山东的建立，山东夷人遭逼压大量南下徙入江苏。此后为第二阶段，主要体现为周王朝与淮夷的斗争、交流。

（一）周公东征与山东夷人的大量徙入江苏

《史记·周本纪》、《鲁周公世家》谓武王灭商后"封弟周公旦于曲阜，曰鲁"，"周公不就封，留佐武王。……而使其子伯禽代就封于鲁。"《左传》定公四年："昔武王克商，成王定之，选建明德，以蕃屏周。故周公相王室，以尹天下，于周为睦。分鲁公……因商奄之民，命以《伯禽》而封于少皞之虚。"杜注："鲁公，伯禽也。"《礼记·明堂位》："七年，致政于成王。成王以周公为有勋劳于天下，是以封周公于曲阜，地方七百里，革车千乘，命鲁公世世祀周公以天子之礼乐。"但学者多认为，武王时周人尚未控制东方，封鲁恐尚无可能，鲁之封，当在周公东征"践奄"后。因周公一直留在王室相王，故就封者乃其长子伯禽。亦有学者认为，"周公初封原在今河南鲁山。周公东征胜利后，占领了徐奄，才把鲁由鲁山迁徙于今山东曲阜，仍称其国为鲁。"① "鲁之得名与始封于鲁山有关。"②
随着周公东征的胜利和鲁在今山东曲阜一带逐步站稳脚跟，原居住
在这一带的"奄"人和"徐"人，一部分留了下来，成为鲁的臣民，
大部分南下徙入江苏。徐人的情况，上文已有论述，奄人的情况将
在下章作进一步交待，兹从略。

《史记·周本纪》谓：克殷后，武王"于是封功臣谋士，而师尚
父为首封。封尚父于营丘，曰齐。"《齐太公世家》亦谓："武王已平
商而王天下，封师尚父于齐营丘。"《汉书·地理志》则谓："成王
时，薄姑氏与四国共作乱，成王灭之，以封师尚父，是为太公。"清
儒崔述及近今学者多认为，武王时齐地尚未入周人之手，故太公之
封不在武王，而应为周公东征前后事。③ 学者多认为："周公、召公
和太公都未亲自就国。东征胜利后，他们三人都回到了周，而由他
们的儿子去分别统治鲁、燕和齐。"④

齐地本蒲（薄）姑氏所居。蒲姑氏曾参与管、蔡、武庚的叛乱，
失败后，一部分留下了，成为齐的臣民，一部分亦辗转南徙，进入
江苏（见下章）。

（二）周王朝与淮夷的斗争、交流

夷人主要分布在今山东及苏、皖两省的淮水流域一带，而以山
东为大本营。随着周公东征的胜利和齐、鲁两个主要封国在山东的
建立，山东地区的夷人遂逐渐从历史舞台上淡出，淮水流域的夷
人——淮夷和新徙入的徐人等，则逐渐成为夷人的中坚力量，故西
周中后期周王朝对东方的经营，除上文已提及的徐人外，主要表现

---

①④　白寿彝总主编：《中国通史》第 3 卷《上古时代》下册，上海人民出版社 1994 年版，第
878 页。

②　郭克煜等著：《鲁国史》，人民出版社 1994 年版，第 1 页注①。

③　《崔东壁遗书》，上海古籍出版社 1983 年版，第 341 页；晁福林：《试论西周分封制的若干问
题》，《西周史论文集》（下），陕西人民教育出版社 1993 年版；陈恩林：《鲁、齐、燕的始封及燕与邶
的关系》，载于《历史研究》1996 年第 4 期。对封齐的具体时间，诸家看法又小有不同，如晁氏认为
"必在周公东征以后"，陈氏则认为"封齐在平叛开始时"。

为对淮夷的斗争、交流。

《录戜卣》铭：

王令戜曰："歔淮尸（夷）敢伐内国，女（汝）其以成周师氏戍于辪（固）师（次）。"白（伯）雍父蔑录曆，易（锡）贝十朋。录拜稽首，对扬白（伯）休，用作文考乙公宝尊彝。（《集成》05419）

《戜方鼎》铭：

戜曰：乌虖（乎）！王唯念戜辟剌（烈）考甲公，王用肇事（使）乃子戜，率虎臣御淮戎。……（《集成》02824）

《戜簋》铭：

唯六月初吉乙酉，……戜率有司、师氏奔追鄄（拦）戎于臧（域）林，博（搏）戎戜（胡）。朕文母竞敏启行，休宕厥心，永袭厥身，卑（俾）克厥啻（敌），隻（获）馘百，执讯二夫，孚（俘）戎兵……凡百又卅又五敫（款），孚（捋）戎孚（俘）人百又十又四人。……（《集成》04322）

上举录国铜器，属穆王时期。录为群舒后裔，本亦为夷，前此已被周室征服归顺，故此时得随周师抵御淮夷的内侵，战于胡地，颇有斩获。胡国，地在今安徽阜阳境，此时亦是服从于周的一个小国。①

1986 年于陕西安康出土的《史密簋》②，研究者定为懿王或孝王时器，其铭文是一篇反映周王室与夷人关系的重要文献。铭云：

惟十又二月，王令师俗、史密曰："东征。"会南夷卢、虎会杞夷、舟夷，谨，不恝，广伐东国，齐师、族徒、遂人乃执鄙宽恶。师俗率齐师、遂人左〔周〕伐长必；史密右率族人、厘伯、僰、夷周伐长必，获百人。对扬天子休，用作朕文考乙伯障簋，子子孙孙其

① 杨宽：《西周史》，上海人民出版社 1999 年版，第 560 页；张富祥：《东夷文化通考》，上海古籍出版社 2008 年版，第 599 页。
② 张懋镕、赵荣、邹东涛：《安康出土的史密簋及其意义》，载于《文物》1989 年第 7 期。

永宝用。

李学勤谓："卢和虎是两种南夷，……据铭文地理形势推断，实属于淮夷。"① 挑起事端的是淮夷的卢和虎，起而响应的杞夷、舟夷在今山东境。铭文比较完整地记述了淮夷的卢和虎联合杞、舟两国进犯周王朝的东土，周王派师俗、史密东征，率领齐、厘（莱）、僰（偪阳）、夷等国兵力，围攻长必，并取得胜利的一段史实。

西周末年的厉、宣之世，周王朝同淮夷的冲突更加频繁，战事持续不断。《后汉书·东夷列传》谓："厉王无道，淮夷入寇，王命虢仲征之，不克。宣王命召公（召虎）伐而平之。"《诗经·大雅·江汉》："江汉浮浮，武夫滔滔。匪安匪游，淮夷来求。既出我车，既设我旟。匪安匪舒，淮夷来铺。……江汉之浒，王命召虎，式辟四方，彻我疆土。……"马瑞辰《毛诗传笺通释》谓："上言来求，谓讨治之；下言来铺，谓止其地。"意为要对淮夷兴师讨伐，要把淮夷阻于其地。姚际恒《诗经通论》谓此诗即"宣王命召穆公平淮夷，诗人美之之作。"厉、宣之世的铜器铭文中，更屡见淮夷来犯和周王朝征伐淮夷的记载。《𣛒钟（宗周钟）》载：

……南或（国）𨸲子敢臽（陷）虐我土，王敦伐其至，戜（扑）伐厥都。𨸲子乃遣间，来逆邵（昭）王，南尸（夷）、东尸（夷）具见廿又六邦。……（《集成》00260）

意谓南方𨸲子兴兵犯界，周师反攻，打败了进犯者，𨸲子遂率南夷、东夷二十六邦的使者晋见了周王（厉王）表示服从。他如《虢仲盨盖》之"虢仲以（与）王南征淮尸（夷）"、《无㠱簋》之"王征南尸（夷）"、《敔簋》之"南淮尸（夷）迁殳内，伐溟昴、参泉、裕敏、阴阳洛，王命敔追御于上洛㤯谷，至于伊、班"，《翏生盨》之"王征南淮尸（夷），……翏生从，执讯折首，孚（俘）戎器，孚（俘）金"，《禹鼎》之"噩（鄂）侯御方率南淮尸（夷）、东尸

① 《史密簋铭所记西周重要史实》，收《走出疑古时代》（修订本），辽宁大学出版社1997年版。

（夷）广伐南或（国）、东或（国），至于历内。王迺命西六自（师）、殷八自（师）曰：'戠（扑）伐噩（鄂）侯御方，勿遗寿幼。'……隻（获）厥君御方……"，记载的全是厉王时期周王朝与淮夷的战事。有的战事规模相当大，如《禹鼎》所载，鄂侯御方纠集南淮夷、东夷来犯，周王朝竟动用了几乎全部兵力（西六师、殷八师），才取得胜利，并俘获了鄂侯御方。号称中兴之主的宣王，亦曾把主要精力用于经略江淮地区。除上引《诗经·大雅·江汉》那篇歌颂宣王命召虎伐淮夷并取得胜利的诗篇外，《今本竹书纪年》亦有宣王"六年，召穆公帅师伐淮夷"的记载。宣王时器《师寰簋》载：

王若曰："师寰，叐（拔）淮尸（夷）緐（旧）我員（帛）晦（贿）臣，今敢博（薄）厥众段（暇），反工吏，弗速（积）我东鄙（国）。今余肈令女（汝）（率）齐币（师）、冥、賛（莱）、㢤、尿、左右虎臣征淮尸（夷），即質厥邦兽（首），曰冉、曰鈴、曰铃、曰达。"师寰虔不豙（坠），夙夜卹厥牆（将）事，休既又（有）工（功），折首执讯，无谋徒御，殴孚（俘）士女牛羊，孚（俘）吉金。今余弗段（暇）组（祖），余用作朕后男黜（腊）尊簋，其万年子子孙孙永宝用享。（《集成》04314）

《兮甲盘》亦载：

淮尸（夷）旧我員（帛）晦人，毋敢不出其員（帛）、其責（积）；其进人、其贮，毋敢不即帥（次）即帝（市）。敢不用令，则即井（刑）戠（扑）伐。其隹我者（诸）侯百生（姓），厥贮毋不即帝（市）；毋敢或入蛮宄贮，则亦井（刑）。兮白（伯）吉父乍（作）般（盘），其釁（眉）寿万年无疆，子子孙孙永宝用。（《集成》10174）

此二器表明淮夷须向周王朝交纳布帛、财贿和服劳役等，否则，就要遭到讨伐、镇压。周王朝对淮夷的苛重盘剥，恐怕也是造成淮夷经常举兵反抗的一个重要原因。

在阶级社会，中央王朝与周边少数族的战争是经常发生的，不可避免的。既然是战争，免不了有其凶残的一面，但亦不应回避，民族的交往、融合和国家的统一，又不可能完全离开战争，战争实为民族交往、融合的一种特殊形式、手段，它同和平时期民族间正常的经济、文化交流一样，客观上亦有其促进民族融合和国家统一的积极的一面。

第三章　夏、商、西周时期江苏境内吴、徐两强外的其他方国部落

一、留

《路史·国名纪四》载：留为帝尧长子之后的封国，妘姓。"彼留子国者，汉隶彭城，子房之封，有庙墓。"罗苹注云："郦（郦道元《水经注》）云：留县故城，翼佩泗济，张良遇高祖处。县至隋犹在，今在沛县。"《史记·留侯世家》《索隐》："韦昭云'留，今属彭城。'按：良求封留，以始见高祖于留故也。"《正义》引《括地志》云："故留城在徐州沛县东南五十五里。今城内有张良庙也。"臧励龢主编《中国古今地名大辞典·留县》条："春秋宋邑。秦置县。汉封张良为留侯，……故城在今江苏沛县东南。"当代学者杨伯峻亦谓："留即张良封留侯之留，今沛县东南，徐州市北。"[1]

留国事迹诸书基本失载。《诗经·王风·丘中有麻》有"彼留子嗟"、"彼留子国"句，毛《传》："留，大夫氏。子嗟，字也。""子

----
① 《春秋左传注》，中华书局1981年版，第918页。

国，子嗟父。"郑《笺》："子嗟放逐于朝，去治卑贱之职。"然周时作为大夫的留氏同前述作为尧后的留国，是否同处一地，前后相承，因史料缺乏，实难判定。又阮元《积古斋钟鼎彝器款识》收有《留君簠》，作器者为何时、何地之留公，亦无从确知。要之，《诗经》与《留君簠》所言之留，当是周王朝所封之留，同作为尧后的留似无多少关系。

但不管怎么说，在今江苏沛县地区远古时代曾存在着一个留国，后来这个留国成了宋国的留邑，汉初又成了留侯张良的封地，当是事实。

二、彭

彭，相传为尧舜时的封国，始封之君曰彭祖。彭祖，又称篯铿、彭铿、彭翦。或谓本姓篯，因封于彭，故称彭祖、彭铿、彭翦，或谓乃姬姓，篯、彭均氏也。彭祖传为黄帝孙颛顼后裔陆终第三子，母为鬼方氏之女。彭祖于尧舜时被举用，且封于彭。相传彭祖活了八百多岁，这自然是不可能的。所谓八百多岁云云，正如一些研究者所指出的，当是指彭祖及其后传国的大致时间，虽说能调滋味、善于摄生的彭祖本人可能很长寿。以下，是诸书有关彭祖的片段记载：

（夏启）十五年，武观以西河叛。彭伯寿帅师征西河，武观来归。……（商河亶甲）三年，彭伯克邳。……五年，姺人入于班方。彭伯、韦伯伐班方，姺人来宾。……（祖乙）元年，己巳，王即位，自相迁于耿。命彭伯、韦伯。……（武丁）四十三年，王师灭大彭。（《今本竹书纪年》）

陆终娶于鬼方氏之妹，谓之女嬇，生子六人，……三曰篯铿，是为彭祖。彭祖者，彭城是也。（宋忠注曰："彭祖姓篯名铿，在商为守藏史，在周为柱下史，年八百岁。"）（王谟辑本《世本》）

（周成王曰）皇天哀禹，赐以彭寿，思正夏略（意谓皇天哀怜大禹，于是就把彭伯寿赐给了夏朝，使他安定夏朝的疆土）。（《逸周书·尝麦解》）

（周太史伯为郑桓公论兴衰之道曰）祝融亦能昭显天地之光明，以生柔嘉材者也，其后……佐制物于前代者，昆吾为夏伯矣，大彭、豕韦为商伯矣。……彭姓彭祖、豕韦、诸稽，则商灭之矣。（《国语·郑语》）

（孔子谓帝尧之时）举舜、彭祖而任之。（《大戴礼记·五帝德》）

陆终氏娶于鬼方氏，鬼方氏之妹，谓之女嬇氏，产六子，……其三曰籛，是为彭祖。（《大戴礼记·帝系》）

（孔子语鲁哀公曰）昔商老彭及仲傀，政之教大夫，官之教士，技之教庶人，扬则抑，抑则扬，缀以德行，不任以言。庶人以言，犹以夏后氏之祠怀袍褐也，行不越境。（《大戴礼记·虞戴德》）

禹、皋陶、契、后稷、伯夷、夔、龙、倕、益、彭祖自尧时而皆举用。（《索隐》："彭祖即陆终氏之第三子籛铿之后，后为大彭，亦称彭祖。"《正义》："彭祖自尧时举用，历夏、殷封于大彭。"）（《史记·五帝本纪》）

陆终生子六人，……三曰彭祖，……彭祖氏，殷之时尝为侯、伯，殷之末世，灭彭祖氏。（《集解》引虞翻曰：彭祖，"名翦，为彭姓，封于大彭。"《正义》引《括地志》云："彭城，古彭祖国也。"）（《史记·楚世家》）

从上述记载似可略知：彭祖为黄帝孙颛顼后裔陆终之第三子，尧舜时已见用，且卓有政绩，故得封于彭城。夏启时，彭伯寿曾帅师讨平武观之乱，安定了动荡中的夏王朝。殷商时，不仅有彭伯与韦伯同为商之方伯，专征伐，甚为王室倚重的记述，还出现过与商汤左相仲傀（虺）齐名的殷贤大夫老彭，其在商之影响、地位，自非一般方国可比。

　　一般认为，武丁时彭为商所灭，《史记·楚世家》却谓"殷之末世，灭彭祖氏"，而《世本》宋忠注又谓彭祖"在周为柱下史"。这该作何解释呢？是被武丁灭亡了的彭国不久又复立了，以致到殷之末世又被灭了一回，而到了周王朝时古老的彭国又在周室"存亡继绝"方针下再次得以复立？抑或彭国虽未复立，但彭祖后人中又有人在周王朝做了官？凡此种种，皆因材料不足，一时尚难理清，只能存疑。

　　关于彭祖所封之地，似已没有什么好争论的，说者皆认为就在今江苏徐州市附近。至今徐州市及西郊大彭集村等地仍有彭祖庙、彭祖祠、彭祖井及近年来新建的彭园等纪念物，承载着后人对彭祖的怀念。

　　上引屡与彭伯并举的韦伯，是豕韦国之君。豕韦是从大彭别封出来的。《新唐书》卷七十四上《表》第十四上《宰相世系》四上谓："颛顼孙大彭为夏诸侯，少康之世，封其别孙元哲于豕韦，其地滑州韦城是也。豕韦、大彭迭为商伯，周赧王时，始失国，徙居彭城，以国为氏。"豕韦地在今河南滑县东南，本不在本书论述范围，因豕韦是从大彭中别封出来的，失国后其民又部分还归彭城，故附论于此。

三、偪　　阳

　　偪，音福，又音逼，鉴于《穀梁传》名此地为"傅阳"，后来于此地置县时亦名"傅阳"，故此处作为地名之偪阳之"偪"字当读福。上引《国语·郑语》周太史伯为郑桓公论兴衰之道时，提到过彭祖，亦提到过与彭国有近亲关系的另一封国偪阳：

　　妘姓邬、郐、路、偪阳，曹姓邹、莒，皆为采卫，或在王室，或在夷、狄，莫之数也。

　　韦昭注云："陆终第四子，曰求言，为妘姓，封于郐，今新郑也。邬、路、偪阳，其后别封也。"秦嘉谟辑补本《世本》载：

陆终娶于鬼方氏之妹，谓之女嬇。是生六子，……三曰籛铿，是为彭祖。四曰求言，是为郐人。（宋忠注曰："求言，名也，妘姓所出。郐，国也。"）

《史记·楚世家》《正义》引《括地志》亦云："故郐城在郑州新郑县东北二十二里。《毛诗谱》云'昔高辛之土，祝融之墟，历唐至周，重黎之后妘姓处其地，是为郐国，为郑武公所灭也。'"郐既为陆终第四子、彭祖之弟求言所封，而偪阳又是其后从郐别封出来的，则偪阳与彭不仅地相比邻，而且是血亲关系甚近的两个封国。

关于偪阳的地望，史书及各种地理、方志类著作所记还是比较清楚的。《汉书·地理志》："傅阳，故偪阳国。莽曰辅阳。"《左传》襄公十年杜注："偪阳，妘姓国，今彭城辅阳县也。"顾祖禹《读史方舆纪要》卷三十二《山东三·兖州府上·峄县·偪阳城》：在"县（峄县）南五十里。春秋时小国。城西有柤水，襄十年晋侯会诸侯及吴子寿梦于柤，遂伐偪阳是也。汉置傅阳县，属楚国。傅、偪同音福。后汉属彭城国。晋因之，后废。"臧励龢主编《中国古今地名大辞典》《偪阳》条："偪阳，周国名，妘姓，子爵。故城在今山东峄县南五十里。"1958 年，峄县移治今枣庄市，1960 年改为枣庄市，故魏嵩山等谓"偪阳国""在今山东枣庄市东南。"[1] 近年来，考古工作者已对地处今山东枣庄市台儿庄区张山子镇城里村附近的偪阳故城遗址进行多次勘测、发掘，经实测，城址周长约 3400 余米，已于 2006 年被国务院批准列为国家级重点文物保护单位。

杨伯峻谓："偪阳今邳县西北，即山东峄城（峄县废治）南五十里，东南距柤约五十里。"[2] 即地处今鲁、苏两省交界处。清顾栋高《春秋大事表·春秋列国都邑表卷七之四·楚·地·柤》下云："今山东兖州府峄县东南有渣口戍，即今泇河入永水之泇口。又汪氏克

---

[1] 《中国历史地名大辞典》，广东教育出版社 1995 年版，第 1032 页《偪阳国》条。
[2] 《春秋左传注》，中华书局 1981 年版，第 973 页。

宽曰'偪阳国及鄪地皆在沛县',盖地相接云。"《大明一统志》卷十八《徐州》谓:"沛县,在州城西北一百八十里,古偪阳国地。"当然,笼统地谓偪阳国在沛县,并不准确,因为这容易造成偪阳国以都城为代表的主体部分也在沛县的误解。科学的提法应该是,偪阳都城处在今山东一侧的鲁、苏两省交界处,其疆域已达及今江苏北部沛县、邳州市(原邳县)的某些地区。

偪阳作为小国长期在历史舞台上默默无闻,其灭亡却堪称轰轰烈烈,有声有色。史载,公元前563年,晋悼公以偪阳亲楚为由,以霸主身份率多国之师围困偪阳,用了整整一个月的时间,才攻破偪阳城,偪阳遂亡。

四、邳(薛)

薛传为黄帝后任姓封国,始封之君为夏禹时的奚仲。《左传》定公元年:"奚仲居薛,以为夏车正。奚仲迁于邳。仲虺居薛,以为汤左相。"杜注:"奚仲为夏禹掌车服大夫。""仲虺,奚仲之后。"郑樵《通志·氏族略三》"任氏,姓也。……黄帝二十五子,十二人以德为姓。一为任氏,六代至奚仲,封薛。"《氏族略二》:"薛氏,任姓。黄帝之孙颛帝少子阳封于任,故以为姓。十二世孙奚仲为夏车正,禹封为薛侯。奚仲迁于邳。十二世孙仲虺为汤左相,复居薛。旧云鲁国薛县,今徐州有薛城,在滕县东南五十里是也。""邳氏……奚仲为夏车正,自薛封邳,今泗州故下邳郡即其地也。……奚仲本封薛,既迁于邳,则以邳为薛,而旧名不废,故子孙亦以为氏。"《元和郡县图志》卷九:"滕县……奚公山,在县东南六十六里。奚仲初造车于此。……故薛城,在县东南四十三里,薛侯国也。"薛城故址,一般认为即今山东滕州市东南约五十里的薛城区。《元和郡县图志》卷九:"下邳县,本夏时邳国,后属薛,《左传》薛之祖奚仲迁于邳是也。春秋并于宋,战国时属楚,后属齐。

至秦曰下邳县，汉属东海郡。"一般认为，奚仲所迁之邳即今江苏徐州市属邳州市东北之邳城镇。《汉书·地理志上·东海郡·下邳》颜师古注引应劭曰："邳在薛，其后徙此，故曰下。"引臣瓒曰："有上邳，故曰下邳也。"师古曰："瓒说是。"即是说，奚仲由薛迁邳后，可能连封国名也逐渐由薛改称为邳了，故《今本竹书纪年》有"世子相出居商丘，依邳侯"之谓，也才有了上邳（原封地）、下邳（新徙地）之称谓。至仲虺复居薛后，可能又回改称薛。但由于前此薛、邳都使用过，故后人也就薛、邳混用，难以区分哪个是正称，哪个是习称了，一如商之既称商又称殷一样。

在夏代，薛（邳）可能一度比较强大，上引《今本竹书纪年》仲康"世子相出居商丘，依邳侯"可证。

夏商之际，奚仲的十二世孙仲虺弃夏奔商，为汤之左相，并助汤灭夏。古文尚书《仲虺之诰》传为仲虺所作。仲虺，一作"中䲡"、"仲傀"、"仲魄"、"仲虆"、"莱朱"等，见于《史记·殷本纪》、《孟子·尽心下》、《墨子·所染》、《吕氏春秋·当染》、《帝王世纪》诸书，是个几可与伊尹齐名的大人物。《元和姓纂》卷十《薛》谓"至仲虺，为汤左相，代为侯伯"，即仲虺及其后世代为诸侯伯长，地位非同一般。此时，薛（邳）国所领不仅包括今山东滕州市、江苏邳州市一带，似还包括今江苏沛县一带，《大明一统志》卷十八"仲虺墓，在沛县"，即其证。

商王太戊时，与伊陟同辅太戊致"殷复兴"的贤相臣扈，是仲虺的后人。《尚书·君奭》："在太戊，时则有若伊陟、臣扈，格于上帝。"《今本竹书纪年》亦谓帝太戊即位元年，"命卿士伊陟、臣扈。"郑樵《通志·氏族略二》："臣扈……仲虺之后也。"

至商王外壬、河亶甲时，"殷复衰"，诸侯叛之，邳也卷入其中。《今本竹书纪年》：外壬元年，"邳人、侁人叛。"《左传》昭公元年亦谓"商有姺、邳"之乱。邳之乱，在甲骨文中亦有反应，《甲骨文合集》6834正："庚申卜，王贞：余伐不。庚申卜，王贞：余勿伐不。"'不'即'邳'，故此条卜辞很可能与此次邳叛商有关。外壬在位期间（《今本竹书纪年》言外壬在位十年，《御览》引《史记》言十五年），姺、邳之乱一直未能平息，直到河亶甲三年，"彭伯克邳"，五年，"彭伯、韦伯伐班方，俦人来宾"（《今本竹书纪年》），才最终平定了俦、邳之乱。

此次邳之乱虽被平定，但邳并未因此而亡国。不但未亡国，其后人祖己还在武丁时被作为谋臣重用。郑樵《通志·氏族略二》："臣扈、祖己，皆仲虺之胄也。"众所周知，武丁之所以能够修政行德，复兴殷道，一个重要原因就在于他善于用人，得到了两个贤臣的辅佐。这两个贤臣，一个是傅说，一个便是祖己。《史记·殷本纪》载：

帝武丁祭成汤，明日，有飞雉登鼎耳而呴，武丁惧。祖己曰："王勿忧，先修政事。"祖己乃训王曰："唯天监下典厥义，降年有永有不永，非天夭民，中绝其命。民有不若德，不听罪，天既附命正厥德，乃曰其奈何。呜呼！王嗣敬民，罔非天继，常祀毋礼于弃道。"武丁修政行德，天下咸驩，殷道复兴。

旧谓，《尚书·高宗肜日》（上引《史记·殷本纪》"祖己乃训王曰"以下，即基本取自《高宗肜日》）即祖己训诫武丁之词，亦有研究者认为，此篇乃祖己在武丁的儿子祖庚祭祀武丁时对祖庚的训诫之词，但不管怎么说，此篇为祖己训诫商王之词却是可以肯定的。

商王武乙时，"祖己七世孙曰成，徙国于挚，更号挚国。女大任生周文王。至武王克商，复封为薛侯。"（郑樵：《通志·氏族略二》）《诗经·大雅·大明》："挚仲氏任，自彼殷商，来嫁于周，曰嫔于京，乃及王季，维德之行。大任有身，生此文王。"《诗经·大雅·思齐》："思齐大任，文王之母。"歌咏的都是这件事。

殷周之际，地在今河南汝南县一带的挚国，已分立为挚、畴二国。《国语·周语中》载周襄王大夫富辰之言曰："昔挚、畴之国也，由大任。"韦昭注："挚、畴二国，任姓，奚仲、仲虺之后。大任，王季之妃，文王之母也。"挚、畴二国，这时早已叛纣归周。但东方的任姓薛国，此时却出了个"殷之贤臣"祖伊。《史记·殷本纪》《集解》引孔安国曰：祖伊，"祖己后，贤臣也。"由于祖伊虽明知"纣不可谏矣"，却仍坚定地站在纣一边，"咎周"，故武王伐纣后"复封为薛侯"的，自然不会是祖伊，而是挚君成的后人，即上引郑樵《通志·氏族略二》所谓"祖己七世孙曰成，徙国于挚，更号挚国。女大任生文王，至武王克商，复封为薛侯。"

薛与周王室为甥舅关系，与鲁也结有婚姻之好（《左传》哀公二十四年谓"周公及武公娶于薛"），但薛毕竟是个小国，在大国林立的周代，在政治、外交舞台上几无影响可言。特别是进入春秋后，更逐渐沦为往来依违于楚、晋、鲁、宋、吴等大国的小邦。后终为田齐所灭，成为齐邑，并先后成为田婴、田文的封邑。

五、奄

我们在上文《周公东征与山东夷人的大量徙入江苏》一节中已经提及，随着周公东征的胜利和鲁在今山东曲阜一带逐步站稳脚跟，原居住在这一带的奄人一部分留了下来，成为鲁的臣民，大部分则南下徙入江苏。

奄人进入江苏后最终落脚到哪里了呢？《越绝书·吴地传》载：

毗陵县南城，故古淹君地也。东南大冢，淹君子女冢也。去县十八里。吴所葬。

张宗祥《校注》："'淹'当作'奄'。奄，古东诸侯。"顾祖禹《读史方舆纪要》卷二十五《常州府·武进县·淹城》谓："在府东南二十里，其城二重，濠堑深阔，周广十五里。"陈志良《奄城访古记》谓：

今常州城南二十里许有奄城遗址，亦作"淹城"。……遗址外观，高出地面丈许。城有三道：外城（原注：俗称外罗城）、内城

（原注：俗称里罗城）、子城（原注：俗称紫禁城）。城用黄土筑成，未见版筑之迹。外城、内城各有河绕之，不相通流，深丈许，宽十一、二丈。三城出入口只一道：外城在正西，内城在西南，子城在正南。全城直径一里半；外城周六里，内城周三里，子城周里许。外城高于城外之农田；内城高于外城；子城更高于内城。子城、内城间有土冈一道，由东向西，名跑马冈，传为奄君驰马处。外城西南部有土墩三，黄土筑成，高四丈余，在南者名头墩，在西南者名肚脐墩，在西者名脚墩，即《越绝书》所称之"淹君子女冢"也。……遗址内最多者为有几何形花纹之陶片，……发现地点多在河滩。……淹城当为古代奄族南迁后的居留地。……汉代又在淹城故址扩而充之，设立毗陵县。①

顾颉刚赞同陈志良的说法，亦认为《越绝书·吴地传》"既经指出了这城是淹君的，这冢是淹君子女的，那么这里的遗迹当然都是南迁的奄人所留，和吴根本不发生关系。所以说为'吴所葬'，即缘作者对于历史事实的模糊，他不知道奄和吴族类有别，时代也不同，以致错误地认为淹君是吴人。然而就在这段文字上给我们一个很好的启发，知道江南有奄。"又说："周公伐奄，直把奄人从今山东曲阜县赶到了江苏常州市，可以想见当时全力穷追的情状。这个奄城遗址，规模如此阔大，又可以想见奄国人数的众多，力量的雄厚，虽武力已失败而仍有建设国家的能力。他们原居于殷的旧都，文化颇高，其向南迁徙，在一定程度上必然为后起的吴国文化打下了基础。"②

关于淹城城址的年代，官方对外宣传性文字中多称之为春秋晚期古城遗址，而在学术界却一直存在着争论，计有商代、周成王时

---

① 转引自顾颉刚：《奄和蒲姑的南迁——周公东征史事考证四之四》，载于《文史》第31辑，中华书局1988年版。

② 顾颉刚：《奄和蒲姑的南迁——周公东征史事考证四之四》，载于《文史》第31辑，中华书局1988年版。

期、西周中期、春秋早中期、春秋晚期等多种说法。最近，林志方于《淹城探谜》一书中，提出淹城三道城墙的修筑分别出自三个时代的不同人之手的说法，即"子城墙为西周晚期奄族人始筑"；内城墙为春秋晚期吴国始筑，吴在筑内城墙时，并对子城墙进行了修筑；外城墙则为西汉时始筑，西汉人在筑外城墙时，并随着对子城墙和内城墙加以修筑。[①]

亦有研究者认为，"淹城"与"奄族"无涉，而应与季札有关。季札是吴王寿梦第四子，因不满阖闾刺杀王僚篡夺王位，立誓"终身不入吴"，于是便在自己的封地延陵掘河筑城，名之曰"淹城"，以示在此淹留至死之意。

我们认为，季札既是几次让国于人的君子，又怎么会在自己的封地劳民伤财，大兴土木，为自己营造规模如此之大的安乐窝呢？故此说实难成立。相比较而言，我们认为还是陈志良、顾颉刚、林志方等的看法更妥切些，即"淹城"之得名，当与南下"奄人"有关。后来，随着吴人势力进入这个地区，奄终为吴所并灭，淹城终于成了吴地。

六、薄　　姑

地处今山东博兴一带的薄姑（蒲姑），其境遇也同奄差不多。《汉书·地理志》载："周成王时，薄姑氏与四国共作乱，成王灭之，以封师尚父，是为太公。"薄（蒲）姑氏亡国后，其民一部分留下了成为姜齐治下之民，另一部分则远徙他乡。迁到哪里去了呢？对此学术界说解颇多，兹不备举。

按顾颉刚的说法，是南徙到取虑（今江苏睢宁境），以至吴地（今苏州一带）去了。根据呢？《左传》昭公十六年："齐侯伐徐。……二

---

① 林志方：《淹城探谜》，黑龙江人民出版社 2007 年版，第 213～221 页。

月丙申，齐师至于蒲隧，徐人行成。徐子及郯人、莒人会齐侯，盟于蒲隧。"杜注："蒲隧，徐地。下邳取虑县东有蒲姑陂。"《后汉书·郡国志》："下邳国取虑：有蒲姑陂。"王先谦《集解》："前汉县，属临淮。……《一统志》：'取虑故城，今徐州府睢宁县西南。'"《今本竹书纪年》："周武王……十六年……秋，王师灭蒲姑。"许文靖《竹书纪年统笺》："《郡国志》：下邳取虑县有蒲姑陂。《书序》'成王东伐淮夷，遂践奄，迁其君于蒲姑'，即此。"据上，顾颉刚谓：

按这是说蒲姑迁地在今江苏省睢宁县（北纬三十四度），比原居的今山东省博兴县地（北纬三十七度）已经南移很远了，所以许文靖说《书序》所谓迁奄君于蒲姑即指这里。但我们觉得，这只可以说是蒲姑族的一处南迁的遗迹，实际上，奄君既没有迁到这里，就是蒲姑也还不仅迁到这里为止；或者他们这一族被分散了，有一部分是留居于取虑的。到春秋时，取虑是徐国之地，当然蒲姑的统治者早已他迁，或者被灭。至于《今本纪年》把周灭蒲姑置于武王十六年下，太急性了。

《越绝书·吴地传》："蒲姑大冢，吴王不审名冢也，去县三十里。"据此，顾颉刚又谓：

按这个县即今江苏吴县。从"蒲姑大冢"这个名称上看就可以知道蒲姑族的人民在战败后也从山东流转到了江南，而且比奄人走得更远，他们一直往东走，直到东海边的苏州市才停下。汉代人不明白古代历史，以为在吴国境内的高大的坟墓必然是吴王的，所以说为"吴王不审名冢"，这正和说"淹君子女冢"为"吴所葬"是同样的误认。幸而在这些名称上还留下了"蒲姑"和"淹"的字样，使我们知道这就是"周公以师逐之，至于江南"的两个反周的东方大国南移的终点。①

------

① 顾颉刚：《奄和蒲姑的南迁——周公东征史事考证四之四》，载于《文史》第31辑，中华书局1988年。

何光岳亦认为：

蒲姑灭亡后，有一部分遗族也和徐、淮等同族被迫南迁。……
蒲姑之南迁，是从齐地之蒲如经滕县之浦乡，与徐人相汇，然后南
迁到今江苏睢宁县西南，即古之取虑县，古之蒲隧，成为徐国的臣
民。北魏曾于安徽当涂县南五十里置薄阳县，当是蒲姑人渡过长江
南迁时所停留过之地。约于春秋末期吴灭徐而迁蒲姑人于此。《越绝
书》卷二《吴地传》载吴都姑苏附近有"蒲姑大冢，吴王不审名冢
也，去县三十里。"当为蒲姑首领的墓地。其同族奄人也由曲阜南迁
至常州东南二十里奄城。①

限于材料，蒲姑南迁江苏的具体情况，今已无从详考了。

七、邗（干）

《史记·吴太伯世家》谓太伯、仲雍所建之国叫"句吴"，而历
年出土的吴国青铜器铭文中除作"吴"外，又作"工䖘"、"工戲"、
"攻吴"、"攻敔"、"攻𢦏"、"攻𨥛"、"工𩎠"、"攻𩰋"等。"䖘"、
"戲"、"敔"、"𢦏"、"𨥛"、"𩎠"、"𩰋"等字皆指"吴"似已无甚
疑义，问题是前面的那个"工"或"攻"字该作何解释，它同后面
的"吴"等字又是什么关系？

《史记·吴太伯世家》《索隐》谓："颜师古注《汉书》，以吴言
'句'者，夷语之发声，犹言'於越'耳。此言'号句吴'，当如颜
解。"即"句"为发声，无义。

亦有学者认为，"句"，就是"勾画"、"勾勒"的"勾"。扬雄
《方言》说："钩，貌治也。吴越饰貌为钩，或谓之巧。"也就是化妆
的意思；工，《说文解字》解释为"巧饰也"，也就是美容的意思；
攻，《诗经·小雅·鹤鸣》有"他山之石，可以攻玉"句，《毛传》

---

① 《百越源流史》，江西教育出版社 1989 年版，第 365~366 页。

解释说："攻，错也。"也就是琢刻、修饰的意思。句、工、攻相通，都有勾勒、刻画、打扮、化妆、美容的意思。吴地是滨江临湖的水乡泽国，当地土著断发文身，"以象龙子"，以求不受水族伤害。这是古代盛行的一种交感巫术。太伯、仲雍奔吴后也学荆蛮文身，在身上勾画修饰鱼、龙纹样，于是"虞"字就变成了"鷹"。①

郭沫若《者减钟》考释云："'工鷹'即是句吴，《攻敔王元剑》作攻敔，《攻吴夫差监》作攻吴，均音近字之翻译。"②

另一部分学者则认为，"工"、"攻"等必有具体含义，当是古族、国之名，后来吴并灭了他们，也就部分地袭用了他们的名字。

如刘节即认为，"吴邗本非一国。其后邗为吴并，故吴得开邗沟以通江淮也。……邗既并入于吴，故春秋以后学者皆以干越为吴越。……古者邗越善制兵器，故其国即以干戈为名也。"③ 童书业亦谓："春秋吴国的铜器铭文中，吴人自称的国名很不一致，有称'攻吴'的（'攻吴王夫差监'），有称'攻敔'的（'攻敔王元剑'），也有称'工鷹'的（'者减钟'），'攻吴'、'攻敔'、'工鷹'，该是一名之变，亦即古书中所谓'勾吴'。近年出土的'禺邗王壶'又称为'禺邗'（'禺'字或是动词'遇'字，近人有此说），这是什么缘由呢？我曾经根据了'禺邗王壶'的铭文假定：春秋末年吴国曾迁都到江北的邗城（今扬州附近），见拙著《春秋末吴越国都辨疑》。现在我觉得吴、干二国早有关系，吴在夫差前已称'干'，'攻吴'即是'干吴'，'攻''干'一声之转；'干吴'犹言'干地之吴'。夫差迁邗后又称'禺邗'，'禺邗'即是'吴干'。（《战国策·赵策》三：'夫吴干之剑。'《吕氏春秋·疑似篇》：'患剑之似吴干者。'）'禺''虞'同音，'虞'就是'吴'，'吴干'犹言吴人之干。如'禺邗'之'禺'为动词，则吴单称'干'（古书中常称

---

① 叶文宪：《吴国历史与吴文化探秘》，文物出版社 2007 年版，第 4 页。
② 《两周金文辞大系图录考释》，上海书店出版社 1999 年版，第 153 页。
③ 《说攻吴与禺邗》，收《古史考存》，人民出版社 1958 年版。

'干越'，即'吴越'），即'邗'，以迁都而去故号，犹魏惠王迁都于梁后称'梁惠王'，韩哀侯迁都于郑后称'郑哀侯'也。……'干'当是一个大族之名，似是'百越'的一种，其支族大概分布于大江南北。……《管子·小问篇》：'昔者吴干战，未龀不得入军门，国子擿其齿，遂入，为干国多。'这是吴干交战的唯一记载，其时代虽不可考，然必是吴人东南迁后的事情。吴据干地后遂称'干吴'（攻吴），到夫差迁邗，又单称'邗'（干），或称'禺邗'（吴干）了。"① 他处，童氏更明言："或者'攻''工''句''邗'本为一名，即古干国之称，……'干'本古国名，一作'邗'，……干为吴所灭，吴迁于此，故称'干吴'或'吴干'。"②

何光岳认为：干本作寒，寒乃寒浞的封国，在今山东潍县。后称干，并逐渐南迁。"干国由徐州南迁临淮，当在周代中叶以后。……干国立国于临淮，故加邑旁作邗。……春秋吴国强盛时灭掉干国，当时干国也已南迁至今江苏扬州。""吴灭干后，便占其都城为吴都，自此吴也称干或干吴。""吴灭干，当在前659年前后，或系吴东迁过程中灭了干国，然后再南迁姑苏。"③

王文清等认为："干，即邗，地在江北，西周时与江南之吴隔江对峙。大约在西周末年，吴国在江南强盛起来以后，便向江北的干国发动进攻。……邗的都邑在今扬州市城北一带，领地约为江北淮南之地。吴并邗以后，邗成为吴在江北的重邑，春秋时吴王寿梦也曾称为'邗王'。……吴王夫差曾经'城邗沟'，他也被称为'邗王'。"④

杨善群认为："淹城东面的太湖沿岸地区，在西周至春秋早期是干族人的居住地。……干族也是东夷的一支，分布在长江下游的两

① 《释"攻吴"与"禺邗"》，收《童书业历史地理论集》，中华书局2004年版。
② 《春秋左传研究》，上海人民出版社1980年版，第237页。
③ 《百越源流史》，江西教育出版社1989年版，第59、62、65、63页。
④ 《江苏史纲》（古代卷），江苏古籍出版社1993年版，第33~34页。

岸。吴国在攻占淹城后，当即乘胜东进，向同为东夷的干族人聚居的太湖东北地区挺进，与干国发生长期的激烈的战争。《管子·小问》云：'昔者吴、干战，未龀不得入军门。国子擿其齿，遂入，为干国多。'……这里所记，可能是吴、干战争中一役的情况。大约到春秋前期，太湖以北以东地区，就全部为吴国所占领。"①

综上，从广泛分布于大江南北（太湖地区和江北以扬州为中心的江淮地区）的广大地区看，从吴、干之战的惨烈程度看，从灭邗（干）后吴人袭其号称"干吴"或"邗王"看，在今江苏长江两岸地区曾经存在过一个地域分布颇广、势力颇强的干（邗）族或干（邗）国，当是可信的，惜材料所限，其具体情况已无从考知了。

第四章 三代江苏的物质文明、制度文明与精神文明

一、物 质 文 明

（一）青铜冶铸

铁器出现和普及以前，铜器一直是关乎国计民生及上层人物身份地位的重要器物，而铜原料又主要产自包括苏南在内的中国南方，故自夏以来铜就成了古扬州向中原王朝进贡的主要贡物和征战中被掠夺的重要物品。

《尚书·禹贡》在谈到古扬州的贡物中就列有"金三品"。所谓

---

① 《吴国在西周至春秋前期的发展》，载于《学术月刊》1992 年第 3 期。

"金三品"，旧注或谓为"铜三色"，或谓为"金、银、铜"，但不管怎样说解，铜总是少不了的。《周礼·夏官·职方氏》亦谓此地"利金、锡"。《考工记》更明言"吴粤之金、锡，此材之美者也。"正常的贡纳外，铜又是中原王朝多次对淮夷用兵中的主要掳获品，如厉王时器《翏生盨》之"王征南淮尸（夷）……孚（俘）金"（《集成》04459）、宣王时器《师袁簋》之"正（征）淮尸（夷）……孚（俘）士女、牛羊，孚（俘）吉金"（《集成》04314）等，即其证。即使到了春秋时期，鲁僖公也还"既克淮夷"，"大赂南金"。（《诗经·鲁颂·泮水》）

在连云港藤花落的岳石文化遗址中，江阴花山的马桥文化遗址中，有青铜削和青铜炼渣等的发现，表明早在夏代和早商时期，江苏地区就有了自己的青铜铸造业。

进入商代中期以后，在南京北阴阳营、江宁点将台、铜山丘湾等商代遗址中，分别发现了一定数量的小件青铜器，如削、钻、凿、刀、镞、斧、戈等小型工具和兵器。在南京锁金村、北阴阳营等遗址中，还发现过青铜炼渣和陶钵、陶勺等冶铜工具。作为坩埚使用的厚壁陶钵与中原地区常用的大口尊和"将军盔"形制不同，作为挹灌铜液用的陶勺也为中原地区所未见，表现出一定的地方性特征。

相当于商代的青铜礼器，在江苏发现较少。1960年，在连云港大村发现了数件商代晚期至西周初年的青铜器，计有鼎4件，甗3件。另外，还有在溧阳夏村出土的铜爵、尊，淮安茭陵乡出土的饕餮纹斝，江宁横溪出土的青铜大铙等。

西周时期，江苏地区的青铜文化渐趋繁荣，在今南京、镇江、丹徒、丹阳、高淳、江宁、溧水、溧阳、句容、金坛、仪征、六合、苏州、吴县、吴江、无锡、武进、淮安、盱眙、涟水、泗洪、沭阳、连云港、东海、邳县等市县的数十处文化遗址中，均有西周青铜器的发现。不过，除丹徒烟墩山、母子墩，丹阳司徒等地出土了宜侯矢簋、凤鸟纹兕觥、鸟盖云纹扁壶、凤纹尊等一批较为精美的青铜器外，重器，特别是大型礼器的发现并不多，这当与当时的江苏地区尚不在中原王朝的腹心地区有关。

（二）农耕

江苏地区的农业生产有着悠久的历史，早在数千年前的新石器时代，苏南地区就有了水稻等作物的种植。《周礼·夏官·职方氏》谓："东南曰扬州，……其畜宜鸟兽，其谷宜稻。""正东曰青州（此青州含《禹贡》之徐州在内），……其川淮、泗，其浸沂、沭，……其畜宜鸡、狗，其谷宜稻、麦。"在东海焦庄、新沂三里墩西周遗址中，出土有属于粳亚种的粳稻和大量碳化了的高粱秆、叶堆积。在马桥文化、湖熟文化的诸多遗址中，都发现有牛、羊、猪、狗、鸡、鸡蛋壳、鱼、龟、鳖等的遗骨、遗存，在铜山高皇庙、丘湾和连云港九龙口等商代遗址中，还出土有完整的猪、牛骨架，前引《师寰簋》周师征淮夷时与掳获"士女"、"吉金"的同时，还有对"牛、羊"的掳获，凡此皆表明当时江苏地区的以农耕为主、辅之以家畜饲养和渔猎的经济生活已有了相当程度的发展。

农业生产工具虽仍以石制的犁、镰、锄、斧、铲等为主，但在丹徒断山墩、江宁陶吴、仪征破山口等地的西周遗址、墓葬中，亦有青铜犁、斧、铲、镰、鹤嘴锄等的出土，表明随着青铜时代的到来，农业生产工具也有了新的变化，新的提升。

历史上大禹"底定震泽"和太伯修太伯渎、徐偃王修陈蔡运河的传说虽不一定是事实，但亦可在一定程度上反映出夏、商、西周时期江苏先民们与水患作斗争，化水害为水利的斗争业绩。

（三）制陶、纺织、车船制造、琢玉

当时的手工业生产，除青铜冶铸外，尚有陶器制作、纺织、车船制造、琢玉等部门。

徐州、连云港等地的岳石文化，属岳石文化的苏北类型。陶器以灰色为主，亦有红陶、红褐陶、黑陶、黑衣陶等；器表以素色为主，部分饰以彩绘或凸棱纹、细绳纹、刻划纹等；泥制陶、夹砂陶均有；手制、轮制兼用。苏北类型陶器中有少量受二里头文化影响产生的鸡冠耳盆、觚形杯等，为其他岳石文化类型所不见，这可能与苏北地区远离先商文化分布区而二里头文化因素则可能沿淮水东渐有关。与岳石文化同属夏代时段、主要分布于今江苏宁镇地区的为点将台文化。点将台文化的陶器，以夹砂红褐陶为主，泥制红陶、黑陶、灰陶和薄胎磨光黑陶亦占一定比例；陶器以素面为主，不见彩陶和红衣陶；主要纹饰除粗凸弦纹，成组的细弦纹、划纹，附加堆纹、戳点纹、指捺纹外，还出现了拍印绳纹、篮纹、方格纹和刻划梯格纹；器形有鼎、甗、罐、豆、瓮、盆、盘、匜、尊、尊形器、簋、杯、碗等。在宁镇地区广为分布而晚于点将台文化的是相当于商周时期的湖熟文化。湖熟文化的陶器，分夹砂陶、泥质陶和硬陶三系，而以夹砂红陶为主；以素面为主，约占70%以上，纹饰种类繁多；器形有鬲、甗、罐、鼎、瓮、簋、盆、豆、钵等。硬陶的出现是湖熟文化有别于点将台文化的一个重要标志。另外，湖熟文化中还新出现了原始瓷器，釉色多呈浅茶色。商、周时期，宁镇地区与外界的交流日趋紧密，这在湖熟文化的陶器制作上有着明显的反映，如绳纹鬲、甗、罐、盆、簋、缸等器与二里岗的同类器物相同或接近；湖熟文化中的几何印纹陶文化因素当是来源于几何印纹陶发达且时代亦较湖熟文化为早的马桥文化。主要分布于长江下游太湖平原和杭州湾一带，时间约当中原夏、商时期的马桥文化，其陶系以泥质红陶为主，次为夹砂红陶、泥质灰陶等；炊器多鼎无鬲，是马桥文化的一个特色；马桥文化中另一重要文化因素是几何形印纹陶的存在。几何形印纹陶出现于新石器时代晚期的江南地区，在马桥文化中得到进一步发育。

太湖流域早在良渚文化时期就有了丝、葛纺织业。《尚书·禹贡》谓徐州向中原王朝的贡物有"玄纤缟",即黑色的细绸和白色的绢;扬州贡"织贝",即贝锦。

车、船是古代重要的交通、运输工具,又是战具,故历来受到官府和民间的双重重视。夏、商、西周时期,江苏地区的车、船制造业也有了一定程度的发展。相传,被封于薛(邳)的奚仲就以造车著称于世,曾为夏王朝的车正。在今江苏宿迁青墩、东海焦庄、丹徒烟墩山、母子墩等处的西周遗址、墓葬中,曾出土过作明器用的铜车饰、陶车模型、铜车马器等。在武进淹城内城河中,先后出土过 4 条独木舟。有两条经过 C14 测定,其中一条长 7.4 米,宽 0.75 米,深 0.45 米,距今约 2800 ± 195 年;另一条长 11 米,宽 0.9 米,深 0.45 米,距今约 2875 ± 90 年,约当西周、春秋之际。

与良渚文化时期的璀璨夺目比,进入文明时期后的吴地玉文化呈衰退趋势,但仍名闻远近,且成为向中原王朝的贡品。《尚书·禹贡》载,扬州的贡物中便有所谓"瑶琨",即美玉、美石、

二、制 度 文 明

夏、商、西周时期,江苏境内有吴、徐、留、彭、偪阳、邳(薛)、奄、薄姑、邗(干)等众多国家或方国部落的建立。它们大都有明确的王位(君位)世袭的传承系统,有自己的都城和相对稳定的统治范围,已基本具备了早期国家的规模、标准,标志着江苏地区已基本迈进文明的门槛,正式步入国家时期。

文明时期到来的一个重要标志是作为统治中心的城市的出现。据有关文献记载,上述吴、徐、留、彭、偪阳、邳(薛)、奄、薄姑、邗(干)等,都已有了自己的都城,惜除了吴、偪阳、邳(薛)、奄的都城尚有踪迹可寻外,余多湮没无闻了。

经考古发掘揭示的属于这一时段的江苏古城址有江阴佘城、丹阳葛城、武进淹城等。江阴佘城遗址,我们在上文中已作过介绍。

这是一座时间上约与商代相当、规模宏大、且有大型建筑基址的古城池。这座城池究竟为何人所建？它是不是就是太伯奔吴中的第一站？至今还是个谜。但不管它的主人是谁，这座城池的出现有力地标志着早在商代苏南地区已正式进入国家时期却是毫无疑义的了。近年来新发现的丹阳葛城遗址，是一座始建于西周、沿用至春秋时期的古城池。葛城遗址有三重城墙和三道环壕，目前经考古发掘已可确定的有两道环壕和两重城墙。内城东西长约 200 米，南北宽约 120 米，呈不规则长方形。在离葛城遗址约 2000 米的"神河村"地方，还发现有形制宏大的祭祀场所"神墩"。有研究者认为，葛城遗址可能为吴国早期都城。淹城遗址，上文也已介绍过，有研究者认为其子城可能为西周晚期古奄族人所筑。

又，如前文所述，江苏境内的古国并不是孤立存在的化外之国，而大都是受中原王朝分封的，其首领中的不少人还曾在中原王朝出任要职。这些，都有利于他们在制度的层面向中原王朝靠拢、看齐。

凡此皆可证，夏、商、西周时期，江苏是继中原地区后较早步入国家时期的一个较为先进的地区，早已不再是什么蛮荒之地了。

三、精 神 文 明

（一）天文学、医学

我们在上文中曾经提及，从吴地走出的商代名臣巫咸是个"格言遗记，于今不朽"，为"后代所宗"的善观天象的天文学者。《史记·天官书》曾总结说："昔之传天数者：高辛之前，重、黎；于唐、虞，羲、和；有夏，昆吾；殷商，巫咸；周室，史佚、苌弘；……"足见其在古代天文学史上地位之高。

《世本·作篇》谓"巫彭作医"。这个巫彭可能就是大彭氏国的彭祖。联系到彭祖曾"进雉羹于尧"（《楚辞·天问》王逸注），自身又以长寿著称，其精于医道、善摄生应是有根据的。相传，商之名臣巫咸，亦精于医道。《论衡·言毒篇》载："巫咸能以祝延人之疾，愈人之祸。"古巫、医不分，以"祝"（祈祷）作为辅助性治疗手段并不奇怪。

（二）治国理念

《史记·殷本纪》载：帝太戊时，"巫咸治王家有成，作《咸艾》，作《太戊》，……殷复兴，诸侯归之，故称中宗。"惜所作不传，后人已无从考究其治国之道了。

夏、商之际，奚仲十二世孙仲虺弃夏奔商，为汤之左相，并助汤灭夏，是个几可与伊尹相比肩的治国能臣。在传为仲虺所作的《古文尚书·仲虺之诰》中，他劝诫成汤说：

惟王不迩声色，不殖货利。德懋懋官，功懋懋赏。用人惟己，改过不吝。克宽克仁，彰信兆民。……佑贤辅德，显忠遂良。……德日新，万邦惟怀；志自满，九族乃离。王懋昭大德，建中于民，以义制事，以礼制心，垂裕后昆。予闻曰："能自得师者王，谓人莫己若者亡。好问则裕，自用则小。"呜呼，慎厥终，惟其始。殖有礼，覆昏暴。钦崇天道，永保天命。（意为：大王不亲近歌舞女色，不聚敛金钱财物。有德行的人，您要任之以官；有办事能力的人，您要给予奖赏。任用别人就像任用自己一样深信不疑，改正自己的过错要毫不吝惜。要宽厚仁爱，对亿万民众要讲诚信。……要帮助贤能的人，辅佐仁德的人，表彰忠贞的人，进用善良的人。……要使自己的品德每天都达到新的境界，这样，万邦就会归心；自满骄傲，连近亲都会背离。君主要努力彰显大德，在民众中树立不偏不倚之道，用义来裁夺诸事，用礼来控制内心，并把这种治理之道传留给后世子孙。我听说："能自己主动去找老师的人可以称王，认为别人都不如自己的人定会灭亡。谦虚好问则充实伟大，自以为是必然渺小。"啊！要有好的结局，只有从开始做起。有礼的，必得到树立；昏暴的，难逃灭亡。要敬奉天的意志，永保天的教导。)

仲虺的劝诫，归结起来，不外如下三点：第一，为人君者要虚心好学，克己修德；第二，举贤任能，建立一支廉洁的、高效的官吏队伍；第三，宽厚仁爱，取信于民。

武丁时的谋臣祖己，乃仲虺之后。面对大祭之日有飞雉登鼎而响、武丁惊惧的混乱场面，祖己却能冷静地进言："王勿忧，先修政事。"意思是说，"这有什么好怕的？你把治理国家的事办好就行了。"如此持论，在迷信之风其炽的殷代，实属不易。

徐偃王的治国之道，似有不同凡响处。从一个方面来讲，他既敢于"僭号""作乱"，兴兵犯周，可谓"大逆不道"之至，但诸书又皆言徐偃王乃一"好行仁义"的"有道之君"，关键时刻，却"仁而无权，不忍斗其人，故致于败。"(《史记·秦本纪》、《后汉书·东夷列传》) 看来，徐偃王颇像个敢于反抗周王朝对夷人压迫剥削，深受夷人各部首领（朝偃王者达三、四十国之多）和广大夷人拥戴的"仁君"，一个失败了的英雄。

从上引仲虺、徐偃王等的所言所行中不难看出，其"修德"、"好行仁义"的主张、行事，处处透露出儒家"德治"、"仁政"治国理念的影子。是儒家继承、发扬了仲虺等本已有的那套治国理念，还是儒家按自己的要求重新打扮、塑造了仲虺等？颇值得作进一步之思考。但不管怎么说，仲虺、徐偃王等都有自己的一套治国之道，并在历史上产生过重大影响当是事实。

(三) 文学艺术

《吕氏春秋·音初》谓："禹行功，见涂山之女，禹未之遇而巡省南土。涂山氏之女乃令其妾待禹于涂山之阳，女乃作歌，歌曰：'候人兮猗'，实始作为南音。周公及召公取风焉，以为《周南》、《召南》。"清代学者崔述在所著《读风偶识》中说："'南'者乃诗之一体……盖其体本起于南方，北人效之，故名以'南'。"涂山，杜预《左传》注谓在"寿春东北"，即今安徽蚌埠市郊的淮河边上。而夏、商、西周时期的淮水流域，正是淮夷的大本营。《吕氏春秋·音初》篇的这段记载及崔述的看法表明，生活在淮水边的淮夷，不仅有自己的诗歌，且对《诗经》中的《周南》、《召南》有着直接影响。

此时独立的雕塑品尚罕见，雕塑艺术多附着体现在原始瓷器和青铜器上。句容浮山果园出土西周青黄色釉双身龙形器耳原始瓷罐、金坛出土西周青黄色釉盖顶塑有鸟形钮原始瓷罐、丹徒烟墩山出土西周凤鸟纹兕觥、母子墩出土西周鸟盖云纹扁壶、丹阳司徒出土西周凤纹尊、仪征破山口出土西周四凤盘等，皆造型精美，有很高艺术价值。

《尚书·禹贡》谓徐州的贡物中有"峄阳孤桐，泗滨浮磬"。峄山，在今江苏邳县境。"孤桐"，孔《传》云："孤，特也。峄山之阳特生桐，中琴瑟。""泗滨浮磬"，孔《传》云："泗水涯水中见石，可以为磬。"即徐州要向夏王朝贡献峄山之阳所产可制作琴瑟的桐木和泗水之滨所产可制磬的乐石。琴瑟为弦乐器，磬为打击乐器。在考古发掘中，江苏各地亦时有乐器的出土，如南京安怀村湖熟文化遗址和东海庙墩西周遗址都出土过陶埙，高淳顾陇、青山西周遗址出土过青铜甬钟和句鑃（古代祭祀和宴飨时所用乐器，形似铎），江宁横溪出土过属商代晚期的铜铙等。又据《今本竹书纪年》，夏末帝发元年，"诸夷入舞"；《周礼·春官·鞮师》职云："掌教鞮乐。祭祀，则帅其属而舞之。"郑注云："舞之以东夷之舞。""四夷之乐，东方曰鞮。"说明东夷人的歌舞已走出东夷，声闻于夏、周中央王朝的庙堂之上了。

（四）占卜、祭祀

古人尊天敬祖，迷信鬼神，卜、祭之风甚盛，江苏先民自亦不能例外。

徐州铜山高皇庙、丘湾商代遗址出土的卜甲、卜骨，经刮削修治，并有明显的凿、钻、灼痕，但无卜辞发现；南京北阴阳营等湖熟文化遗址出土的卜甲、卜骨，有钻、灼，无凿，亦无卜辞发现，与殷墟甲骨有别。

20世纪60年代，在铜山丘湾商文化层发现一杀人祭祀遗迹。祭祀场所中心立有四块天然大石，周围有人骨架20具，人头骨2个，狗骨架12具。人骨架皆俯身屈肢，大多反绑双手，有的头骨已经破碎。全部人骨架和狗骨架头向对着中心大石。遗迹分上下两层，表明同样的祭祀至少进行过两次。《淮南子·齐俗训》谓："殷人之礼，其社用石。"高诱注："以石为社主也。"社即土地神。故多数学者认为这是一处祭祀土地神的场所。

前文已提及在丹阳葛城遗址附近有"神墩"的发现。此"神墩"规模庞大，十分罕见。它东西宽约70米，南北长约80米，四面环水，离水平面4米高。"神墩"顶部为平面，中间有一约400平方米的大坑，深达3米，围绕着它还有数十个小坑。每坑都被反复使用过，坑内出土有鬲、罐等盛器和炊器，可能是盛祭祀食品用的。土坑有四层，从西周到战国一直被使用。关于"神墩"的性质、用途，如它是供贵族使用的，还是平民使用的；祭的是天，是神，还是历代国君；以及斜插在坑土里的那柄青铜剑是怎么回事等等，虽都还有待于作进一步的深入研究，但这一罕见祭祀场所的发现，毕竟为中国古代礼仪制度的研究提供了全新的素材，意义非同一般。

（五）葬俗

苏北地区在葬俗上虽亦有自己的某些地区色彩，但总体上说，与中原区别不大。江南地区，则由于自然条件等多种因素的影响，在埋葬习俗上有自己的一套，其主要表现便是土墩墓和石室土墩等墓葬形式的存在。

所谓土墩墓，是指一种平地起封、无墓穴、无葬具的埋葬形式。土墩墓主要分布于宁镇地区、皖南地区、浙皖交界区的新安江流域、太湖流域和宁绍平原地区，而以宁镇地区的分布最为密集，据航空遥感调查，仅镇江地区就发现了 3000 多座土墩墓。宁镇地区的土墩墓开始于西周前期，盛行于西周后期和春秋时期，战国早期逐渐消失，被具有楚文化特点的竖穴土坑墓所取代。土墩墓的时空分布和吴的积年与疆域范围基本吻合，当是吴人的墓葬。

一个土墩内埋葬的墓数不等，有的一墩一墓，也有一墩数墓甚至十几墓的。土墩墓通常选择岗阜山坡作为葬地，平地起封，无棺椁，封土多不经夯打，密封性不好，加上山区土质多呈酸性，故墓内很少发现较完整的人骨架。典型的土墩墓无棺椁等葬具，一些大型的随葬品丰富的土墩墓中常用卵石或石块铺砌出长方形的石床，或在墓底铺一层木炭。晚期出现过浅坑土墩墓，有的浅坑土墩墓中还发现了朽木和漆片的痕迹，似有葬具的使用，但这些都是晚期嬗变所致，已非土墩墓的典型形态了。

即使是高等级的土墩墓，其殉葬品也不见中原贵族墓中常见的列鼎制度和鼎簋相配的组合关系，而较多使用几何形印纹硬陶和原始瓷器，与西周礼制相去颇远，地域色彩甚浓。

土墩墓的存在，除自然条件等因素外，亦当与吴国在寿梦前僻处蛮夷，很少与中原地区交流有关。

进入 21 世纪后，随着"江苏句容、金坛周代土墩墓群"被评为2005 年度全国十大考古新发现，已引起越来越多的学者对土墩墓的关注，也引发出一些新的问题，如原认为土墩墓的基本特征是平地起封，无墓穴，现在有的学者根据句容、金坛土墩墓群中多有"墓坑"的发现提出"堆土掩埋与竖穴土坑并存"的说法；过去认为土墩墓无葬具，此次发掘中据说曾清理出痕迹清晰的船棺葬具。这些，究竟是个别现象，还是已足以引起对"土墩墓"定义的修正，尚有待于作进一步的深入研究。

在太湖周围，还存在着一种颇为特殊的墓群形式，即所谓"石室土墩"。

石室土墩主要分布于太湖周围的苏州、无锡、常熟、江阴、武进、宜兴、长兴、吴兴、德清、安吉、余杭、临安、海宁等地，在浙东的萧山、绍兴、上虞以及富阳、桐庐等地虽也有发现，但以太湖周围地区最为密集，据航空遥感调查，光是太湖周围的吴县、无锡县、武进县、宜兴市、长兴县、吴兴县境内就发现了约 2700 座。时代约当西周中期到战国前期。多数学者认为，石室土墩应是越人的墓葬。

由于石室土墩中从未发现过任何人骨或其残迹，也未发现过葬具，故民间和方志过去多以"风水墩"、"藏兵洞"、"古战堡"、"炮墩"、"烽火墩"等名之，学界亦有"墓葬说"、"军事设施说"、"居住遗迹说"、"祭天遗迹说"等不同看法。1954 年以来，江、浙两省的考古工作者已发掘过一百多座石室土墩，经研究，虽至今仍未取得一致意见，但多数研究者已倾向于认为它不是军事设施，或什么别的，而是一种特殊的墓葬形制。

与土墩墓大都分布在平地或山坡不同，石室土墩大都筑在山顶；土墩墓为平地堆土掩埋，石室土墩则先用石块垒砌成长条形石室，再用土石堆成馒头形土墩；在陪葬品方面，石室土墩亦与土墩墓有所不同，如陪葬品中几乎不见青铜器，和硬陶、原始瓷器的大量使用等。

附记：

此稿原为应作为江苏省"十二五"重点出版规划项目、"江苏品牌图书工程"项目，由宋林飞任总主编之十卷本《江苏通史》之约而写，被收入凤凰出版社 2012 年版《江苏通史》第一卷《先秦卷》

中（为该卷第二编第四章《夏商西周：江苏境内早期国家由分散到局部统一》）。《先秦卷》主编虽在审定、通稿时仅对拙稿作了少许体例、材料和文字个的改动，使拙稿原貌大体得以保留，但此次收入本书时仍采用了我的原稿（仅改动了篇题和稍作技术处理），以示不敢掠美，以明文责。

参 考 文 献

一、古籍文献

[1]《尚书》，（清）阮元校勘《十三经注疏本》，中华书局1980年版。

[2]《诗经》，（清）阮元校勘《十三经注疏本》，中华书局1980年版。

[3]《春秋左传》，（清）阮元校勘《十三经注疏本》，中华书局1980年版。

[4]《礼记》，（清）阮元校勘《十三经注疏本》，中华书局1980年版。

[5]（清）王聘珍：《大戴礼记解诂》，中华书局1983年版。

[6]《国语》，商务印书馆民国二十四年版。

[7]袁珂：《山海经校注》，上海古籍出版社1980年版。

[8]《世本八种》，商务印书馆1957年版。

[9]陈奇猷：《吕氏春秋校释》，学林出版社1984年版。

[10]《史记》，点校本二十四史修订本，中华书局2014年版。

[11]《汉书》，中华书局1962年版。

[12]《宋书》，中华书局1974年版。

[13]《梁书》，中华书局1973年版。

[14]《南史》，中华书局1975年版。

[15]《魏书》，中华书局1974年版。

[16]《辽史》，中华书局1974年版。

[17]《明史》，中华书局1974年版。

[18]《清史稿》，中华书局1998年缩印四巨册附纪表传人名索引本。

[19]《清史列传》，中华书局2016年版。

[20] 周生春：《吴越春秋辑校汇考》，上海古籍出版社1997年版。

[21] 俞纪东译注：《越绝书》，贵州人民出版社1996年版。

[22]《唐会要》，中华书局1955年用商务印书馆纸型重印本。

[23]（唐）刘知几撰（清）浦起龙释：《史通通释》，上海古籍出版社1978年版。

[24]（宋）罗泌：《路史》，巴蜀书社2000年《中国野史集成续编》本。

[25]（宋）李昉等：《太平广记》，上海古籍出版社1990年版。

[26] 崔述：《崔东壁遗书》，上海古籍出版社1983年版。

二、近现代学术专著

[1]《甲骨文合集》，中华书局1978~1982年版。

[2] 郭沫若：《卜辞通纂》，《郭沫若全集》考古编第2卷，科学出版社1982年版。

[3] 孟世凯：《甲骨学辞典》，上海人民出版社1997年版。

[4] 王宇信、杨升南主编：《甲骨学一百年》，社会科学文献出版社1999年版。

[5]《殷周金文集成》（修订增补本），中华书局2007年版。

[6] 郭沫若：《两周金文辞大系图录考释》，上海书店出版社1999年版。

[7] 唐兰：《西周青铜器铭文分代史征》，中华书局1986年版。

[8] 梁启超：《先秦政治思想史》，东方出版社1996年版。

[9] 吕振羽：《中国政治思想史》，人民出版社1955年版。

[10] 傅斯年：《傅斯年选集》，天津人民出版社1996年版。

［11］顾颉刚等：《古史辨》，上海古籍出版社 1982 年重印本。

［12］顾颉刚：《苏州史志笔记》，江苏古籍出版社 1987 年版。

［13］徐中舒：《徐中舒历史论文选辑》，中华书局 1998 年版。

［14］童书业：《中国瓷器史论丛》，上海人民出版社 1958 年版。

［15］童书业：《春秋左传研究》，上海人民出版社 1980 年版。

［16］童书业：《童书业历史地理论集》，中华书局 2004 年版。

［17］杨宽：《西周史》，上海人民出版社 1999 年版。

［18］刘节：《古史考存》，人民出版社 1958 年版。

［19］徐旭生：《中国古史的传说时代》，广西师范大学出版社 2003 年版。

［20］郭沫若主编：《中国史稿》第一册，人民出版社 1976 年版。

［21］白寿彝总主编：《中国通史》第 3 卷《上古时代》下册，上海人民出版社 1994 年版。

［22］赵吉惠：《国学沉思》，浙江人民出版社 1998 年版。

［23］尹盛平：《西周史征》，陕西师范大学出版社 2004 年版。

［24］张富祥：《东夷文化通考》，上海古籍出版社 2008 年版。

［25］郭克煜等：《鲁国史》，人民出版社 1994 年版。

［26］陈桥驿：《吴越文化论丛》，中华书局 1999 年版。

［27］吴文化研究促进会：《勾吴史集》，江苏古籍出版社 1998 年版。

［28］邹厚本：《江苏考古五十年》，南京出版社 2000 年版。

［29］《江苏史纲》课题祖：《江苏史纲》古代卷，江苏古籍出版社 1993 年版。

［30］贺云翱：《历史与文化》，中国人事出版社 1996 年版。

［31］叶文宪：《吴国历史与吴文化探秘》，文物出版社 2007 年版。

［32］张乃格等：《徐文化研究》，江苏人民出版社 2007 年版。

［33］徐永生：《徐国史研究》，中国文联出版社 2002 年版。

［34］林志方：《淹城探谜》，黑龙江人民出版社 2007 年版。

［35］周书灿：《西周王朝经营四土研究》，中州古籍出版社 2000 年版。

［36］钱穆：《史记地名考》，九州出版社 2011 年版。

［37］魏嵩山：《中国历史地名大辞典》，广东教育出版社 1995 年版。

［38］何光岳：《百越源流史》，江西教育出版社 1989 年版。

［39］李学勤：《走出疑古时代》（修订本），辽宁大学出版社 1997 年版。

［40］夏商周断代工程专家组：《夏商周断代工程 1996－2000 年阶段成果报告（简本）》，世界图书出版公司 2000 年版。

［41］周匡明主编：《中国蚕业史话》，上海科学技术出版社 2009 年版。

［42］季羡林：《三十年河东，三十年河西》，华艺出版社 2008 年版。

［43］支伟成：《清代朴学大师列传》，岳麓书社 1998 年版。

三、学术论文

［1］程憬：《夷方与徐方》，载于《大陆杂志》1933 年第 1 卷第 8 期。

［2］卫聚贤：《太伯之封在西吴》，载于《江苏研究》第三卷 1937 年 6 月第 5、6 期。

［3］唐兰：《宜侯矢簋考释》，载于《考古学报》1956 年第 2 期。

［4］唐兰：《西周铜器断代中的"康宫"问题》，载于《考古学报》1962 年第 1 期。

［5］刘启益：《西周矢国铜器的新发现与有关的历史地理问题》，载于《考古与文物》1982 年第 2 期。

［6］冯天瑜：《晚周民本思想刍议》，载于《人文杂志》增刊《先秦史论文集》，1982 年。

［7］张广志：《商代奴隶社会说质疑》，载于《人文杂志》增刊《先秦史论文集》，1982 年。

［8］黄盛璋：《铜器铭文宜、虞、矢的地望及其与吴国的关系》，载于《考古学报》1983 年第 3 期。

［9］顾颉刚：《奄和蒲姑的南迁——周公东征史事考证四之四》，载于《文史》第 31 辑，中华书局 1988 年。

［10］张懋镕、赵荣、邹东涛：《安康出土的史密簋及其意义》，载于《文物》1989 年第 7 期。

［11］周国荣：《说吴族》，载于《苏州大学学报》1991 年第 1 期。

［12］杨善群：《吴国在西周至春秋前期的发展》，载于《学术月刊》1992 年第 3 期。

［13］卫斯：《中国丝绸技术起始时间初探——兼论中国养蚕起始时间问题》，载于《浙江丝绸工学院学报》1993 年 9 月，第 10 卷第 3 期。

［14］沈长云：《〈俎侯夨簋〉铭文与相关历史问题的重新考察》，载于《人文杂志》1993 年第 4 期。

［15］晁福林：《试论西周分封制的若干问题》，载于《西周史论文集》（下），陕西人民教育出版社 1993 年版。

［16］陈恩林：《鲁、齐、燕的始封及燕与邶的关系》，载于《历史研究》1996 年第 4 期。

［17］王晖：《西周春秋吴都迁徙考》，载于《历史研究》2000 年第 5 期。

［18］朱绍侯：《沈约〈宋书〉述评》，载于《南都学坛》2001 年第 4 期。

后　记

　　书稿编就，抚稿沉思，虽卑之无甚高论，但它终归是自己的——用长在自己肩膀上的脑袋想自己之所想、说自己之当说，鲜跟风媚俗，作假、大、空之言，心中遂泛起一丝欣慰、珍惜之情，若老年之得子云。

　　可就这样一本小书，却惊动、打扰了方方面面不少人士、朋友。首先，它在出版经费上得到我原所供职的青海师范大学的慷慨资助；其次，书中《江苏吴地学术文化志》、《夏、商、西周时期江苏史》，原为我参编王健先生主编之《江苏吴文化志》、《江苏通史·先秦卷》的相关章节，此次蒙王健先生慨允得于补充、修改后收进本书，鸣谢外当在此作所说明；复次，本书的出版还曾得到青海师范大学校长刘同德教授、青海师范大学科技处李美华教授、青海师范大学黄河文化研究院院长李健胜教授、湖州师范学院湖州发展研究院执行院长李学功教授、湖州师范学院张剑先生等的支持、关心、帮助。最后，本书责编庞丽佳女士、审读人郭惠灵女士精心审编，对书稿作出不少是正。

　　小小一本书，打扰了周围那么多人，实于心不安。在此，谨向诸君表示由衷谢忱。

张广志
2019 年 3 月 28 日于南京青海省南京干休所